LE DROIT DU MARIAGE AU CONGO

Le pré-mariage
Le mariage à l'état civil

5-7, rue de l'Ecole polytechnique ; 75005 Paris

http://www.librairieharmattan.com
diffusion.harmattan@wanadoo.fr
harmattan1@wanadoo.fr

ISBN : 978-2-296-04969-7
EAN : 9782296049697

Auguste ILOKI

LE DROIT DU MARIAGE AU CONGO

Le pré-mariage
Le mariage à l'état civil

1ère édition 2008

avec la collaboration de Mireille ILOKI GONDO

L'Harmattan

OUVRAGES DU MÊME AUTEUR

1. Le droit du licenciement au Congo, 1ère édition, L'Harmattan, 2000, collection « Logiques juridiques » ;

2. Le recours pour excès de pouvoir au Congo, 1ère édition, L'Harmattan 2002, collection « logiques juridiques » ;

3. Le droit du divorce au Congo, L'Harmattan 2004, collection « Etudes africaines » ;

4. Le droit des successions au Congo, tome 1, L'Harmattan 2006, collection « Études africaines » ;

5. Le droit des successions au Congo, tome 2, L'Harmattan 2006, collection « Études africaines ».

Hommage éternel à mes parents : feu Emmanuel Iloki et feue Nianguéngué Engondzo ;

Hommage à mon beau-père, feu Jacques Gondo ;

A la mémoire du ministre Dieudonné Kimbémbé, pour son œuvre juridique inestimablement précieux :

Ma reconnaissance infinie à Francis Akiéné Mayoké et à Guy-Roger Cyriac Gombé-Apondza, pour la relecture assidue de ce livre.

AVANT-PROPOS

Du « droit du divorce au Congo » (mon troisième livre paru en 2004) au « droit du mariage au Congo » (l'actuel sixième ouvrage), mon raisonnement a subi une inversion singulière aisément perceptible.

J'indiquais en effet, dans l'avant-propos de ce livre, que le divorce résulte de la désagrégation des relations matrimoniales. C'est ainsi que conscient de l'ordre normal des choses, je commençais la rédaction de ce livre par définir la notion de mariage telle qu'elle résulte de la conception du législateur dans le code de la famille : « l'acte public par lequel un homme et une femme établissent entre eux une union légale et durable...» (art. 127, C. fam.).

Cependant, mu par une inspiration contextuelle qui m'a orienté opportunément vers les questions liées à la rupture du lien du mariage, je n'avais pas cru utile de mener une étude globale des questions du divorce et du mariage constituant pourtant des matières pouvant être traitées ensemble dans le domaine du droit de la famille.

Ma démarche actuelle visant l'examen des problèmes inhérents au mariage ne doit pas être perçue comme un paradoxe dès lors que l'objectif à atteindre dans mon précédent ouvrage « Le droit du divorce au Congo » consistait, ainsi que cela avait été clairement indiqué, non pas à aider les époux à se défaire de leur union, mais au contraire à exposer, aux fins de sensibilisation, à ceux qui ne les ont pas encore vécus, les faits générateurs du divorce pour les en détourner aux fins de préservation du lien matrimonial.

Il s'agissait donc, en quelque sorte, de faire prendre conscience aux époux des dangers dont ils doivent se prémunir pour sauvegarder l'union conjugale. Il m'a paru, par conséquent, indispensable de mettre à leur disposition des faits leur permettant de tirer les leçons des mauvaises expériences des personnes dont le mariage a été emporté par le divorce.

Il ne faut donc point s'en offusquer. Il convient simplement de comprendre la démarche de l'auteur et de le suivre dans sa stratégie de mise en œuvre de la stabilité du mariage suivant les règles établies par le législateur et leur application par les acteurs qui sont les officiers de l'état civil, les futurs mariés et leurs parents, les époux ainsi que les magistrats le cas échéant.

D'où l'intérêt présentement de consacrer une étude au mariage sans regretter de n'avoir pas accordé à cette matière la préséance ou plutôt la prééminence relativement au divorce. L'attitude inversive que l'on pourrait percevoir dans l'examen de ces questions par l'auteur ne peut se révéler qu'illusoire au regard de la convergence des objectifs recherchés dans les deux cas.

ABRÉVIATIONS ET SIGLES

Al.	: Alinéa
Ar. civ.	: arrêt civil
Art.	: Article
B. a. c. s	: bulletin des arrêts de la Cour suprême
C. A	: Cour d'appel
CAB	: Cabinet
C. civ.	: code civil
Const.	: Constitution
C. const.	: Cour constitutionnelle
C. fam.	: code de la famille
Cf.	: Confer, « voir », « se reporter à »
Ch. civ.	: arrêt, Chambre civile de la Cour suprême
Ch. Jud.	: arrêt de la Chambre judiciaire de la Cour suprême
Coll.	: Collection
C/	: Contre
Ch. Adm.	: arrêt, Chambre administrative de la Cour suprême
Ch. Adm. const.	: arrêt, Chambre administrative et constitutionnelle de la Cour suprême
Ch. Pén.	: arrêt, chambre pénale de la Cour suprême
C. p. c. c. a. fin.	: code de procédure civile, commerciale, administrative et financière
C. s	: Cour suprême
C. pén.	: code pénal
C.P.P	: code de procédure pénale
D. C. C	: décision de la Cour constitutionnelle
Décr.	: Décret
E. N. A. M	: école nationale d'administration et de magistrature
Ed.	: Édition
GCS	: greffe de la Cour suprême
L.	: Loi
L. A. J. A. P	: laboratoire d'analyses juridiques administratives et politiques
L. G. D. G	: librairie générale de droit et de jurisprudence
N°	: Numéro
Op. cit.	: opus Citat Um (Ouvrage Cité)
P.	: Page
P. c. fam.	: projet du code de la famille
P. G/CAB.	: cabinet du procureur général
P. l. p. c. fam.	: projet de loi portant code de la famille
P. l. p. c. pén.	: projet de loi portant code pénal

Préamb.	:	Préambule
R.	:	Rôle
Rap. Prés.	:	rapport de présentation
Rev. dr. Afric.	:	revue de droit africain (doctrine et jurisprudence)
R. civ.	:	rôle civil
R. c. d. n.	:	revue congolaise de droit et du notariat
R. d. n.	:	revue de droit et du notariat
Rép.	:	Répertoire
Rép. civ.	:	répertoire civil
Réq.	:	Réquisitions
R. p. c. fam.	:	rapport du projet du code de la famille
R. j. p. i. c	:	revue juridique et politique indépendance et coopération
S.	:	Suivants
S. V. E	:	saisine par voie d'exception
T. G. I	:	tribunal de grande instance
T. I	:	tribunal d'instance
T. I Makl. Bgo	:	tribunal d'instance de Makélékélé-Bacongo
T. I. P. P	:	tribunal d'instance de Poto-Poto
T. I. T	:	tribunal d'instance de Talangaï
T. p. c	:	tribunal populaire de Commune
T. P. C. B	:	tribunal populaire de commune de Brazzaville
T. p. d	:	tribunal populaire de district
T. p. q	:	tribunal populaire de quartier
UMNG	:	Université Marien Ngouabi

SOMMAIRE

INTRODUCTION

L'ensemble des dispositions légales qui régissent le mariage forme le droit du mariage. Le domaine de ces règles concerne la formation de l'union conjugale, les effets du mariage et sa dissolution.

Nul doute que le mariage est une institution ancienne dont les origines sont très lointaines. Même en droit romain, les jurisconsultes considéraient le mariage comme une institution à la fois divine et humaine qui se traduisait par la mise en commun par les époux de tous les éléments de leur vie. Cela impliquait, selon la conception religieuse, l'indissolubilité du mariage et donc sa perpétuité (François Terré, Dominique Fenouillet, « droit civil, les personnes, la famille, les incapacité », 6ème édition, Dalloz 1996, p. 263). Le droit canon, qui régissait les relations familiales sous l'Ancien Régime, de même que le code civil, reconnaissait le mariage comme constituant l'unique forme d'union organisée entre l'homme et la femme en laissant, hors de leur champ, le concubinage.

D'ailleurs, Portalis, un des rédacteurs du code civil, recherchant la définition du mariage, écrivait qu'il s'agissait de « la société de l'homme et de la femme qui s'unissent pour perpétuer leur espèce, pour s'aider par des secours naturels à porter le poids de la vie et pour partager leur commune destinée ». D'évidence, cette définition est problématique dès lors que l'on ne saurait justifier le mariage prioritairement par la procréation, même si celle-ci n'est pas négligeable pour le couple marié.

La définition du mariage apparaît insaisissable et même le code civil ne se contente que de préciser les caractères de cette institution s'agissant notamment de l'union des sexes, de l'accord de volontés et des rites qui entourent le mariage.

Longtemps demeuré dans ce cadre, avant comme après l'indépendance, le droit du mariage au Congo a connu une refonte avec l'adoption du code de la famille. Vingt-quatre ans après l'accession du pays à la souveraineté nationale, le législateur innove en définissant juridiquement le mariage comme étant un « acte public par lequel un homme et une femme établissent entre eux une union légale et durable…» (art. 127, C. fam.).

Sous l'angle strictement juridique, le mariage ne traduit pas véritablement sa réalité sociologique. Il paraît en effet difficile d'insérer les aspects sociaux et moraux du mariage dans une définition juridique de cette notion.

De ce qui ressort du code de la famille, deux sens de ce mot peuvent être relevés : c'est un acte solennel instantané qui fait naître un état ; c'est aussi cet état lui-même, destiné à s'inscrire dans la durée et qui se manifeste sous la forme de période continue, aux limites incertaines bien que repérables au travers des indications législatives, sous le couvert d'une institution familiale.

Se marier, c'est finalement accomplir un acte d'adhésion à un modèle légal. Le mariage participe, dans ces conditions, à la fois du contrat et de l'institution. Il convient d'analyser ses conditions de validité (première partie) et les conséquences qu'engendre sa formation (deuxième partie).

PREMIÈRE PARTIE

LA VALIDITÉ DU MARIAGE

Le lien matrimonial est soumis, pour sa reconnaissance légale, aux conditions tant de forme que de fond, limitativement déterminées par le code de la famille. La réforme du droit de la famille a institué une condition préliminaire obligatoire, le pré-mariage, sans l'accomplissement de laquelle le mariage ne pourrait valablement exister (titre 1).

C'est donc seulement la célébration du pré-mariage qui permet la mise en œuvre des autres conditions précisées dans la loi pour la formation du mariage (titre 2).

TITRE I

LA CONDITION PRÉLIMINAIRE DU MARIAGE

1- **Pré-mariage, contexte historique.** La Constitution du 8 juillet 1979 avait prévu, parmi les institutions de l'État, l'Assemblée nationale populaire. Celle-ci avait la compétence de voter la loi (art. 46) dans le cadre précisé à l'article 47 de cette Constitution qui déterminait le domaine de la loi et du règlement : « Sont du domaine de la loi, les règles concernant : ...la nationalité, l'état et la capacité des personnes, les régimes matrimoniaux, les successions et les libéralités... ». Ainsi, le code de la famille était donc une matière qui relevait de la compétence de ce parlement monocaméral.

La politique des autres institutions étant, selon la logique du monopartisme de cette époque, conçue par le parti dirigeant, en l'occurrence le parti congolais du travail, le congrès de ce dernier avait voté, en 1979, une résolution sur l'élaboration du code de la famille. Le Gouvernement avait donc la charge de la mettre en œuvre. C'est à cette tâche qu'il s'est attelé en 1984, lorsque fut nommé, en qualité de Garde des Sceaux, ministre de la justice, Dieudonné Kimbémbé.

Ce dernier commence par créer une cellule de réflexion au sein de son ministère par note de service n° 879 MJ-CAB/ 01-22 du 2 septembre 1981. Placée sous la présidence de Charles Assemekang, elle comprenait en outre Jean-François Tchibinda, Zacharie Samba et Durand.

Après avoir remis ses travaux, la commission s'est donc déchargée de sa mission et le ministère de la justice a présenté au Gouvernement un avant-projet de loi du code de la famille. Il est devenu, après son adoption par cette institution, le projet de loi du code de la famille que le Garde des Sceaux, ministre de la justice avait la charge de défendre à l'Assemblée nationale populaire.

C'est justement au cours des débats, lors de la présentation de ce projet de loi qu'est survenue la question de la prise en compte, selon les députés, du mariage coutumier lorsqu'ils rejetaient l'institution des fiançailles qui figurait dans le projet de texte.

Le ministre a informé son cabinet de la revendication des députés et a, au cours d'une réunion tenue à cet effet, demandé une réflexion pour satisfaire les exigences des parlementaires.

Séance tenante, il a été proposé de substituer aux fiançailles l'expression « pré-mariage ». Le consensus obtenu, il a simplement été retenu de remplacer machinalement, partout dans le texte du projet de code de la famille, le premier terme par le second, sans plus. Autrement dit, toute l'ossature du texte conçu pour régir les fiançailles est demeurée intact sauf que ce mot cédait sa place à son substitut, le « pré-mariage ».

Le choix de ce terme procédait de la volonté de contourner les députés pour éviter de légiférer sur le mariage coutumier. Pour ses « inventeurs » (le mot n'existant pas dans le vocabulaire de la langue française), le pré-mariage a la valeur de « mariage qui existe avant le mariage célébré par l'Officier de l'état civil ». Il s'agissait en réalité d'un subterfuge destiné à régir les fiançailles en lieu et place du mariage coutumier sans se préoccuper des régimes bien différents qui les caractérisent. C'est essentiellement ce procédé qui explique l'imbroglio juridique qui entoure cette notion de « pré-mariage » dont les contours sont incertains.

Le constat de cette vérité peut être fait en lisant le texte du projet de loi portant code de la famille adopté par le Gouvernement en avril 2003. Au titre VI consacré au lien matrimonial, le chapitre premier est intitulé « Des fiançailles et du mariage » et la section I a pour titre « des fiançailles » (cf. Projet de loi portant code de la famille, II, textes, Brazzaville, avril 1983, p. 41).

La définition du pré-mariage dans le code de la famille est exactement celle qui avait été prévue pour les fiançailles dans le projet dudit code : « Les fiançailles sont une convention solennelle, par laquelle un homme et une femme, avec l'accord de leur famille, se promettent mutuellement le mariage » (art. 123, projet de loi portant code de la famille, II, textes, Brazzaville, avril 1983, p. 41 ; art. 122, C. fam.). Cette identité de définition justifie la démarche décrite ci-dessus relative à la simple substitution des fiançailles par un autre concept dont le contenu n'a pas été précisé autrement qu'en l'identifiant exactement à son substitut de manière purement mécanique.

Les membres du cabinet du Garde des Sceaux, ministre de la Justice n'avaient pas reçu la mission d'entreprendre une étude pour l'agencement des dispositions du projet de code de la famille au nouveau concept afin d'y intégrer les aspects du mariage coutumier revendiqués par les députés de la commission juridique. Il convient de signaler que ce débat n'avait encore lieu qu'à ce niveau et non en plénière de l'Assemblée nationale populaire. Il s'était simplement agi de rechercher dans le projet de texte le mot « fiançailles » pour le remplacer par celui de « pré-mariage », considéré comme la panacée.

De toute façon, le délai convenu entre le Gouvernement et la commission juridique pour réexaminer le projet de loi amendé était d'une semaine. Aucune nouvelle étude sur la prise en compte du mariage coutumier en considération de la variété des coutumes du Congo ne pouvait par conséquent être rationnellement entreprise car cela prendrait trop de temps. C'est dans ces conditions que le projet de loi portant code de la famille était soumis à la plénière de l'Assemblée nationale populaire qui l'a adopté en l'état sur cette question.

L'on doit alors, sans s'émouvoir, considérer que dans l'esprit du législateur, il y a une parfaite homonymie entre les fiançailles, notion issue du code civil français et rejetée pour cette raison par les parlementaires, et le pré-mariage considéré comme originalité congolaise parce que débarrassé de toute extranéité.

C'est seulement imbu de cette réalité du choix de ce terme « pré-mariage » dans le code de la famille que l'on peut laisser libre cours à toutes les opinions sur sa place dans l'ordonnancement juridique congolais.

En l'état de la législation, le pré-mariage est assis sur des éléments constitutifs légaux (titre 1) et produit certains effets (titre 2).

CHAPITRE I

LES CONDITIONS DE VALIDITÉ DU PRE-MARIAGE

Le pré-mariage est doté d'un régime légal. Avant de se prendre pour mari et femme, les futurs époux sont obligés par le code de la famille de manifester leur projet par la célébration du pré-mariage.

Dans l'impossibilité de passer par cette étape, ils pourront néanmoins l'enjamber s'ils obtiennent des parents une déclaration écrite de célébration ultérieure du pré-mariage.

La loi fournit, dans la définition du pré-mariage, les éléments qui le constituent, sans lesquels il manquerait de validité (section 1).

Dans la mesure où la célébration du pré-mariage ouvre la voie aux futurs époux de se lier par le mariage, le législateur les soumet dès cet instant aux conditions exigées par la loi pour la formation du mariage (section 2).

Section 1
Les éléments issus de la définition du pré-mariage

Selon le législateur, le pré-mariage est une convention solennelle (§ 1) par laquelle un homme et une femme (§ 2), avec l'accord de leur famille (§ 3), se promettent mutuellement le mariage (§ 4).

§ 1 – La convention solennelle

2 - Pré-mariage, convention. La loi ne laisse aucun doute sur la nature juridique du pré-mariage. Celui-ci est une convention, autrement dit, un accord de volonté entre les futurs époux, destiné à aboutir au mariage (art. 122, al. 1er C. fam.).

Pour être valable, l'accord de l'homme ou de la femme doit obéir aux conditions de droit commun exigées pour la conclusion de tout contrat. Il doit notamment être exempt de vice de consentement. C'est d'ailleurs l'objet de l'article 124 alinéa premier du code de la famille qui prescrit la liberté du consentement indépendamment de l'autorisation des parents. Celle-ci ne suffit donc pas pour déduire l'accord du futur pré-marié, étant donné qu'il faut préserver la liberté de tout citoyen de se marier ou de ne pas se marier.

La loi interdit par conséquent le pré-mariage forcé. Toute personne est en effet libre de demeurer célibataire et aucune pression ne devrait viser les futurs pré-mariés pour les contraindre à consentir au pré-mariage. Celui-ci n'acquiert force obligatoire que dès l'instant où l'accord de volonté des parties à cet acte juridique est régulier.

3 – Pré-mariage, convention solennelle. Le pré-mariage n'est pas une convention ordinaire dont l'accomplissement a lieu en dehors de tout formalisme. L'accord de la famille de chacun des pré-mariés étant requis par la loi (art. 122, al. 1er, C. fam.), certaines formes doivent être respectées même si le législateur n'a pas exigé la rigueur pour leur réalisation. Il a simplement usé de souplesse en renvoyant leur observation aux usages et aux traditions.

La loi évoque cependant l'éventualité de la célébration du pré-mariage en présence du président du comité de village ou du chef de bloc, ou de leur représentant (art. 122, al. 1er, C. fam.). Cette autorité administrative de base a disparu pour laisser la place au chef de village. C'est donc, au besoin, en sa présence qu'est célébré le pré-mariage sans que la loi indique son rôle au cours de cette cérémonie. Il se place simplement au niveau de l'assistance, pour qu'il en témoigne l'existence et les conditions de déroulement en présence de l'homme et de la femme qui se promettent le mariage.

§ 2 – La différence de sexes

En désignant comme parties à la convention de pré-mariage l'homme et la femme, le code de la famille exige implicitement la différence de sexes des futurs pré-mariés. Il s'agit, selon la volonté du législateur, de promettre de fonder un foyer hétérosexuel, c'est-à-dire celui dans lequel chacun des pré-mariés éprouve une attirance sexuelle pour les personnes de sexes opposés et non pour les individus de même sexe. C'est là une condition fondamentale du pré-mariage.

Cette précision est importante même si d'évidence la société congolaise contemporaine, fondée sur des considérations de moralité sociale, se détourne du mariage homosexuel, autrement dit celui dont les personnes éprouvent l'appétit sexuel entre les individus de même sexe.

§ 3 – L'accord des familles

4 – Accord des familles, aspect sociologique. En droit coutumier ancien, le consentement des parents était primordial. C'est lui qui conditionnait le mariage des enfants quel que soit leur âge. C'est d'ailleurs entre les parents que se tramait le projet de mariage. Les futurs époux n'étaient avisés que lorsque les parents, qui avaient l'initiative de marier leurs enfants, avaient fini de vérifier préalablement la réunion de certaines conditions essentielles du mariage et notamment l'absence de lien de parenté pour éviter l'inceste et préserver la bonne moralité des familles concernées. L'accord des parents n'est donc pas une exigence qui a sa source uniquement dans le code de la famille. C'est plutôt celui-ci qui s'est inspiré de la coutume.

5 – Accord des familles, nature juridique. Le législateur a voulu que le pré-mariage revête la forme juridique de convention solennelle. Comme tout contrat, la volonté requise ici pour sa validité est celle des futurs pré-mariés. Il faut donc comprendre que l'engagement réciproque de promettre le mariage concerne non pas les parents, mais l'homme et la femme intéressés. C'est pourquoi, il faut considérer l'accord des parents comme constituant une autorisation au pré-mariage de leurs enfants, dont la manifestation doit naturellement précéder le consentement des personnes engagées dans le pré-mariage. Visant les fiançailles, le projet de loi portant code de la famille avait prescrit l'autorisation des parents indépendamment du libre consentement des fiancés (art. 125, al. 1er, dudit projet).

L'accord des familles, qui implique à la fois celui de la famille de l'homme et celui de la famille de la femme, doit être spécial en ce sens qu'il visera nommément les pré-mariés, sans équivoque. Il est recueilli concomitamment au pré-mariage, lors de la cérémonie solennelle y relative.

Une certaine souveraineté est reconnue aux parents qui autorisent le pré-mariage car ils ne peuvent, quel que soit leur rang dans la hiérarchie familiale, être soumis à l'obligation de motiver leur refus ou leur accord au pré-mariage. De toute façon, aucun recours devant le juge n'est prévu par la loi contre la décision favorable ou même défavorable des familles concernées.

§ 4 – La présence de l'autorité administrative

6 – Pré-mariage, présence des autorités adminstratives. Selon le code de la famille, le pré-mariage a lieu «... au besoin en présence du président du comité de village ou du chef de bloc, ou de leur représentant... » (art. 122, al. 1er, C. fam.). Or, l'expression « au besoin » est susceptible d'évoquer la possibilité de recourir à cette autorité administrative de base en cas de nécessité. Il s'agit donc ici d'une condition facultative du pré-mariage.

La loi n'indique cependant pas les cas dans lesquels la présence du président du comité de village ou du chef de bloc, ou de leur représentant serait requise. On peut, dans ces conditions, l'imaginer opportune dans des situations où les futurs pré-mariés sont orphelins de père ou de mère ou des deux parents, ou encore lorsque des dissensions apparaissent dans les familles au sujet de la manifestation de l'accord des parents, aux fins de rechercher la solution plausible pour la réalisation de la promesse de mariage.

§ 5 – La promesse mutuelle de mariage

7 – Promesse de mariage, mutualité. Le code de la famille prescrit que : « Le pré-mariage est une convention solennelle, par laquelle un homme et une femme... se promettent mutuellement mariage » (art. 122, al. 1er, C. fam.).

Si étymologiquement, « promettre » c'est le fait de s'engager à faire quelque chose, et si cette chose est le mariage, la promesse de mariage est donc l'engagement que prend personnellement chacun des pré-mariés envers l'autre de contracter mariage avec lui plus tard. Ce mariage, qui interviendra ultérieurement, relève donc du futur dont les événements ne peuvent être appréhendés alors que dans le mariage coutumier, la situation des mariés dans cet état est bien acquise comme le sont d'ailleurs leurs droits à l'égard de la société traditionnelle qui lui accorde toute sa considération. Cela explique amplement le caractère conditionnel de la promesse de mariage.

C'est ici l'occasion de souligner le contraste entre les prescriptions du code de la famille et la réalité de la vie coutumière. Alors que pour la loi le pré-mariage n'a d'effet qu'entre les pré-mariés, la coutume fait produire son plein et entier effet au mariage coutumier de sorte qu'il parait à tout le moins hasardeux de considérer le pré-mariage comme une survivance du mariage coutumier. Tout en ayant des traits communs, le pré-mariage et le mariage coutumier se distinguent l'un de l'autre par des différences profondes qui sont largement justifiées par la suppression des coutumes par le code de la famille.

La mutualité de la promesse de mariage préconisée par la loi implique la simultanéité et la réciprocité des échanges de promesses sous la forme d'engagements entre les futurs pré-mariés de se prendre, à l'avenir, comme époux.

Outre les conditions de fond qui découlent de sa définition légale, le pré-mariage est aussi soumis aux conditions de fond exigées pour le mariage. Les pré-mariés doivent donc réunir, au moment de la célébration du pré-mariage, les conditions du mariage, à l'exception de celle liée à leur âge (art. 124, al. 1er, C. fam.). La loi vise particulièrement la condition relative au consentement de chacun des pré-mariés qui doit être libre et indépendant des autorisations parentales respectives.

La loi soumet aussi le pré-mariage à certaines conditions de forme.

Section 2
Les conditions de forme du pré-mariage

Selon le législateur, le pré-mariage est réglé par les usages et la tradition pour tout ce qui n'est pas contraire aux dispositions du code de la famille (art. 124, al. 2, C. fam.). Aucune définition n'est fournie ni des usages (§ 1), ni de la tradition (§ 2).

§ 1 – Les usages

8 – Usages, définition. Dans le sens courant, les usages sont caractérisés par la pratique rendue normale par son ancienneté dans la société où elle a cours ou par la fréquence de son utilisation par la population concernée. C'est alors qu'au regard de ces éléments, l'on peut se demander s'il n y a pas lieu d'identifier les usages aux coutumes, celles-ci étant constituées d'un ensemble de ceux-là.

Selon des considérations doctrinales, la coutume est « une simple répétition des faits s'imposant à une communauté par la fréquence matérielle » (Placide Lenga, « Droit traditionnel congolais », Université Marien Ngouabi, enseignement par correspondance, cours, licence en droit, 1ère année, 1983/1984, p. 24). Cet auteur perçoit les usages comme un terme qui « évoque une utilisation soit spontanée, soit constante, soit matérielle, soit morale, soit individuelle, soit sociale, d'un objet ou d'une collection d'objets. C'est une manière d'être habituelle et constante à leur propos dans les mêmes circonstances ; une même façon d'agir et de se comporter » (Placide Lenga, op. cit, p. 39).

En revanche, l'intention du législateur dans l'élaboration du code de la famille est de supprimer les coutumes. C'est ce qui résulte précisément de l'article 808 du code de la famille relativement à l'abrogation des dispositions qui lui sont antérieures : « A cette date... les coutumes cessent d'avoir force de loi, ou de coutume au Congo dans les matières qui font l'objet du code de la famille ».

Cette disposition illustre son incompatibilité avec notamment celle de l'article 124 alinéa 2 du code de la famille qui prévoit que : « Le mariage est réglé par les usages... pour tout ce qui n'est pas contraire aux dispositions du présent code » et celle de l'article 141 du même code relativement au versement de la dot « la dot est versée aux parents paternels et maternels de la future épouse conformément à la coutume des parties... ». C'est probablement dans cet esprit que l'on considère que : « De nos jours encore, le code de la famille en vigueur au Congo Brazzaville reconnaît la légitimité du mariage traditionnel ou coutumier » (cf. J. Maloumbi-Samba, « Lôngo : le mariage Kôngo », ICES, p. 28).

Or, la référence aux usages, entendu comme éléments constitutifs de la coutume dont celle-ci en forme la somme, est en contradiction avec les objectifs affichés par le législateur. Le rapport de présentation du projet du code de la famille révèle en effet que : « Les auteurs n'ont pas eu pour préoccupation principale de respecter les coutumes et ils ne se sont pas efforcés de rechercher une ligne médiane à travers la diversité des coutumes. Leur objectif essentiel a été de faire un code moderne qui constitue un outil de travail efficace pour les juristes et en même temps un code africain et spécifiquement congolais » (cf. P. C. fam. II. R. p., p. 1).

Avec une telle approche, on ne peut évidemment pas imaginer que les rédacteurs du code de la famille aient pu aménager quelques espaces dans ce texte au bénéfice de la coutume dont la suppression était prônée pour satisfaire aux exigences de modernité.

Dans ces conditions, on ne peut espérer la mise en œuvre rationnelle de l'article 124 alinéa 2 du code de la famille relatif aux conditions de forme et de fond du pré-mariage. Cela met en cause l'intérêt même de cette institution dont la portée est rendue problématique par le législateur qui l'avait pourtant jugée indispensable dans le processus du mariage. C'est évidemment cet imbroglio qui rend insaisissable la nature du pré-mariage largement vilipendé dans la doctrine (cf. Fred O. J. Matokot, « Le pré-mariage, une curiosité du code de la famille », R. d. n, n° 15, 2005, p. 3 ; Dieudonné Nkounkou, « Le problème de double présomption de paternité en droit congolais de la famille », R. d. n, n° 15, 2005, p. 13 ; Henriette Lucie Arlette Galiba, « compte rendu sur la campagne de sensibilisation relative aux droits de la femme et de l'enfant découlant du code congolais de la famille organisée par l'association des femmes notaires du Congo », R. d. n, n°s 11 et 12, 2005, p. 35).

§ 2 – La tradition

9 – Tradition, essai de définition. On peut caractériser la tradition par l'ensemble des informations, quelque peu légendaires, issues de l'oralité, qui concernent le passé et qui sont transmises de génération en génération. Elle est la somme des attitudes positives que l'on maintient ou que l'on perpétue, lesquelles symbolisent les manières de penser, de faire ou d'agir en se référant au passé. De ce point de vue, la tradition que l'on respecte est donc incompatible avec l'innovation dont elle est le contraire.

C'est ainsi qu'il n'est pas facile de percevoir dans le libellé de l'article 124 alinéa 2 du code de la famille l'intention du législateur d'assurer l'applicabilité des dispositions de cette loi relativement au pré-mariage lorsque par ailleurs la volonté de ses auteurs est de réformer en supprimant les coutumes qui ne peuvent être déconnectées des éléments que recèlent la tradition.

D'ailleurs, il ne paraît pas exagéré d'affirmer que les usages et la tradition sont apparentés au point de réunir les éléments constitutifs de la coutume dont ils sont la manifestation.

Il apparaît, dans la doctrine, une préférence de l'emploi du terme « tradition » à celui de « coutume » car selon elle, la tradition « est la coutume améliorée par l'apport de l'intelligence humaine » (Placide Lenga, op. cit., p. 3). Une autre partie de la doctrine s'accommode bien de l'emploi de la notion « coutume » qu'elle assimile aux usages auxquels se soumettent les pré-mariés en matière de visite ou de cohabitation. Selon elle, en effet, « ...Conformément aux coutumes, pendant le pré-mariage, les futurs époux peuvent se visiter et cohabiter » (Hygin Didace Amboulou, « Le notariat congolais de 1960 à nos jours », préface de Charles Émile Apesse, Brazzaville, Les Éditions Hemar, 2005, p. 53).

Section 3
Les conditions de fond du pré-mariage

Considéré par le législateur comme la préfiguration du mariage, le pré-mariage n'est pas un simple fait juridique, comme l'étaient les fiançailles qui l'ont précédé, mais un acte juridique auquel la loi attache fictivement des effets juridiques.

10 – Pré-mariage, cadeaux. La célébration du pré-mariage, selon les usages et la tradition, comme l'exige le code de la famille (art. 124, al. 2), est l'occasion pour le pré-marié de donner à la pré-mariée, à ses père et mère et à ses frères, des objets dont la qualité et le nombre lui ont été préalablement indiqués par les parents de la pré-mariée sur la base de la liste qui lui a été communiquée. Il ne peut que s'y conformer. C'est au cours de la cérémonie de célébration du pré-mariage que la présentation et le contrôle des biens réclamés ont lieu en présence des deux familles.

Il convient de signaler que la célébration du pré-mariage est le moment mémorable de cette période durant laquelle les parents de la pré-mariée reçoivent des objets divers du pré-mari. En contrepartie, la famille de la pré-mariée offre à son tour quelques cadeaux aux pré-mariés tel que cela sera exposé ci après.

La cérémonie de célébration du pré-mariage, qui se confond avec le paiement de la dot, peut être l'aboutissement d'une suite d'autres cérémonies antérieures qui marquent le cheminement au mariage, dans le sens de son raffermissement.

11 - Pré-mariage, régime juridique. Selon le code de la famille, on ne peut contracter mariage sans avoir auparavant fait célébrer le pré-mariage (art. 123, C. fam.) dont le régime juridique est dominé par les usages et la tradition qui font de la dot son symbole.

12 – Dot, paiement en nature. Bien que les termes de l'article 140 alinéa 1er du code de la famille envisagent plusieurs formes de paiement de la dot (en nature ou en espèce ou sous les deux formes), il résulte de la tradition, dans les départements, que la dot est versée dans tous les cas aussi bien en nature qu'en espèce. Il apparaît même, dans bien de cas, que l'évaluation des biens remis en nature tant aux parents paternels et maternels, au frère et à la future épouse suivant la demande faite, est largement supérieure aux espèces versées.

D'ailleurs, le paiement de la dot en nature n'exclut pas les numéraires dès lors que les vêtements exigés, s'ils ne sont pas des prêts-à-porter, tel est le cas des pièces d'étoffe, doivent être accompagnés des frais de confection des vêtements (15 000 francs en général pour la camisole de la mère, 50 000 francs pour le costume du père de la future épouse, 10 000 francs pour le pantalon du frère de celle-ci).

Il convient de signaler par ailleurs que l'absence d'un des éléments exigés en nature est compensée par le versement de son prix forfaire sur le marché, séance tenante si les moyens financiers du pré-marié le permettent, sinon ultérieurement, sans indication de date précise, en sollicitant la compréhension des parents de la pré-mariée.

13 - Dot, importance dans les coutumes. La dot constitue l'épine dorsale du pré-mariage. Elle est la marque de l'intérêt de cette convention solennelle puisqu'elle porte l'empreinte de sa validité. Versée selon la coutume des parties (art. 141, al. 1er, C. fam.), la dot, en tant que substrat du pré-mariage, sans laquelle celui-ci n'aurait aucune existence, ni aucun fondement, est essentiellement composée des objets divers et des espèces qu'apporte le futur pré-marié à la famille de la future pré-mariée.

On note dans la doctrine que la coutume est perçue comme constituant une règle de vie sociale à laquelle sont assujettis tous les membres de la société. Ainsi, pour marquer l'impact de la coutume sur l'importance réelle de la dot et son enracinement dans les esprits relativement aux matières qu'elle régit, il a été affirmé que « Chacun d'entre nous sait que la vie des hommes en société est assujettie à des règles ; chacun comprend qu'il doit nécessairement en être ainsi. Personne ne songe à un mariage sans dot » (Placide Lenga, op. cit. p. 10).

14 – Dot, diversité du paiement selon les coutumes. Les coutumes relatives au paiement de la dot ne sont pas les mêmes dans la population congolaise estimée à trois millions d'habitants répartis entre environ soixante-quatorze ethnies disséminées dans les départements. La grande diversité des coutumes suivant les ethnies est un obstacle majeur à la systématisation de la présentation du versement de la dot selon les traditions et les usages dans toutes les ethnies. C'est cette extrême variété de coutumes ethniques qui justifie leur synthèse, suivant les départements, pour obtenir quelques traits communs caractéristiques de la procédure à suivre en vue du paiement de la dot.

§ 1 – Le mariage coutumier dans le département des Plateaux

15 – Mariage coutumier, département des Plateaux. Le paiement de la dot dans le département des Plateaux est en général précédé par l'étape dénommée « présentation ».

A – La « présentation »

1 – Les caractéristiques

En tant qu'étape préliminaire, la « présentation » recouvre deux caractéristiques qui la particularisent :

– elle a lieu dans le cas où les futurs pré-mariés ont vécu ensemble, à l'insu des parents qui n'ont pas organisé de cérémonie de reconnaissance de leur état. Lorsque le pré-marié manifestera sa volonté de payer la dot, les parents de la future pré-mariée lui exigeront d'abord d'accomplir les formalités liées à la « présentation » ;

– la « présentation » a aussi lieu lorsque le futur pré-marié exige de vivre avec la future pré-mariée alors qu'il n'a pas les ressources nécessaires pour verser la dot qui lui donnerait droit à la cohabitation. Dans ces conditions, il ne verse aux parents de la future pré-mariée que des espèces et des objets selon ses possibilités financières, sans obligation de se conformer au nombre et au montant habituellement exigés selon la coutume. Il ne lui restera plus que l'étape finale du versement de la dot pour régulariser définitivement son union relativement à la coutume.

2 – Les aspects de la « présentation »

La « présentation » recouvre deux aspects :

a) – L'aspect matériel de la « présentation »

Dans son aspect matériel, la « présentation » comprend les boissons offertes aux parents de la future pré-mariée et les objets apportés pour le compte de celle-ci.

i) – Les boissons

Elles sont constituées de :

- quatre (4) casiers de bière, toutes qualités confondues (« Primus », « Ngok », « Mützig », « Guinness ») ;
- deux casiers de jus (« tonic », « pulpe orange… ») ;
- douze (12) cartons d'un litre de vin rouge « Gandia » ;
- deux (2) bouteilles de whisky ;
- cinq (5) litres de vin de palme.

ii) – Les objets destinés à la la future pré-mariée.

Ils sont liés essentiellement à son habillement et sont constitués de :

- une (1) pièce d'étoffe wax ;
- une (1) paire de sandales ;
- une (1) paire de boucles d'oreilles ;
- un (1) mouchoir de tête.

iii) – La réception de la famille du pré-marié par les parents de la pré-mariée

Elle est matérialisée par la remise de trois casiers de boissons, toutes qualités confondues (bière et jus).

b) — L'aspect financier de la « présentation »

La présentation est marquée par le versement des espèces :

- dix mille (10 000) francs au titre du « bouchon » (autrement dit l'autorisation d'ouvrir les boissons offertes pour leur consommation) ;
- cinq mille (5 000) francs représentant les frais de confection de la camisole de la future pré-mariée ;
- cent mille (100 000) francs pour les parents, à raison de :
  - cinquante mille (50 000) francs pour les parents paternels ;
  - cinquante mille (50 000) francs pour les parents maternels.

B – La dot

Selon les ressources financières du futur pré-marié, la dot peut être directement versée aux parents de la future pré-mariée sans que soit exigée l'étape de la « présentation ».

Payée aux parents paternels et maternels de la future pré-mariée, la dot est versée en nature et en espèces.

1 – La dot en nature

a) – Les objets offerts au père de la future pré-mariée

En rapport avec la liste préalablement établie des objets réclamés, le père reçoit :

- un (1) costume complet prêt-à-porter ou, à défaut, un coupon de trois mètres cinquante (3,50 m) ;
- une (1) chemise manches longues ;
- une (1) cravate ;
- une (1) ceinture ;
- une (1) paire de chaussures ;
- une (1) paire de chaussettes ;
- une (1) pochette ;
- une (1) boîte de cirage ;

– une (1) lampe à pétrole de marque « Luciole » ;
– un (1) coupe-coupe de marque « Tramontina » ;
– une (1) hache avec manche ;
– un (1) sac de sel ;
– un (1) fusil ;
– une (1) couverture en laine ;
– une (1) houe avec manche.

b) – Les objets offerts à la mère de la future pré-mariée

Dans la même liste élaborée pour les objets donnés au père, figurent les objets à fournir pour le compte de la mère de la future pré-mariée :

– une (1) pièce d'étoffe wax ;
– un (1) mouchoir de tête ;
– une (1) paire de sandales ;
– une (1) grosse marmite ;
– une (1) paire de boucles d'oreilles ;
– une (1) chaînette ;
– une (1) houe avec manche ;
– une (1) cuvette moyenne ;
– une (1) lampe à pétrole de marque « Luciole » ;
– un (1) sac de sel ;
– une (1) couverture en laine.

c) – Les boissons

En quantité et en qualité, les boissons exigées sont :

– douze (12) casiers de bière et de jus, toutes qualités confondues (« Primus », « Ngok », « Tonic », « Mützig », « Guinness », « Turbo King », jus, « grand et petit modèles ») ;
– deux (2) dames-jeannes de vin rouge ;
– deux (2) bouteilles de whisky « JεB. » ;
– un (1) bidon de vin de palme.

d) – Les objets divers

Sont considérés comme « objets divers » ceux qui ne sont pas compris dans la part des biens destinés ni au père ni à la mère. Ils sont ainsi constitués :

– deux (2) cartouches d'allumettes ;
– deux (2) cartouches de cigarettes ;

- deux (2) paquets de cola ;
- du tabac indigène ;
- une (1) natte.

2 – La dot en espèces

Outre les biens matériels, les parents de la future pré-mariée attendent du futur pré-marié le versement des espèces à des titres divers :

- quarante mille (40 000) francs pour les frais de confection du costume du père, à défaut d'achat du costume prêt-à-porter ;
- mille (1000) francs représentant le prix du manche de la hache ou de la houe non remise ;
- dix mille (10 000) francs pour les grands-parents paternels ;
- vingt mille (20 000) francs au titre des frais de confection de la camisole de la mère de la future pré-mariée ;
- dix mille (10 000) francs pour les grands-parents maternels ;
- vingt mille (20 000) francs représentant le « bouchon » qui symbolise l'autorisation d'ouvrir les boissons offertes ;
- cent mille (100 000) francs équivalant au prix du fusil du père de la future pré-mariée, au cas où cet objet ne serait pas offert en nature par oubli, négligence ou toute autre cause imputable au pré-mari ;
- quatre cent cinquante mille (450 000) francs au titre du montant de la dot, cette somme pouvant faire l'objet de pourparlers dans le sens de son abaissement à trois cent cinquante mille (350 000) francs.

3 – Les cadeaux offerts au pré-mari

En contrepartie des objets et espèces reçus, les parents de la pré-mariée offrent au pré-mari :

- un (1) panier de poissons fumés ;
- un (1) sac de « foufou » (farine de manioc) ;
- cinq (5) litres d'huile ;
- dix (10) boîtes de tomate ;
- un (1) mouton ;
- quatre (4) casiers de boissons, toutes qualités confondues (« Primus », « Ngok », « Jus », « Mützig », « Guinness »…).

§ 2 – Le mariage coutumier dans le département de la Cuvette

16 – Mariage coutumier, département de la Cuvette. Selon les coutumes, les formes de mariage coutumier sont variables. On peut illustrer le paiement de la dot au travers de la synthèse des coutumes ethniques :

Trois étapes caractérisent généralement le mariage selon la tradition et les usages dans le département de la Cuvette.

A – La « présentation »

C'est l'expression de la manifestation de la volonté du futur pré-mari de vouloir prendre pour femme la future pré-mariée. On la caricature par les expressions françaises : « demande de la main » ou « présentation ». Il s'agit, en réalité de solliciter, non pas le consentement de la future pré-mariée que l'on fait simplement et souvent constater, mais plutôt l'accord de ses parents au mariage coutumier.

Cette étape préliminaire de la dot est obligatoire. Elle se caractérise, relativement aux autres qui la suivent, par sa sobriété. La matérialisation de la « demande de la main » de la future pré-mariée est manifestée par la remise de certains objets symboliques et des espèces.

1 – Objets à fournir

a) – Pour le compte de la future pré-mariée

- Une (1) pièce d'étoffe super wax ;
- une (1) paire de chaussures ;
- une (1) paire de boucles d'oreilles ;
- une chaînette ;
- un (1) sac à main.

b) – Dans l'intérêt des parents de la future pré-mariée

- Cinq (5) casiers, toutes boissons confondues (bière : « Primus », « Ngok… ») et jus : (« Tonic », « Pulp'orange… ») ;
- un (1) décalitre de vin rouge ;
- une (1) bouteille de whisky.

2 – Aspect financier

L'aspect financier de cette étape préliminaire est marqué par le versement des espèces d'un montant de :

- dix mille (10 000) francs au titre du « bouchon » (autorisation d'ouvrir les boissons offertes pour leur consommation) ;

– quinze mille (15 000) francs représentant les frais de confection de la camisole de la future pré-mariée ;
– deux mille (2 000) francs pour les facilitateurs ;
– vingt mille (20 000) francs pour les parents.

B – Première étape de la dot ou « petite dot »

Cette étape marque le début du processus de la dot. Le futur pré-marié fournit aux parents de la future pré-mariée des boissons et des espèces d'un ordre plus important.

1 – Boissons

– Quinze (15) casiers de boissons diverses dont :
  - cinq (5) casiers de bière « Primus » ;
  - deux (2) casiers de bière « Ngok » ;
  - deux (2) casiers de bière « Mützig » ;
  - deux(2) casiers de jus « Tonic » ;
  - deux (2) casiers de bière « Turbo King » ;
  - deux (2) casiers de jus divers (« Fanta orange », « pulp'orange… ») ;

– deux (2) cartons de vin rouge « Gandia » de 12 litres ;
– deux (2) bouteilles de whisky.

2 – Espèces

– Cinq mille (5 000) francs pour obtenir le rendez-vous relatif à la date de la cérémonie de dot ;
– cinq mille (5 000) francs représentant le « bouchon » (autorisation d'ouvrir la boisson pour sa consommation) ;
– cinquante mille (50 000) francs destinés aux parents ;
– cinq mille (5 000) francs pour les facilitateurs.

C – La « grande dot »

Comme dans les étapes précédentes, la dot est payée en nature ou en espèces aux parents paternels et maternels de la future pré-mariée.

1 – La dot en nature

Elle est constituée des boissons, des objets destinés à la future pré-mariée, à ses père et mère et à son frère.

a) – Les objets offerts à la future pré-mariée

- Une (1) pièce d'étoffe super wax ;
- une (1) paire de chaussures ;
- une (1) paire de boucles d'oreilles ;
- une (1) chaînette ;
- un (1) sac à main.

En principe, il est rare que les parents de la future pré-mariée exigent, à cette étape, ces objets car ils sont normalement offerts au cours de l'étape préliminaire dite « présentation ».

b) – Les objets destinés au père

Les objets qui sont le plus souvent réclamés par le père de la future pré-mariée varient selon les coutumes et les familles. On peut cependant citer, à titre indicatif, en se basant sur la liste communiquée par les parents de la future pré-mariée relativement aux objets exigés :

- un (1) costume complet prêt-à-porter ou, à défaut, un coupon de trois mètres cinquante (3, 50 m) ;
- une (1) chemise manches longues ;
- une (1) cravate ;
- une (1) ceinture ;
- une (1) paire de chaussures ;
- une (1) paire de chaussettes ;
- une (1) lampe à pétrole de marque « Luciole » ;
- un (1) coupe-coupe de marque « Tramontina » ;
- une (1) hache avec manche ;
- une (1) couverture en laine ;
- une (1) houe avec manche.

c) – Les objets offerts à la mère de la future pré-mariée

Dans la même liste élaborée pour les objets réclamés par le père, figurent les objets à fournir pour le compte de la mère de la future pré-mariée :

- une (1) pièce d'étoffe super wax ;
- un (1) mouchoir de tête ;
- une (1) paire de chaussures ;
- une (1) grande marmite en aluminium ;
- une (1) paire de boucles d'oreilles ;
- une (1) chaînette ;
- une (1) houe avec manche ;
- une (1) lampe à pétrole de marque « Luciole » ;

– une (1) couverture en laine.

On observe que dans certaines familles, il est exigé au futur pré-marié de payer autant de pièces d'étoffe super wax, de mouchoirs, de paires de chaussures, de paires de boucles d'oreilles et de chaînettes qu'il y a de tantes maternelles de la future pré-mariée en présence. Ainsi, est évitée toute discrimination entre la mère de la pré-mariée et ses sœurs.

d) – Les objets offerts au frère de la future pré-mariée

- Un (1) pantalon ;
- une (1) chemise manches longues ;
- une (1) paire de chaussures ;

e) – Les boissons

Sont généralement exigées, en quantité et en qualité, les boissons dont la liste suit :

- deux (2) bouteilles de whisky « JεB », « passeport » ou « Johnny Walker » ;
- trente (30) casiers de bière et de jus dont :
    - quatre (4) casiers de bière « Primus » ;
    - quatre (4) casiers de bière « Ngok » ;
    - quatre (4) casiers de jus « Tonic » ;
    - quatre (4) casiers de bière « Mützig » ;
    - deux (2) casiers de bière « Guinness » ;
    - deux (2) casiers de bière « Turbo King » ;
    - quatre (4) casiers de jus « grand modèle » ;
    - quatre (4) casiers de jus « petit modèle » ;
    - deux (2) casiers de bière « Amstel » ;
    - deux (2) dames-jeannes de vin rouge ;
    - vingt-cinq (25) litres de vin de palme.

2 – La facette financière de la dot

- Cent cinquante mille (150 000) francs à deux cent mille (200 000) francs à titre de dot aux parents paternels et maternels ;
- vingt mille (20 000) francs, soit 10% de ce montant pour le compte des modérateurs de la cérémonie, en général, un du côté de la famille du pré-marié et celui qui a été choisi par les parents de la pré-mariée ;
- dix mille (10 000) francs au frère de la pré-mariée ;

– dix mille (10 000) francs au titre du « bouchon », pour symboliser l'autorisation d'ouvrir la boisson offerte et permettre en conséquence sa consommation ;

– dix mille (10 000) francs au titre des frais de transport des familles paternelle et maternelle pour garantir leur présence le jour de la cérémonie.

3 – Le cumul des étapes

Suivant les ressources du prétendant, ces étapes peuvent être séparées ou regroupées. Ainsi :

– la « présentation » peut se cumuler avec la « petite dot » et la « grande dot » ;

– la « présentation » peut constituer une étape unique ;

– la « présentation » peut être faite au cours de la même cérémonie que la « petite dot ».

Comme on peut le constater, il n'est pas possible de sauter, après la présentation, l'étape intermédiaire de la « petite dot ». Cependant, la tendance actuelle est, comme cela vient d'être indiqué dans le premier cas de figure, de les cumuler en une cérémonie unique dont la dénomination est celle de l'étape finale, la « dot ». Seul le déroulement rituel de la cérémonie fera ressortir chacune de ces étapes qui se distinguera des autres par :

– son appellation ;
– la qualité et l'importance des objets réclamés ;
– le montant des espèces fournies.

§ 3 – Le mariage coutumier dans le département du Pool

17 – Mariage coutumier, département du Pool. Le mariage coutumier est caractérisé par deux étapes : le premier et le deuxième vin, puis la dot.

A – Le « premier et le deuxième vin »

Préalablement au déroulement normal de la cérémonie liée à cette étape du mariage, trois casiers de boissons diverses sont offerts aux parents de la future pré-mariée, lesquels symbolisent :

– l'autorisation d'accéder au domicile du père de la future pré-mariée où a lieu la cérémonie, en tant que propriété privée de celui-ci.

C'est en quelque sorte le droit d'accès à ce lieu qui est payé en nature sous la forme d'un casier de boissons, bière et jus confondus ;

– le suivi de la lettre adressée aux parents de la future pré-mariée relativement à l'étape concernée du mariage coutumier. Le futur pré-marié leur demande de lui communiquer la suite réservée à sa lettre en vue de préparer la cérémonie relative à l'étape du « premier et du deuxième vins ». Deux casiers de boissons sont sollicités à cette fin.

Si ces formalités considérées comme substantielles sont satisfaites, l'on entame dans ces conditions le cérémonial qu'exige l'étape du « premier et du deuxième vins ».

1 – Le « premier vin »

Souvent, la volonté du pré-marié d'accomplir les formalités du mariage coutumier se perçoit au travers du versement des « premier et deuxième vins ».Il est généralement versé, en nature, à titre symbolique, au titre du « premier vin :

- trois (3) casiers de bière, toutes qualités confondues ;
- un (1) casier de jus ;
- une (1) dame-jeanne de vin de palme.

2 – Le « deuxième vin »

Intervenant immédiatement après le « premier vin », le « deuxième vin » impose le paiement en nature de :

- cinq (5) casiers de bière, toutes qualités confondues ;
- deux (2) casiers de jus ;
- une (1) dame-jeanne de vin de palme ;
- une (1) dame-jeanne de vin rouge ;
- une (1) bouteille de Whisky ;

Le taux des espèces exigées est de :

– dix mille (10 000) francs, au titre du « bouchon ». Cet argent symbolise fictivement le prix d'achat du bouchon du vin rouge afin qu'il ne se renverse point. Il est aussi considéré comme revêtant la valeur d'autorisation d'ouvrir la dame-jeanne de vin rouge ;

– soixante mille (60 000) francs à soixante dix (70 000) francs au titre du « droit de cohabitation » avec la future pré-mariée ;

– vingt cinq (25 000) francs à trente mille (30 000) francs en réparation du préjudice subi par les parents de la future pré-mariée du fait de l'entrée du futur pré-marié chez eux « par effraction » pour « voler » leur fille, avant cette cérémonie. Ces dommages et intérêts représentent le prix de la réparation de la « fenêtre » brisée et sont qualifiés d'« amende ». Il s'agit d'une pure simulation dont l'intérêt moral est d'inviter au respect des règles coutumières incitant à leur observation pour fonder un foyer. Le montant de ces dommages et intérêts est débattu entre les facilitateurs des parents des futurs pré-mariés ;

– cinq mille (5 000) francs représentant le prix de la natte sur laquelle on s'assied pour accomplir des gestes rituels ;

– deux mille (2 000) francs pour la présentation de la famille ;

– dix mille (10 000) francs au titre de la commission du modérateur ;

– quinze mille (15 000) francs ou, à défaut, une dame-jeanne de vin rouge si le futur pré-marié demande la liste d'objets à fournir dans le cadre du versement ultérieur de la dot.

B – La « dot »

La dot revêt une importance considérable. C'est en effet son accomplissement qui ouvre véritablement la voie au mariage à l'état civil.

La particularité du paiement de la dot dans le département du pool se manifeste au travers de l'organisation des cérémonies, des objets offerts et des espèces versées aux parents paternels et maternels de la future pré-mariée.

La dot est payée successivement aux parents paternels et maternels de la pré-mariée.

1 – La dot versée aux parents paternels

Avant la date convenue de la cérémonie, le père de la pré-mariée a la faculté d'aviser les parents maternels du versement, chez lui, de la dot de sa fille. Ceux-ci apprécient s'ils acceptent d'y prendre part ou non. S'ils y participent, ils n'auront droit qu'à la boisson qu'ils consommeront sur place. Aucun objet en nature ne leur sera offert.

La cérémonie débute par le versement des espèces à des titres divers commandés strictement par la tradition, dont les termes n'ont pas d'équivalents en français, lesquels évoquent approximativement les boissons, le « laissez-passer » pour avoir accès au domicile de la future pré-mariée qui habite chez ses parents, la « calvitie » du père de la pré-mariée, l'amende civile, le « bouchon » (autorisation d'ouvrir les boissons pour leur consommation...).

Après le versement du montant de la dot en espèces à huis clos par les facilitateurs aux parents paternels de la future pré-mariée et donc hors la présence des invités à la cérémonie, il est procédé au contrôle des objets et autres espèces destinés aux parents.

a) – La dot en nature

- Une (1) couverture en laine ;
- un (1) costume complet prêt-à-porter ;
- une (1) chemise longues manches ;
- une (1) paire de chaussures ;
- une (1) paire de chaussettes ;
- une (1) cravate ;
- une (1) ceinture ;
- un (1) coutelas ;
- un (1) gobelet ;
- un (1) fer à repasser ;
- un (1) sac de sel ;
- des pièces Wax Hollandais (le nombre correspond à celui des tantes paternelles en présence) ;
- des mouchoirs de tête (autant qu'il existe de tantes paternelles) ;
- des houes (dont le nombre est égal à celui des tantes paternelles) ;
- des machettes (autant que le nombre de tantes paternelles) ;
- des lampes à pétrole de marque « Luciole » (une dizaine) ;
- dix (10) litres de pétrole lampant ;
- quatre (4) barres de savon de Marseille ;
- une (1) cartouche d'allumettes
- une (1) dame-jeanne de vin rouge ;
- une (1) bouteille de Whisky.

b) – La dot en espèces

Le montant de la dot varie avec la situation sociale de chacun des futurs pré-mariés et les exigences particulières des parents suivant les familles. Le contrôle de la réalité de ce montant, versé après accord entre les parents des futurs pré-mariés, a lieu à huis clos, par les facilitateurs, en présence desdits parents. A titre indicatif, les sommes généralement déboursées sont de l'ordre de :

- trois cent cinquante mille (350 000) francs à cinq cent mille (500 000) francs, montant versé à huis clos par les facilitateurs ;
- cinq mille (5 000) francs (la calvitie du père) ;
- trois mille (3 000) francs (les souffrances du père dans la surveillance de la future pré-mariée ;
- vingt mille (20 000) francs (gigot d'antilope) ;
- trois mille (3 000) francs (sac de tabac)
- trois mille (3000) francs (sac de noix de cola) ;

– vingt-cinq mille (25 000) francs ou trente mille (30 000) francs (l'équivalent de dix dames-jeannes de vin de palme) ;
– quinze mille (15 000) francs à vingt mille (20 000) francs (commissions du facilitateur).

La cérémonie s'achève par la remise, par la famille de la pré-mariée au pré-marié et à ses parents, des cadeaux et par l'offre d'un repas, généralement copieux car ils doivent manger à satiété, pour symboliser leur satisfaction et leur reconnaissance.

c) – Le repas offert au pré-mari et à ses parents

A l'issue de la cérémonie de dot, la famille de la pré-mariée offre généralement, au pré-mari et à sa famille qui l'a accompagné, suivant leurs facultés :

– cinq (5) casiers de bière ;
– cinq (5) casiers de jus ;
– dix (10) litres de vin de palme ;
– deux (2) moutons ;
– trois (3) à quatre (4) litres d'huile d'arachide ;
– un (1) panier de poissons fumés ;
– des poulets de chair en nombre égal à celui des pièces d'étoffe offertes ou plus mais pas d'un nombre inférieur ;
– un (1) sac de charbon ;
– des boîtes de tomate ;
– un (1) balai de cour ;
– un (1) balai brosse ;
– des assiettes ;
– des marmites ;
– du « foufou » (farine de manioc) ;
– un (1) manioc ;
– de l'oignon ;
– un (1) mortier et un (1) pilon ;
– une (1) chaise en liane ;
– un (1) repas au cours duquel chacun mange à satiété.

2) – La dot payée aux parents maternels

Après écoulement d'un certain temps, le pré-mari, qui estime les conditions financières réunies, est accompagné par le père de la pré-mariée chez les parents maternels où est organisée leur cérémonie propre de dot.

a) – La dot en nature

- Des pièces d'étoffe wax ;
- des mouchoirs de tête ;
- des houes ;
- des machettes ;
- quatre (4) barres de savon de Marseille ;
- une (1) cartouche d'allumettes ;
- dix (10) lampes à pétrole de marque « Luciole » ;
- une (1) dame-jeanne de pétrole lampant ;
- un (1) sac de sel ;
- un(1) grand gobelet ;
- un (1) sabre ;
- un (1) fer à repasser à vapeur ;
- une (1) grande marmite en aluminium.

On observe qu'il faut autant de pièces d'étoffe wax, de mouchoirs de tête, de houes, de machettes qu'il y a de tantes maternelles.

b) – La dot en espèces

Si, en ce qui concerne la dot en nature, on peut observer une certaine équivalence avec celle payée aux parents paternels, il n'en est pas de même s'agissant des espèces à verser aux parents maternels qui sont généralement d'un montant inférieur. Ainsi, lorsque la dot en espèces, payée aux parents paternels, est de cinq cent mille (500 000) francs, les parents maternels percevront deux cent cinquante mille (250 000) francs.

3 – Les cadeaux et le repas au pré-marié et à ses parents

En signe de remerciement, la famille de la pré-mariée offre au pré-mari et à sa famille qui l'a accompagné, suivant leur possibilité et leur générosité et en général :

- cinq (5) casiers de bière ;
- cinq (5) casiers de jus ;
- dix (10) litres de vin de palme ;
- un (1) mouton (contre deux offerts par la famille paternelle au cours de la dot la concernant) ;
- trois (3) à quatre (4) litres d'huile d'arachide ;
- un (1) panier de poissons fumés ;
- des poulets de chair en nombre égal à celui des pièces d'étoffe offertes ou plus mais pas d'un nombre inférieur ;
- un (1) sac de charbon ;

- des boîtes de tomate ;
- un (1) balai de cour ;
- un (1) balai brosse ;
- des assiettes :
- des marmites ;
- du « foufou » (farine de manioc) ;
- du manioc ;
- de l'oignon ;
- un (1) mortier et un (1) pilon ;
- une (1) chaise en liane ;
- un (1) repas copieux.

§ 4 – Le mariage coutumier dans le département de la Likouala

18 – Mariage coutumier, département de la Likouala. Comme dans les départements précédents, trois étapes marquent le processus de déroulement du mariage coutumier.

A – Le « rapprochement » informel

Cette étape préliminaire du mariage coutumier marque le moment où le prétendant se résout à faire la connaissance des père et mère de sa future pré-mariée pour les tenir informés de ce que les absences de leur fille de leur domicile sont justifiées par sa présence chez lui.

Dans ces conditions, cette fille peut donc visiter librement son prétendant et ses parents ne peuvent manifester aucune inquiétude à cet égard. Aussi, le futur pré-marié peut-il la recevoir pour un temps indéterminé sans se soucier d'aviser ses parents puisque la formalité de « rapprochement » a déjà été accomplie. C'est souvent le cas :

- lorsque la fille se trouve en état de grossesse ;
- si, alors qu'elle habite encore chez ses parents, elle est régulièrement visitée par son prétendant. Ce dernier, désireux d'avoir plus de liberté dans sa vie avec elle afin d'éviter de gêner les parents non informés de la nature de leurs relations, accomplit donc cette formalité ;
- en cas de cohabitation entre les futurs pré-mariés sans accord préalable des parents de la fille.

Le prétendant encourt une amende civile s'il ne s'est pas soumis à cette formalité préalable du « rapprochement ». Elle est payée par la fourniture de quelques bouteilles de boissons diverses (bière et jus) dont le nombre est laissé à l'appréciation du futur pré-marié.

A défaut d'agir ainsi, le prétendant sera interpellé et ramené à l'ordre au cours de l'étape suivante de la « présentation ».

B – « La présentation »

Le prétendant saisit, par courrier, le père ou son représentant pour l'aviser de son intention de se faire connaître en cette qualité auprès des parents de la future pré-mariée.

Sont présents, au cours de la cérémonie, les parents paternels et maternels de la fille préalablement informés de la date et du lieu par le père de cette dernière.

Deux situations peuvent se présenter :

– s'il y a eu cohabitation entre les futurs pré-mariés avant cette cérémonie, sans qu'il y ait eu observation de l'étape préliminaire du « rapprochement », une amende civile, dont le montant négociable varie entre cinq mille (5 000) francs et dix mille (10 000) francs, est infligée au prétendant pour avoir « volé » la fille.

– en l'absence de cohabitation et si la fille est en état de grossesse, il y a également paiement de l'amende civile dans les mêmes proportions que précédemment.

Lorsque ces préalables sont réglés, le futur pré-marié offre, à volonté car il n'y a à cette étape aucune exigence des parents, des boissons, généralement dans les proportions qui suivent :

- une (1) ou deux (2) dames-jeannes de vin rouge ;
- deux (2) casiers de bière « Primus » ;
- deux (2) casiers de bière « Ngok » ou « Mützig » ;
- deux (2) casiers de bière « Turbo King » ;
- deux (2) casiers de jus (« Fanta orange », « Tonic »...) ;
- vingt-cinq (25) litres de vin de palme ;
- une (1) bouteille de whisky.

Il est versé en espèce cinq mille (5 000) francs ou dix mille (10 000) francs, au titre du « bouchon » ou autorisation d'ouverture des boissons offertes.

C'est après cette cérémonie que le paiement de la dot pourra avoir lieu.

C – La dot

Le futur pré-marié, qui s'engage à verser la dot, adresse une correspondance au père de la future pré-mariée pour lui signifier son intention à ce sujet, en demandant expressément que soit dressée la liste des objets à offrir aux parents ainsi que la quantité nécessaire de boissons.

En réponse, si le père de la future pré-mariée, qui marque son accord, lui promet cette liste. C'est dans une seconde lettre qu'il la lui fera parvenir après s'être concerté avec sa famille. Ce n'est que lorsque le futur pré-marié aura réuni toutes les conditions matérielles et financières qu'il avisera, par lettre, le père de la future pré-mariée de la date de la dot. Celui-ci prendra toutes les dispositions utiles pour informer aussi largement que possible les parents paternels et maternels de sa fille pour leur présence effective à cette grandiose cérémonie qui se déroule suivant une certaine solennité.

Auparavant, les deux facilitateurs, celui du futur pré-marié et celui des parents, se concertent discrètement pour vérifier que les listes, mises à leur disposition par ceux au service desquels ils vont intervenir, sont identiques au regard de leur contenu. A cette occasion, et par précaution, ils se font préalablement payer leurs commissions fixées à vingt mille (20 000) francs à chacun. Il leur est également offert simultanément un casier de boissons diverses (bière et jus).

On distingue, dans certains cas, deux types de dot : la « dot de la mère » et la « dot de ses enfants ».

La « dot de la mère » ou « dot de la future pré-mariée » démarre par le versement des espèces d'un montant de cent cinquante (150 000) francs à trois cent mille (300 000) francs, suivant les exigences des familles.

Celui qui procède au comptage de cet argent et qui doit appartenir à la famille de la future pré-mariée est payé à cinq mille (5 000) francs.

Il y a la « dot des enfants » dans le cas où ils sont nés alors qu'il n'y a pas eu versement de la dot. Le taux par enfant est de vingt-cinq mille (25 000) francs à trente mille (30 000) francs. Il s'agit, en quelque sorte, du dédommagement, par le futur pré-mari, des parents de la future pré-mariée en raison du préjudice qu'ils ont subi du fait de l'inobservation des règles coutumières relatives à l'étape de la « présentation ».

Les facilitateurs procèdent ensuite au contrôle des biens réclamés par le père et la mère de la future pré-mariée ainsi que des boissons exigées :

1 – Les biens réclamés par le père

- Un (1) costume complet prêt-à-porter ou, à défaut, un coupon de trois mètres cinquante (3, 50 m) ;
- une (1) chemise manches longues avec manchettes ;
- une (1) cravate ;
- une (1) ceinture ;
- une (1) paire de chaussures ;

- une (1) paire de chaussettes ;
- un (1) chapeau ;
- deux (2) lampes à pétrole de marque « Luciole » ;
- deux (2) machettes ;
- deux (2) haches ;
- deux (2) limes ;
- une couverture en laine.

2 - Les biens exigés par la mère

- Deux (2) pièces d'étoffe super wax ;
- deux (2) mouchoirs de tête ;
- deux (2) paires de chaussures ;
- une (1) grande marmite ;
- une (1) grande cuvette ;
- un (1) coupe-coupe ;
- une (1) lime ;
- un (1) couteau ;
- deux (2) paires de boucles d'oreilles ;
- deux (2) houes ;
- deux (2) lampes à pétrole de marque « Luciole » ;
- une (1) couverture en laine ;
- une (1) cartouche d'allumettes ;
- un (1) sac de sel.

3 - Les boissons :

- Quatre (4) casiers de bière « Primus» ;
- quatre (4)) casiers de bière « Ngok » ;
- quatre (4) casiers de bière « Mützig » ;
- quatre (4) casiers de bière « Guinness »
- quatre (4) casiers de jus « Coca-cola » ;
- quatre (4) casiers de jus « Pulp'orange » ;
- quatre (4) casiers de jus « Tonic » ;
- cinquante (50) litres de vin de palme ;
- deux (2) dames-jeannes de vin rouge ;
- deux (2) bouteilles de Whisky ;
- cinq mille (5 000) francs à quinze mille (15 000) francs, au titre d'autorisation d'ouverture des boissons dite communément « bouchon ».

Enfin, en témoignage de leur reconnaissance, les parents de la pré-mariée offrent aux pré-mariés :

- un (1) mouton mâle ;
- une (1) « mallette » de poissons fumés ;
- un (1) sac de « foufou » (farine de manioc) ;
- un (1) sac de charbon ;
- un (1) repas copieux.

§ 5 – Le mariage coutumier : département de la Cuvette Ouest

19 – Mariage coutumier, département de la Cuvette Ouest. Deux étapes caractérisent le mariage coutumier : la « présentation » et la dot.

A – La « présentation »

C'est une étape dont l'observation n'est pas soumise à un formalisme rigoureux. La cérémonie, bien modeste, a lieu au domicile du père de la future pré-mariée ou à celui de son représentant.

Elle est organisée à la demande du futur pré-marié qui s'adresse au père de la future pré-mariée ou à son représentant pour lui réclamer la liste des objets en nature et des espèces à fournir dans le cadre de cette étape. Dressée par ce dernier qui tient compte de la présence de la famille maternelle à cette cérémonie, cette liste comporte :

1 – Les boissons

- Deux (2) casiers de bière « Primus » ;
- deux (2)) casiers de bière « Ngok » ;
- deux (2) casiers de bière « Mützig » ;
- un (1) casier de bière « Guinness » ;
- un (1) casier de jus « Coca-cola » ;
- un (1) casier de jus « Pulp'orange » ;
- un(1) casier de jus « Tonic » ;
- deux (2) dames-jeannes de vin rouge ;
- deux (2) bouteilles de Whisky.

2 – Les objets destinés à la future pré-mariée

- une (1) pièce d'étoffe super wax ;
- une (1) paire de chaussures ;
- une (1) paire de boucles d'oreilles ;
- un (1) foulard.

C'est l'acceptation solennelle de ces objets qui permet aux parents paternels et maternels présents à cette cérémonie ainsi qu'au futur pré-marié et à ses parents de constater le consentement de la pré-mariée au mariage coutumier.

En dépit de l'expression de son accord par cet acte, la future pré-mariée est encore conviée par ses parents à une concertation secrète en vue de vérifier la sincérité de son consentement. En cas de confirmation de son accord, il est, dans ces conditions, procédé publiquement aux rites destinés à le consacrer.

La future pré-mariée doit ainsi se mettre à genoux et autoriser son père à boire la boisson de son goût qu'elle a préalablement choisie. Dans cette même position, elle fait boire, au futur pré-marié, la boisson qu'il consomme habituellement. Ce geste est aussi accompli par ce dernier, en position debout, à l'égard de la pré-mariée qui reste à genoux. La consécration de leur consentement est scellée par un baiser d'amour qui soulève des applaudissements.

3 – Les espèces

- Dix mille (10 000) francs au titre des frais de confection de la camisole de la future pré-mariée ;
- dix mille (10 000) francs représentant le « bouchon » (autorisation d'ouverture de la boisson ou argent équivalant au prix d'achat simulé du bouchon de cette boisson que l'on craint de laisser ouverte) ;
- quarante mille (40 000) francs à cinquante mille (50 000) francs comme taux de la « présentation ».

En général, à cette étape, les demandes des parents de la pré-mariée ne comportent pas le montant des espèces. C'est normalement au pré-marié d'apprécier combien il veut payer à cette étape. Il est d'ailleurs admis que tout ce qui figure sur la liste fasse l'objet de négociation dans le sens de la réduction de la quantité de boissons ou de la baisse du taux exigé des espèces.

Il est, dans ces conditions, élaboré discrètement une autre liste qui sera présentée publiquement lors de la cérémonie. L'argent encaissé au titre de cette étape du mariage coutumier est remis au père de la future pré-mariée mais il est partagé, à égalité, entre les familles paternelle et maternelle, par le facilitateur qu'il a choisi.

Ce dernier perçoit dix pour cent (10%) des espèces versées. Ainsi, si cette somme est de cinquante mille (50 000) francs telle que cela ressort de la liste, les facilitateurs percevront dix mille (10 000) francs, soit cinq mille (5 000) francs à chacun.

Cette somme peut provenir du patrimoine du père de la future pré-mariée ou être payée, à la demande de ce dernier, par le futur pré-mari.

La cérémonie s'achève par le cocktail que les parents de la pré-mariée offrent à ceux du pré-marié.

Dès ce moment, il y a possibilité de cohabitation des pré-mariés.

La dot, qui constitue la seconde et la dernière étape du mariage coutumier, ne sera payée que plus tard, à la diligence du pré-marié.

Deux raisons sont susceptibles d'inciter le pré-mari à verser la dot, en tant que dernière et ultime étape du mariage coutumier :

– la pré-mariée présente des signes de stérilité après quelques années de cohabitation ;

– les pré-mariés ont des enfants et le pré-mari, en sa qualité de père, doit donc assurer leur protection contre les mauvais esprits qui pourraient être agités contre eux par les parents paternels et maternels de la pré-mariée, lesquels manifesteraient ainsi leur mécontentement du fait du non paiement de la dot.

B – La « dot »

Si le pré-mari estime se trouver dans des dispositions financières favorables pour payer la dot, il en avise son père qui porte cette information à l'oncle maternel de son fils.

Après leur concertation, le père reçoit le mandat de rencontrer le père de la pré-mariée pour lui demander la liste des objets et des espèces qu'exige sa famille. Ce document est élaboré en parfaite harmonie avec la famille maternelle de la pré-mariée.

Après l'avoir reçue, le père du pré-marié soumet cette liste à ses parents maternels et paternels afin qu'ils apprécient son exécution. C'est leur accord qui ouvre la voie à la détermination de la date de la dot obtenue après la concertation entre le père du pré-marié et celui de la pré-mariée en collaboration avec leurs parents respectifs. Elle est fixée en tenant compte des particularités du calendrier de chacun des membres de famille.

Même si le contenu de la liste est variable selon les familles, il y a cependant des boissons, des espèces et d'autres objets en nature que l'on peut considérer comme consacrés nonobstant les particularités familiales. Ce sont les mêmes que ceux qui ont constitué l'étape de la « présentation » car le cérémonial reste identique à celui de l'étape précédente et même le consentement des pré-mariés et l'accord des parents sont encore requis.

1 – Les boissons

- Deux (2) casiers de bière « Primus » ;
- deux (2) casiers de bière « Ngok » ;
- deux (2) casiers de bière « Mützig » ;
- un (1) casier de bière « Guinness » ;
- un (1) casier de jus « Coca-cola » ;
- un (1) casier de jus « Pulp'orange » ;
- un (1) casier de jus « Tonic » ;
- deux (2) dames-jeannes de vin rouge ;
- deux (2) bouteilles de Whisky.

2 – Les objets destinés à la future pré-mariée

- Une (1) pièce d'étoffe super wax ;
- une (1) paire de chaussures ;
- une (1) paire de boucles d'oreilles ;
- un (1) foulard.

3 – Les biens réclamés par le père

- Un (1) costume complet prêt-à-porter ou, à défaut, un coupon de trois mètres cinquante (3, 50 m) ;
- une (1) chemise manches longues ;
- une (1) cravate ;
- une (1) ceinture ;
- une (1) paire de chaussures ;
- une (1) paire de chaussettes ;
- un (1) chapeau ;
- un (1) coupe-coupe ;
- une (1) hache.

Si le père est jumeau, ces objets seront remis en double pour faire bénéficier également l'autre jumeau.

4 – Les biens destinés à la mère

- Une (1) pièce d'étoffe super wax ;
- un (1) mouchoir de tête ;
- une (1) paire de chaussures ;
- une (1) grande marmite ;
- un (1) coupe-coupe ;
- une (1) lampe à pétrole de marque « Luciole » ;

– un sac de sel.

Il est à noter que si la mère est jumelle, ces objets sont, dans ces conditions, fournis en double.

5 – Les espèces

– Dix mille (10 000) francs au titre du « bouchon » (autorisation d'ouverture des boissons) ;

– cent mille (100 000) francs à deux cent mille (200 000) francs représentant la dot ;

– vingt mille (20 000) francs à cinquante mille (50 000) francs par enfant, s'il en existe, ayant grandi avec les parents maternels. C'est ce que l'on appelle la « dot des enfants ».

Ce montant est plus élevé s'il est constaté une négligence notoire du père qui n'a pas contribué à l'entretien et à l'éducation de l'enfant devenu grand. Dans ces conditions, le taux à verser est déterminé par les parents maternels.

– trente mille (30 000) francs pour les frais de confection de la camisole de la mère de la future pré-mariée.

En signe de remerciement, les parents de la pré-mariée offrent aux pré-mariés :

– un (1) mouton ;
– une (1) « mallette » de poissons fumés ;
– un (1) sac de « foufou » (farine de manioc).

§ 6 – Le mariage coutumier : département de la Bouenza

20 – Mariage coutumier, département de la Bouenza. Deux étapes sont perceptibles dans la décomposition du mariage coutumier : les « préliminaires » et la « dot ».

A – Les « préliminaires »

Cette étape est subdivisée en deux autres étapes cumulées dénommées « premier vin » et « deuxième vin ».

Le futur pré-marié annonce au père de la future pré-mariée son intention de payer le « premier vin » et le « deuxième vin ». L'oncle de celle-ci est tenu informé par le père de la future pré-mariée et les deux conviennent des listes d'objets à demander et des espèces à réclamer dans le cadre de cette étape. Le père veille à ce que l'oncle ne demande pas autant que lui tandis que l'oncle exige de celui-ci qu'il soit raisonnable dans ses exigences.

Les listes dressées de commun accord par le père pour la famille paternelle et par l'oncle pour les parents maternels sont envoyées au futur pré-marié. Ce dernier choisit son facilitateur qui se rapproche de celui du père et de l'oncle pour lui proposer de réduire les demandes faites par eux estimées exagérées. Les négociations ont lieu en présence de deux ou trois personnes représentant les parents paternels et maternels du futur pré-marié et un nombre égal de représentants des parents paternels et maternels de la future pré-mariée. Elles aboutissent à l'élaboration d'une liste unique définitive comportant deux parties : les demandes du côté paternel et celles du côté maternel.

1 – Les demandes du côté paternel

a) – S'agissant du « premier vin »

- Deux casiers de bière ;
- deux casiers de jus ;
- Trente mille (30 000) francs au titre de la « demande de la main » de la future pré-mariée ;
- une (1) dame-jeanne de vin rouge pour la « demande de la main » de la future pré-mariée ;
- cinq mille (5 000) francs pour le « tire bouchon » ou frais relatifs à l'ouverture du vin rouge.

b) – Concernant le « deuxième vin »

- Deux casiers de bière ;
- deux casiers de jus ;
- une (1) bouteille de whisky de marque « JεB. » ;
- une (1) bouteille de champagne ;
- une (1) dame-jeanne de vin de palme ;
- une (1) dame-jeanne de vin rouge ;
- cinq mille (5 000) francs concernant le « tire bouchon » ;
- quarante cinq mille (45 000) francs au titre des frais d'autorisation de cohabitation de la future pré-mariée avec le futur pré-marié. C'est en quelque sorte le « droit de cohabitation » ;
- vingt cinq mille (25 000) francs au titre du gigot (ndikila) ;
- une (1) dame-jeanne de vin rouge pour la demande de la liste comportant les espèces et les objets sollicités par les parents de la future pré-mariée en vue de la dot ;

– cinq mille (5 000) francs à l'occasion de la demande de la liste des objets et espèces constituant la dot ;

– un (1) casier de bière pour annoncer la date de la dot payable dans le délai d'un an, lequel, dépassé, conduirait au réajustement en fonction du coût de la vie.

2 – Les demandes du côté maternel

Le cérémonial demeure le même que celui qui s'est déroulé concernant l'observation de cette étape du paiement du « premier vin » et du « deuxième vin » aux parents paternels.

a) – Lors du « premier vin »

– Deux (2) casiers de bière ;
– deux (2) casiers de jus.

b) – Au « deuxième vin »

– Deux (2) casiers de bière ;
– deux (2) casiers de jus ;
– une (1) bouteille de whisky de marque « JεB. » ;
– une (1) bouteille de champagne ;
– une (1) dame-jeanne de vin de palme ;
– une (1) dame-jeanne de vin rouge ;
– cinq mille (5 000) francs représentant le « tire bouchon » (frais d'ouverture du vin rouge) ;
– un (1) casier de bière pour obtenir le rendez-vous relatif au paiement de la dot qui devra intervenir dans les douze mois qui suivent les « préliminaires ». A défaut, la liste est réactualisée pour tenir compte du coût de la vie.

B – La dot

1 – La « dot paternelle »

A la différence de la composition de la dot dans les départements du nord du Congo, les objets destinés à la mère ne figurent pas sur la liste de ceux des parents paternels mais sur une autre liste dressée pour le compte de la famille maternelle. Tous les habits et autres objets à l'usage des femmes sont destinés aux tantes paternelles, autant qu'il en existe et le père a ses biens propres. Il s'agit en général des objets, espèces et boissons dont le détail suit, à titre indicatif :

a) – Des objets divers

- Un (1) costume cousu ;
- une (1) chemise manches longues ;
- une (1) cravate ;
- une (1) ceinture ;
- une (1) paire de chaussures ;
- une (1) paire de chaussettes ;
- dix (10) lampes à pétrole de marque « Luciole » ;
- quatre (4) machettes ;
- quatre (4) houes avec manches ;
- une (1) couverture en laine de grande dimension ;
- deux (2) pièces d'étoffe wax hollandais ;
- six (6) mouchoirs de tête ;
- six (6) paires de sandales pour femmes ;
- un (1) coutelas (long couteau) ;
- un (1) grand gobelet ;
- un (1) fer à repasser électrique ;
- une (1) dame-jeanne de vin rouge ;
- cinq mille (5 000) francs pour le « tire bouchon ».
- une (1) bouteille de whisky de marque « JεB. » ;
- un (1) sac de sel de cuisine ;
- une (1) série de six (6) marmites.

On signale que le nombre de pièces d'étoffe wax hollandais n'est pas proportionnel au nombre de tantes paternelles en présence. S'il y a plus de deux tantes, il revient au père de la future pré-mariée de choisir les bénéficiaires des deux pièces d'étoffe présentées et de dédommager ses sœurs qui n'ont pu les obtenir.

b) – Des boissons

Les boissons sont généralement présentées en nature. Toutefois, les parents de la future pré-mariée peuvent exiger l'équivalent en espèces, justifiant cette pratique par l'absence d'autres parents qui se trouvent dans les villages ou ailleurs, à qui l'argent sera remis en échange de leur part de boisson. La quantité réclamée, variable selon les familles, est, en moyenne, de :

- huit (8) casiers de bière ;
- huit (8) casiers de jus ;

- une (1) dame-jeanne de vin de palme ;
- une (1) dame-jeanne de vin rouge.

c) – Des espèces

- Trois cent mille (300 000) francs au titre du taux de la dot ;
- dix mille (10 000) francs pour les grands-parents ;
- cinq mille (5 000) francs relatifs au frais du « tire-bouchon » pour permettre l'ouverture du vin rouge ;
- vingt mille (20 000) francs au profit du facilitateur :
- vingt-cinq mille (25 000) francs au titre des dommages et intérêts, pour la réparation de la « fenêtre » qu'il aurait cassée pour « prendre possession, par effraction » de la future pré-mariée au cas où les pré-mariés cohabiteraient déjà avant cette cérémonie.

Les espèces ne sont pas comptées publiquement, semble-t-il, pour des raisons liées à leur sécurité. Seul le montant correspondant au chapitre concerné est communiqué. Le contenu exact des enveloppes y relatives est vérifié par le facilitateur du futur pré-marié et celui de la future pré-mariée.

Il peut être convenu de verser l'équivalent de certains objets en espèces plutôt que de les présenter en nature

2 – La « dot maternelle »

a) – Des objets divers

La « dot maternelle » comporte quasiment les mêmes objets en nature que la « dot paternelle » mais leur nombre est réduit :

- une (1) veste ;
- un (1) pantalon cousu ;
- une (1) chemise manches longues ;
- une (1) cravate ;
- une (1) pièce d'étoffe super wax hollandais ;
- un (1) ensemble de boucles d'oreilles ;
- une (1) paire de chaussures fermées;
- des pièces d'étoffe wax hollandais (autant qu'il y a de tantes maternelles de la future pré-mariée en présence) ;
- des mouchoirs de tête (en nombre égal à celui de la mère de la future pré-mariée et de ses sœurs) ;
- des paires de sandales (autant qu'il existe de tantes maternelles de la future pré-mariée) ;
- une (1) grande marmite ;
- une (1) grande cuvette ;

– des houes avec manches (le nombre équivaut à celui des tantes maternelles de la future pré-mariée) ;

– un (1) sac de sel de cuisine ;

– une (1) grande couverture en laine ;

– une (1) grande serviette de bain.

b) – Des boissons

La famille de la future pré-mariée a la latitude d'exiger, pour certaines boissons d'une quantité indiquée, le paiement des espèces équivalentes tandis que d'autres sont présentées en nature :

– sept (7) casiers de bière ;

– sept (7) casiers de jus ;

– une (1) bouteille de whisky de marque « JεB. » ;

– une (1) dame-jeanne de vin rouge ;

– une (1) dame-jeanne de vin de palme ;

– cinq mille (5 000) francs pour le « tire bouchon » (frais d'ouverture du vin rouge).

c) – Des espèces

– Cent soixante dix mille (170 000) francs au titre du taux de la dot ;

– dix mille (10 000) francs pour les grands-parents ;

– cinq mille (5 000) francs représentant les frais relatifs au « tire bouchon » pour permettre l'ouverture du vin rouge.

3 – La « compensation post dot »

Les parents de la pré-mariée remettent, aux pré-mariés et aux parents du pré-mari, par une sorte de compensation, des objets dont le nombre et la qualité sont proportionnels à ceux qu'ils ont reçus :

– deux (2) moutons pour une dot dont le taux atteint trois cent mille (300 000) francs ;

– cinq (5) poulets de chair si le montant payé de la dot est inférieur à trois cent mille (300 000) francs ;

– un (1) poulet de chair correspondant à la remise, par le pré-mari, à l'occasion de la dot, de chacun des objets ci-après :

- une (1) pièce d'étoffe wax hollandais ;
- un (1) costume ;
- une grande marmite ;
- une grande cuvette ;

– un (1) poulet de chair à la charge du grand-père paternel pour les espèces encaissées d'un montant de dix mille (10 000) francs ;

– un (1) poulet de chair à la charge du grand-père maternel pour les mêmes raisons que précédemment pour l'argent perçu par lui (dix mille (10 000) francs).

Outre ces moutons et poulets de chair, il est offert, aux pré-mariés et aux parents du pré-mari :

– deux (2) sacs de « foufou » (farine de manioc) ;
– cinq (5) litres d'huile ;
– dix (10) boîtes de tomate ;
– deux (2) sacs de charbon ;
– six (6) gros maniocs ;
– de l'oignon d'une valeur de mille (1000) francs ;
– deux (2) ou trois (3) casiers de bière et de jus à consommer sur place.

De ces objets, il est prélevé, pour le compte du facilitateur du pré-marié :

– un (1) poulet de chair ;
– un (1) litre d'huile ;
– un (1) manioc ;
– deux (2) boîtes de tomate ;
– un (1) litre de vin rouge ;
– de l'oignon d'une quantité permettant la cuisson de son poulet de chair.

Afin de faciliter le transport de ces biens offerts aux pré-mariés et aux parents du pré-marié, il leur est donné, par les parents de la pré-mariée, la somme de dix mille (10 000) francs.

Un repas copieux au cours duquel ces derniers mangent à satiété est offert, lequel couronne la fin de la cérémonie.

Les pré-mariés qui ne vivaient pas encore ensemble ont, à l'issue de ces festivités, le droit de cohabiter.

§ 7 – Le mariage coutumier dans le département du Kouilou

21 – Mariage coutumier, département du Kouilou. Auparavant, les père et mère du prétendant rencontraient, en l'absence de ce dernier, les père et mère de la future pré-mariée pour engager des pourparlers sur le mariage de leur fille. C'est l'accord obtenu qui ouvrait la voie à l'information de leur fils sur le projet de mariage et à sa présentation à la fille et à ses père et mère uniquement, moyennant :

– une (1) bouteille de whisky « Rhum » ;

- une (1) dame-jeanne de vin rouge ;
- dix mille (10 000) francs.

Actuellement, cette étape a disparu dès lors que l'évolution des mœurs conduit les filles et les garçons à se connaître et à développer leurs relations sans le concours des parents. Ainsi, le garçon qui désire se marier est tenu d'observer deux étapes : la présentation (A) et la dot (B).

A – La « présentation »

Une certaine solennité entoure cette étape au cours de laquelle les parents paternels et maternels du prétendant se rendent au domicile des parents paternels et maternels de la jeune fille. Même les amis y sont conviés. Les boissons et les espèces exigées pour l'accomplissement des formalités du mariage coutumier à cette étape ne ressortent pas d'une liste établie par les parents de la fille. Les informations sont plutôt obtenues de manière discrète auprès de ces derniers par un mandataire choisi par les parents du garçon.

1 – Les boissons

- deux (2) dames-jeannes de vin rouge ;
- deux (2) bouteilles de whisky « Rhum ».

Ces quantités peuvent être doublées selon les familles.

2 – Les espèces

Généralement fixées à vingt mille (20 000) francs les espèces peuvent atteindre le double de ce montant.

Dès la fin de cette cérémonie, l'homme et la femme cohabitent. La femme est censée habiter avec lui pour l'aider à préparer l'étape ultime du mariage, la dot.

B – La dot

L'oralité a disparu en la matière. L'homme qui est prêt pour payer la dot se rapproche, par des moyens appropriés, des parents de la future pré-mariée pour demander que le père de cette dernière contacte l'oncle maternel de la future pré-mariée aux fins d'élaboration de la liste des objets et espèces constituant la dot.

Cette liste est envoyée au futur pré-marié. A la date convenue, les parents paternels et maternels de l'homme et de la femme, plus nombreux que lors de l'étape précédente de la « présentation », se retrouvent au domicile du père de la future pré-mariée.

Des difficultés sont susceptibles de survenir au cours de cette cérémonie, suivant qu'il y a eu respect ou non des règles coutumières jusqu'à cette étape :

– si ces règles ont été observées, il ne se pose donc aucun problème et la cérémonie de la dot peut démarrer normalement ;

– dans le cas contraire, il faut débuter par respecter ce qui a été transgressé pour aboutir à la dot.

Autrement dit, les objets et les espèces non fournis au titre de l'étape de la « présentation », qui n'a pas été observée, seront prélevés sur l'équivalent apporté pour payer la dot dans le cas où les espèces ne couvriraient pas le montant exigé. Et si ce qu'il y avait lieu de verser au compte de la dot ne suffit plus, alors le pré-marié reste redevable du manquant. C'est souvent le cas lorsqu'il y a la dot alors que l'homme et la femme cohabitent déjà sans au préalable avoir régularisé coutumièrement leur situation pour obtenir l'autorisation des parents à cet égard.

Lors de l'élaboration de la liste aux fins de mariage, il est tenu compte de la situation sociale de la fille et de l'homme. Unique pour les familles paternelle et maternelle de la pré-mariée, cette liste n'indique pas, comme dans d'autres départements, les biens demandés séparément par les parents paternel et maternel, au titre des boissons, du taux de la dot et des objets divers destinés aux père et mère de la pré-mariée.

1 – Les boissons

- Cinq (5) à huit (8) dames-jeannes de vin ;
- cinq (5) à huit (8) bouteilles de whisky « Rhum ».

2 – Le taux

Le montant de la dot varie, selon les familles et la condition sociale des pré-mariés, entre deux cent cinquante mille (250 000) et cinq cent mille (500 000) francs.

3 – Les objets destinés au père

- Un (1) costume complet ;
- une (1) chemise manches longues ;
- une (1) paire de chaussures ;
- une (1) lampe à pression de marque « Pétromax » ;
- une (1) cravate (facultatif) ;
- une (1) ceinture (facultatif).

4 - Les objets destinés à la mère

- Une (1) pièce d'étoffe super wax ;
- un (1) foulard ;
- une (1) paire de chaussures ;
- une (1) paire de boucles d'oreilles.

Il est à noter que si la mère a des sœurs, il est fourni autant de pièces d'étoffe et de foulards qu'il y a de sœurs. La discrimination est bien apparente car cette règle ne s'applique pas aux sœurs du père qui ne bénéficient pas des mêmes avantages.

Deux particularités méritent d'être signalées :

- alors que dans les autres départements la fourniture de boissons telles la bière, le jus et le vin de palme est une exigence qui résulte de la liste préalablement dressée par les parents de la future pré-mariée, au département du Kouilou, ces boissons sont facultatives et sont donc offertes à volonté. Autrement dit, le futur pré-marié apprécie quelle quantité de boissons il peut fournir au cours de la dot ;
- le facilitateur, dont la présence est jugée indispensable ailleurs au cours de la cérémonie de paiement de la dot, n' a pas sa place au département du Kouilou où les interventions lors des pourparlers sont faites directement par les membres de famille des personnes concernées.

Le partage des boissons et des espèces a lieu équitablement entre les familles paternelle et maternelle de la pré-mariée.

La cérémonie s'achève par des récompenses faites par les familles paternelle et maternelle de la pré-mariée qui offrent, au pré-marié et à ses parents, trois (3) à quatre (4) nattes, du poisson salé, du manioc et bien d'autres objets à consommer sur place et à emporter.

§ 8 – Le mariage coutumier dans le département de la Sangha

22 – Mariage coutumier, département de la Sangha. Comme dans plusieurs autres départements, l'étape par laquelle on peut noter la volonté de l'homme de se marier avec une fille qu'il a déjà choisie est dénommée « présentation » ou « premier vin ».

A – La « présentation »

C'est l'étape généralement appelée « premier vin ». Elle symbolise la première rencontre publique entre les familles paternelle et maternelle du prétendant et de la fille. Elle marque la fin de la période de clandestinité dans les relations entre le garçon et la fille, voire, dans certains cas, entre eux et leurs parents respectifs.

A la différence de ce que l'on rencontre ailleurs, où les relations entre le prétendant et les parents de la fille ont lieu par l'intermédiaire du facilitateur connu pour son habileté dans le règlement des questions coutumières, dans le département de la Sangha, c'est plutôt la fille intéressée qui joue ce rôle. C'est en effet elle qui se charge d'informer ses parents sur les intentions du prétendant à son égard et rapporte à ce dernier, le point de vue de ses parents, notamment de son père. Tout se passe discrètement jusqu'au moment de la « présentation » où l'information sur le mariage coutumier est portée à la connaissance des parents paternels et maternels de la fille. Seuls les père et mère et quelques proches parents dont ils jugent la présence indispensable à cette modeste cérémonie y participent.

Suivant les informations obtenues, le prétendant, ses parents paternels et maternels apportent, sans que cela résulte d'une liste dressée préalablement par le père de la fille, des boissons et des espèces qui correspondent, au niveau de cette étape et généralement, à :

– cinq casiers de boissons variées (bière, jus…) ;
– dix mille (10 000) francs au titre du « bouchon » (autorisation d'ouvrir les boissons offertes).

Le facilitateur au cours de cette rencontre n'est pas un spécialiste des affaires coutumières comme il en existe dans d'autres départements mais un sage quelconque dans la famille, pourvu qu'il incarne une certaine autorité morale. Il peut être le frère aîné du prétendant, son père, son oncle…

A l'issue de cette étape, les parents de la fille prennent acte des intentions des futurs pré-mariés qui peuvent, dès cet instant, se rendre visite sans aucune récrimination.

Si le prétendant estime que les moyens financiers qu'il a réunis sont suffisants pour payer la dot, qui constitue la seconde et la dernière étape du mariage coutumier, il le fait savoir à la fille qui, continuant à jouer son rôle d'intermédiaire, en avisera son père. On constate qu'il n'existe pas de formalisme consistant à adresser une correspondance au père de la fille comme cela a cours dans bien d'autres départements.

B – La dot ou le « deuxième vin »

Au jour fixé pour cette grandiose cérémonie, y prennent part les familles élargies des futurs pré-mariés ainsi que les amis qu'ils invitent.

Comme dans la première étape, il n'existe pas de liste d'objets exigés par les parents de l'amante mais celle-ci, qui a connaissance des préférences de ces derniers, en fait discrètement part au prétendant qui en tient compte. Ce qu'il est convenu d'apporter pour cette étape, selon la coutume, est censé être connu de toutes les familles.

Outre les boissons, les espèces, les objets destinés précisément au père et à la mère, il y a la rubrique d'objets non spécialement affectés mais offerts de manière générale à la famille de la future pré-mariée, ce qui constitue une particularité dans le département de la Sangha par rapport aux autres contrées.

1 – Les boissons

- Dix (10) à quinze (15) casiers de boissons toutes qualités confondues (bière, jus...) ;
- une (1) dame-jeanne de vin rouge ;
- une (1) bouteille de whisky (facultatif).

2 – Les objets destinés au père

- Un (1) costume ;
- une (1) chemise manches longues ;
- une (1) cravate ;
- une (1) paire de chaussures ;
- une (1) paire de chaussettes ;
- une 1) hache (facultatif) ;
- une (1) machette (facultatif) ;
- une (1) lampe à pétrole de marque « Luciole » (facultatif).

3 – Les objets destinés à la mère

- Une (1) pièce d'étoffe super wax ;
- un (1) mouchoir de tête ;
- une (1) paire de chaussures ;
- une (1) grande marmite.

4 – Les objets offerts à toute la famille

- Dix (10) machettes ;
- cinq (5) houes ;
- deux (2) couvertures en laine ;
- cinq (5) pièces d'étoffe wax ;
- une (1) ou deux (2) pelles ;
- une (1) ou deux (2) haches ;
- des limes (nombre à volonté).

5 – Les espèces

D'un montant qui varie entre deux cent mille (200 000) francs et trois cent mille (300 000) francs, les espèces ne sont pas comptées publiquement. C'est le père de la future pré-mariée qui désigne un représentant qui se retire, pour ce faire, avec celui du pré-marié pour procéder au comptage discret des espèces. L'enveloppe les contenant est néanmoins remise publiquement. Son montant n'est connu que par des canaux familiaux, après la cérémonie.

Cet argent, remis au père, n'est pas partagé à parts égales comme dans certains départements car par application des principes du patriarcat, seul le père en dispose. Toutefois, par pure charité, il peut, par l'entremise de sa femme, à titre symbolique, remettre à celle-ci, pour elle-même, la somme de dix mille (10 000) francs et pour le compte de la famille maternelle, cinquante mille (50 000) francs ou soixante mille (60 000) francs, sans état d'âme.

6 – La « contre dot »

Il s'agit ici d'un concept évocateur du repas copieux offert par les parents de la pré-mariée pour clôturer la cérémonie de dot, en signe de remerciements au pré-marié et à ses parents. Sont généralement offerts, outre ce repas, les objets suivants :

- dix (10) poulets de chair ;
- une (1) chèvre ou un (1) bouc ;
- un (1) panier de poissons fumés ;
- un (1) sac de « foufou » (farine de manioc) ;
- un (1) sac de charbon.

C'est à la fin de cette dernière étape que la cohabitation est autorisée entre les pré-mariés. Ceux-ci ont, dès ce moment, acquis ce statut exigé par le code de la famille pour prétendre contracter mariage (art. 123, C. fam.).

§ 9 – Le mariage coutumier au département de la Lékoumou

23 – Mariage coutumier, département de la Lékoumou. Après avoir obtenu de son amante ou d'une autre personne des informations relatives à la procédure de mariage coutumier, le prétendant adresse une correspondance au père la fille pour le tenir informé de son projet de se marier avec elle et sollicite de le rencontrer à cette fin.

En général, le père de la fille lui répond également par lettre pour lui marquer son accord. Les deux conviennent, dans ces conditions, de la date de la rencontre.

Au jour fixé, le prétendant se fait accompagner par son père, sa mère et son oncle, à défaut par deux ou trois autres parents proches de son choix, sans omettre, le cas échéant, un de ses meilleurs amis. En raison du caractère quasiment discret de cette rencontre, le père qui, a son épouse à ses côtés, peut y inviter un des parents du côté paternel et un des parents maternels de sa fille.

Cette cérémonie est dite celle de la « demande de la main » (A). C'est le prélude au mariage coutumier qualifié « dot » (B).

A – La « demande de la main »

Il s'agit ici, pour l'homme, de se rendre chez le père de son amante pour recueillir l'avis des parents de celle-ci et leur annoncer son projet de mariage coutumier avec leur fille. Même si aucune liste d'objets relatifs à cette étape préliminaire n'est soumise au prétendant par les parents de l'amante, il va de soi qu'il doit apporter, lors de la rencontre, des boissons et des espèces dont l'importance lui est indiquée grâce aux informations obtenues discrètement, par le canal de la fille qui interroge ses parents ou par d'autres intermédiaires connaissant la coutume concernée.

6 – Les boissons

- Une (1) à deux (2) dames-jeannes de vin rouge ;
- une (1) à deux (2) dames-jeannes de vin de palme ;
- quatre (4) casiers de boissons diverses (bière et jus).

7 – Les espèces

Selon le rituel bien connu dans tous les départements, une somme de cinq mille (5 000) francs est payée au titre du « décapsuleur » ou « bouchon », permettant aux parents de la fille de pouvoir acquérir ce dont il faut pour ouvrir les boissons offertes et permettre ainsi leur consommation.

C'est à l'issue de cette rencontre que le père de la fille demande au prétendant d'aller se préparer pour payer la dot qui matérialise le mariage coutumier.

Dès ce moment, les parents considèrent que les sorties de leur fille du domicile conjugal sont justifiées par ses visites chez le prétendant.

Celui-ci est aussi autorisé à visiter son amante chez ses parents dès lors qu'il s'est déjà présenté à eux.

C'est lorsqu'il s'estime prêt financièrement que le prétendant adresse une deuxième lettre au père de la fille, dont l'objet est la demande de la liste des objets et des espèces constituant la dot.

B – La dot

Suite à la réception de la lettre du prétendant relative à la célébration du mariage coutumier, le père de la future pré-mariée lui adresse la liste y afférente.

Deux hypothèses sont dès lors envisageables :

– si le père estime qu'il y a lieu de verser la dot paternelle et la dot maternelle, il se rapproche alors des parents maternels de sa fille pour leur demander d'établir leur liste d'objets constitutifs de la dot, qu'ils feront parvenir au futur pré-marié ;

– si le père décide du paiement de la dot unique paternelle, ce qui constitue la majorité des cas, il élabore la liste qu'il enverra au demandeur. Il revient dans ces conditions au père d'inviter les parents maternels à participer à la célébration du mariage coutumier à son domicile, au jour convenu.

Dans les deux cas, cette liste comprend la dot en nature et la dot en espèces.

1 – La dot paternelle en nature

Elle se compose des boissons et des objets divers destinés aux parents de la future pré-mariée.

a) – Les boissons

- Quatre (4) casiers de bière « Primus » ;
- quatre (4) casiers de bière « Ngok » ;
- quatre (4) casiers de bière « Mützig » et « Turbo King » ;
- quatre (4) casiers de jus toutes qualités confondues ;
- quatre (4) bouteilles de Whisky.

b) – Les objets propres au père

- Un (1) costume ;
- une (1) chemise manches longues ;
- une (1) cravate ;

- une (1) paire de chaussures ;
- une (1) paire de chaussettes ;
- une (1) ceinture ;
- une (1) couverture en laine ;
- un (1) sac de sel ;
- une 1) hache ;
- une (1) machette ;
- un (1) râteau ;
- une (1) pelle ;
- une (1) houe ;
- quatre (4) lampes à pétrole de marque « Luciole » ;
- des pièces d'étoffe « super Wax hollandais » avec des chaussures pour dames, des mouchoirs de tête, autant qu'il existe de tantes paternelles.

c) – Les objets propres destinés à la mère

La caractéristique essentielle ici est qu'à la différence de ce que l'on observe dans le département du Pool, les objets propres à la mère sont compris dans la liste de ceux du père et non pas dans celle des objets des parents maternels qu'ils ont élaborée pour eux :

- deux (2) pièces d'étoffe « super wax hollandais » (et autant qu'il y a de tantes maternelles en présence) ;
- un (1) mouchoir de tête (ou plus et autant qu'il existe de tantes maternelles) ;
- une (1) paire de chaussures (ou davantage, en nombre égal à celui de tantes maternelles) ;
- une (1) houe ;
- une (1) machette ;
- une (1) grande marmite ;
- un (1) coupe-coupe ;
- un (1) sac de sel.

2 – La dot paternelle en espèces

Le montant des espèces, variable suivant les familles, oscillent entre quatre cent mille (400 000) et six cent mille (600 000) francs.

Si auparavant cet argent était compté publiquement, cette tradition a cédé sa place au huis clos qui est motivé par les impératifs de sécurité. Dans certains cas, c'est le père qui demande au facilitateur de ne pas faire ressortir l'aspect financier de la dot. Dans ces conditions, ce sont les deux facilitateurs, du père et du pré-marié, qui procèdent discrètement au comptage des espèces hors des regards des participants à la cérémonie de dot. L'enveloppe, avec son contenu, est remise discrètement au père de la pré-mariée alors que se déroulent les festivités.

Outre le taux de la dot, le pré-marié paie, à titre de commissions, vingt-cinq mille (25 000) francs au facilitateur qu'il a choisi. Il revient au père de la pré-mariée de verser ce même montant à son facilitateur, pour son compte personnel.

3 – La dot maternelle en nature

Si le père de la future pré-mariée opte pour le paiement de la dot aux parents maternels, ceux-ci ne peuvent être aussi exigeants que lui. Ils se montrent raisonnables :

– ils demandent toujours moins de boissons que le père ;

– ils n'exigent pas la fourniture de vêtements et d'autres accessoires telles les chaussures, la cravate, la ceinture, la chemise ;

– ils peuvent demander la fourniture d'une ou de deux lampes à pétrole de marque « Luciole ».

Concernant les espèces, ils exigent généralement le tiers ou au plus la moitié du montant exigé par le père. Ainsi, se référant à la liste de ce dernier qui a sollicité six cent mille (600 000) francs, les parents maternels se limitent à deux cent mille (200 000) ou trois cent mille (300 000) francs.

4 – Le partage des biens de la dot

Une procédure est observée pour assurer le partage aussi bien des objets en nature que des espèces.

C'est le jour de la dot, après le départ du pré-marié et de ses parents et amis que le père réunit les parents paternels et maternels en vue du partage. Ces derniers réagissent généralement en proposant que ce partage ait lieu le lendemain ou plus tard.

Le jour convenu, le père présente à sa belle-famille et à ses parents tous les objets et espèces remis lors de la dot car il n'en était que simple gardien. Il est ensuite procédé au partage conformément aux listes dressées, ou selon la volonté du père en cas de dot paternelle unique n'exigeant pas de liste des parents maternels.

Il revient au père de la pré-mariée de procéder au partage dans des proportions qu'il détermine seul. Mais des contestations peuvent surgir et sont réglées, à l'amiable, avec la compréhension de tous les membres des deux familles paternelle et maternelle de la pré-mariée.

5 – La réception du pré-marié, de ses parents et amis

Il convient de rappeler qu'après l'élaboration des listes adressées au futur pré-marié, les parents paternels et maternels ont déjà convenu des modalités de participation de chaque famille aux dépenses qu'occasionne la réception du pré-marié qu'accompagnent ses parents et amis. La répartition de ces dépenses est proportionnelle aux demandes faites dans les listes. Il apparaît vraisemblablement que la participation du père sera plus importante puisqu'il recueillera dans la dot la majorité des biens en nature et un montant d'espèces plus élevé.

La part de la famille maternelle est remise au père car c'est lui qui est chargé de présenter les dons à la fin de la cérémonie de dot, peu avant le repas offert par lui. Les dons sont en général constitués de :

- un (1) mouton, un (1) cabri ou un (1) cochon ;
- un (1) ou deux (2) sacs de « foufou » (farine de manioc) ;
- un (1) bidon d'huile d'arachide ou de palme ;
- un (1) tas d'oignons et d'ails ;
- trois (3) à quatre (4) poulets de chair ;
- du sel de table ou de cuisine ;
- du manioc ou des ignames.

Si la boisson offerte au cours de la réception ne suffit pas, le père peut prélever la quantité manquante sur la boisson de la dot dont il a la garde et en fournir les explications aux parents paternels et maternels au moment du partage des biens dotaux.

A la fin de la cérémonie, le facilitateur choisi par le père a la charge d'informer tous les parents de ce que le pré-marié et la pré-mariée cohabitent désormais à compter de ce jour de paiement de la dot.

§ 10 – Le mariage coutumier dans le département du Niari

24 – Mariage coutumier, département du Niari. La procédure coutumière du mariage est semblable à celle qui vient d'être précédemment décrite dans les autres départements. Elle débute par l'étape de la « présentation » et s'achève avec le versement de la dot qui caractérise le mariage coutumier.

A – La « présentation »

A la différence de ce que représente cette étape du mariage dans les autres contrées, la « présentation » revêt ici une portée d'autant réduite qu'elle ne paraît pas s'imposer. Son caractère facultatif résulte de ce qu'elle n'est observée que si le prétendant estime devoir s'y soumettre par respect à la famille de la future pré-mariée.

Il suffit, dans ces conditions, qu'il se rende chez les parents de la fille, souvent seulement accompagné d'un ami, pour les tenir informés de ce que les absences de celle-ci à leur domicile se justifient par les visites qu'elle effectue chez lui.

En raison du caractère très modeste de cette cérémonie, qui ne regroupe qu'un nombre bien restreint de participants, en général le père et une personne de son choix ainsi que la mère de la fille, le prétendant apporte symboliquement, à sa convenance car aucune exigence ne lui est faite à cet égard :

– une (1) dame-jeanne de vin rouge ou même trois (3) cartons de vin d'un litre chacun ;

– cinq mille (5 000) francs ou dix mille (10 000) francs au titre du « bouchon » (autorisation d'ouvrir le vin pour le rendre accessible à la consommation).

A la fin de cette cérémonie, les parents autorisent leur fille à visiter le futur pré-marié et peuvent même accepter qu'elle quitte le domicile familial pour cohabiter avec lui. Si le futur pré-marié n'exprime pas sa volonté de cohabiter déjà avec la fille, l'on se retrouve dans ces conditions dans le système des visites réciproques libres jusqu'au mariage coutumier manifesté par la dot.

B – La dot

Le prétendant qui estime que les conditions sont réunies pour que se réalise le mariage coutumier le fait savoir par écrit au père de la futur pré-mariée. Celui-ci organise une réunion regroupant les parents paternels et maternels de la fille, au cours de laquelle sont examinées contradictoirement les demandes à formuler relativement aux objets à fournir lors de la dot et au taux de cette dernière.

1 – Les objets à fournir

La liste fusionnée d'objets exigés par les parents paternels et maternels de la future pré-mariée est transmise par le père de celle-ci au pré-mari.

Sa présentation ne revêt pas une forme particulière en sorte qu'il n'est pas nécessaire que le pré-mari distingue, entre les biens demandés, ceux de la famille paternelle et ceux des parents maternels. La liste ayant été dressée de commun accord par les parents, toutes origines confondues, la destination des biens ne présente donc à leurs yeux aucune difficulté lors de leur répartition. Cette liste comprend :

- un (1) costume ;
- une (1) chemise manches longues ;
- une (1) cravate ;
- une (1) paire de chaussures ;
- une (1) paire de chaussettes ;
- deux (2) machettes ;
- deux (2) houes ;
- deux (2) lampes à pétrole de marque « Luciole » ;
- des pièces d'étoffe « super wax hollandais » dont le nombre est variable avec celui des tantes maternelles en présence, de sorte que s'il existe deux tantes maternelles, trois pièces d'étoffe seront exigées (y compris la mère) ;
- des paires de chaussures de femmes, en rapport, comme précédemment, avec le nombre de tantes maternelles en présence ;
- des paires de boucles d'oreilles, autant qu'il existe de tantes maternelles ;
- des chaînettes (autant qu'il y a de tantes maternelles ;
- des foulards de même nombre qu'il y a de tantes maternelles ;
- une (1) grande marmite ;
- un (1) sac de sel (objet commun pour les parents paternels et maternels).

2 – les boissons

Alors que pour les objets qui viennent d'être énumérés il est facultatif de préciser leur destination, paternelle ou maternelle, ici la demande est rigoureusement globale, en ce sens qu'elle est commune aux familles paternelle et maternelle. Sont généralement exigés :

- cinq (5) casiers de bière « Primus » ;
- cinq (5) casiers de bière « Ngok » ;
- trois (3) casiers de bière « Mützig » ;
- trois (3) casiers de bière « Turbo King » ;
- trois (3) casiers de jus (« Coca-cola », « Pulp'orange », « Tonic ») ;
- deux (2) bouteilles de Whisky de grande qualité ;
- deux (2) dames-jeannes de vin rouge ;
- vingt (20) litres de vin de palme.

Certaines familles exigent plutôt le paiement en argent de ces boissons ou d'une partie seulement de celles-ci.

La répartition de ces boissons entre les familles paternelle et maternelle est faite équitablement.

3 – L'aspect financier

L'aspect financier de la dot comporte le versement des espèces d'un montant de :

– deux cent mille (200 000) francs à trois cent mille (300 000) francs représentant le taux de la dot. Cette somme est répartie équitablement entre les parents paternels et la famille maternelle de la pré-mariée ;

– vingt mille (20 000) francs au titre du « bouchon », autrement dit l'autorisation d'ouvrir le vin rouge offert pour sa consommation, soit dix mille (10 000) francs par dame-jeanne de vin rouge ;

– dix mille (10 000) francs pour le facilitateur choisi uniquement par le futur pré-mari.

La procédure de remise des espèces au titre de la dot impose la discrétion. Même si la liste laisse apparaître le taux de la dot qui est annoncé publiquement par le facilitateur, le montant de l'enveloppe contenant cet argent est contrôlé à huis clos par le facilitateur du père de la future pré-mariée qui se retire dans un endroit secret avec celui du futur pré-marié.

Un incident peut cependant survenir. Le facilitateur du futur pré-marié peut exprimer le désaccord de ce dernier sur le taux excessif de la dot. Dans ces conditions, le facilitateur du père de la future pré-mariée se rapproche de celui qui l'a choisi, au nom duquel il intervient, pour recueillir son avis. C'est le montant arrêté après ce compromis qui est remis, publiquement sous enveloppe, au père de la future pré-mariée, sous les applaudissements de l'assistance.

4 – La présentation des futurs pré-mariés

Après avoir recueilli la dot en nature et en espèces telle qu'elle était déterminée à travers la liste y relative, les parents de la future pré-mariée demandent que le facilitateur du futur pré-marié le présente publiquement aux participants à la cérémonie.

Le futur pré-marié, qui se lève sous les acclamations des parents et amis présents, a la charge de désigner la future pré-mariée qui n'est pas parmi les participants à la cérémonie mais se trouve placée en un lieu où elle doit être dénichée par le futur pré-marié. Quelquefois, il lui est exigé de payer la somme de deux mille (2 000) francs pour lui faciliter l'accès à l'endroit où est cachée la future pré-mariée, à titre de billet de transport.

Les deux futurs pré-mariés sont ensuite confortablement installés. C'est en ce moment que surgissent des belles-sœurs et des beaux-frères, pour nettoyer, les premières, les chaussures du futur pré-marié, les seconds celles de la future pré-mariée, moyennant, dans les deux cas, la remise des billets de cinq cents (500) francs par personne.

Il est demandé par la suite à la future pré-mariée de choisir la boisson préférée du pré-marié, de la lui faire boire, en position debout (ou à genoux) et vice-versa (mais le futur pré-marié ne peut s'agenouiller, il est debout devant la future pré-mariée).

Pour recueillir l'avis favorable de son père, la future pré-mariée avance à genoux jusque chez son père pour lui donner sa boisson préférée. Le père lui pose des questions pour vérifier qu'elle consent librement au mariage. Si les réponses sont affirmatives, alors il accepte de boire ce que lui offre sa fille et celle-ci rejoint sa place suivant le même mode de déplacement, en signe de politesse à son père et à l'assistance.

L'homme et la femme sont ainsi mariés coutumièrement. C'est en ce moment qu'ils sont désignés pré-mariés par le code de la famille.

5 – Les cadeaux au pré-marié et à ses parents

Dans l'euphorie générée par le mariage coutumier, les parents de la pré-mariée offrent à leur tour, au pré-marié et à ses parents :

a) – Les biens à emporter

- Un mouton ou un cochon, à défaut, un cabri ;
- un sac de « foufou » (farine de manioc) ;
- du manioc ;
- du poisson fumé ;
- des poulets de chair éventuellement.

b) – Les biens à consommer sur place

- Deux (2) casiers de bière « Primus » ;
- deux (2) casiers de bière « Ngok » ;
- deux (2) casiers de jus ;
- un repas copieux.

Les dépenses occasionnées par ces cadeaux sont effectuées suites aux cotisations effectuées par les familles paternelle et maternelle de la pré-mariée, à parts égales dès lors que les biens issus de la dot sont équitablement partagés entre ces deux familles.

Le repas des parents de la pré-mariée a lieu au même moment ou après le départ du pré-marié et de ses parents.

25 – Dot, caractère facultatif. Non seulement la dot est symbolique, elle est aussi facultative (art. 140 al. 1er, C. fam.). Autrement dit, sans l'imposer, la loi considère que la dot peut ne pas être perçue par les parents de la future épouse (art. 140 al. 2, C. fam.).

Le code de la famille ayant envisagé l'hypothèse où les père et mère de la future épouse refusent de percevoir la dot, est-il possible de penser qu'elle peut aussi être facultativement versée par le futur époux ?

La réponse affirmative à cette interrogation ôterait tout fondement à la dot dès lors que la loi indique clairement qu'elle « est versée aux parents paternels et maternels de la future épouse » (art. 141, al. 1er, C. fam.). Cela sous-entend amplement que la dot est payée par le futur époux qui ne peut se décharger de cette obligation si tant est qu'il veut avancer vers le chemin qui le mène au mariage.

C'est évidemment cette conception de la dot qui s'avère conforme à la pratique sociale qui ne laisse pas la latitude aux père et mère d'opérer le choix de demander ou non la dot. Non seulement ils ne peuvent s'en passer, mais au cas où il l'exigerait, rien ne leur permettrait, au risque de subir des récriminations, de demander des sommes d'argent et des objets en nature en deçà de la moyenne généralement acceptée selon la coutume.

Pourtant toute demande de dot, supérieure à cinquante mille (50 000) francs, est tolérée même si elle peut faire l'objet de désapprobation sourde de la part de certains membres de la famille. Ceux-ci ne manquent cependant pas, en effet, de manifester individuellement leur joie de percevoir une part de dot plus importante que d'ordinaire. C'est cette attitude qui peut faire tâche d'huile en ce sens qu'elle est susceptible d'inspirer d'autres familles et conduire ainsi à un relèvement du coût de la dot. C'est bien ce phénomène, régulièrement observé, qui explique les disparités en la matière quelquefois motivées par les appréciations différenciées du coût de la vie.

Par ailleurs, la disposition de l'article 141 alinéa 2 du code de la famille permet de passer outre le refus des père et mère de percevoir la dot en habilitant le conseil de famille sur qui la loi fait peser l'obligation de se prononcer sur le principe et éventuellement le montant de la dot.

L'absence de fermeté du législateur sur ce point ne fournit pas l'éclairage nécessaire à sa compréhension. Il se situe cependant dans sa logique du caractère facultatif de la dot qui laisse la latitude aux parents de la percevoir ou non. Il convient néanmoins de comprendre cette disposition comme n'excluant pas, malgré le refus des père et mère d'exiger la dot, l'implication, des autres membres de la famille, susceptible d'infléchir leur position. On se trouve dans ces conditions devant deux attitudes :

– le conseil de famille décide de percevoir la dot. Dans ce cas, il en fixe le montant qui ne saurait excéder cinquante mille (50 000) francs ;

– le conseil de famille partage le refus des père et mère de percevoir la dot. C'est ici simplement une hypothèse d'école car elle heurte fortement la coutume qui ne s'en accommode pas.

26 – Dot, paiement non remboursable. Si dans l'exercice de leur option dotale, les parents de la future épouse demandent la dot, les sommes d'argent payées ainsi que les objets offerts en nature leur sont définitivement acquis. C'est le sens de l'article 140 alinéa 1er du code de la famille « La dot a un caractère symbolique... Elle n'est pas remboursable ».

Cependant, malgré la clarté du libellé de cette disposition, les demandes sont faites au cours des instances en divorce par des maris qui exigent le remboursement de la dot par la femme dont ils reprochent la commission d'une faute génératrice de la destruction de leur mariage.

Dans l'examen de telles requêtes, le juge de première instance n'hésite pas à les rejeter en opposant aux demandeurs les prescriptions de l'article 140 alinéa 1er du code de la famille relatives aux caractères symbolique et facultative de la dot qui n'est pas remboursable (T. I. Poto-Poto, 29 septembre 2000, R. civ., n° 1196, Rép. n° 1045, inédit).

Il y a unanimité de la jurisprudence en la matière. En effet, en cas de contestation de la décision refusant au mari le remboursement de la dot, le juge de second degré déclare dans tous les cas la requête d'appel mal fondée et confirme le jugement attaqué (C. A Brazzaville, ar. civ. n° 082, 8 avril 1992, inédit).

Une partie de la doctrine n'est pas favorable au caractère non remboursable de la dot. Selon elle, le remboursement de celle-ci contribuerait au maintien de certaines femmes dans le foyer conjugal et suggère au législateur, dans l'appréciation des dispositions du projet du code de la famille, d'écarter celles qui ont trait au non remboursement de la dot : « Cependant, la disposition selon laquelle la dot n'est pas remboursable vaut la peine d'être écartée. Car si certaines femmes hésitent à quitter leur mari, c'est parce qu'elles redoutent le remboursement de la dot. Ne pas exiger le remboursement de la dot serait une manière de permettre aux femmes de quitter leur mari sans raison valable » (Albert Mbon « Droit du mariage, situation actuelle et projet du code de la famille », Brazzaville, ENAM, mémoire, 1983, p. 52).

On observe dans la pratique l'inscription, dans certains actes de mariage, de la mention « En cas de divorce, la dot sera abandonnée ». Il s'agit là de l'expression d'une survivance de la coutume qui laisse le mari libre de demander ou non le remboursement de la dot qu'il a payée, en cas de rupture du lien matrimonial aux torts de la femme. Cette indication dans l'acte de mariage est aujourd'hui superfétatoire car, selon le code de la famille, la dot a un caractère facultatif, ce qui exclut toute idée d'obligation de son versement par le futur mari si elle n'est pas réclamée par les parents de la femme et de son remboursement par cette dernière si telle est l'exigence, illégale, de son conjoint. En tout état de cause, la dot n'est pas remboursable selon le code de la famille (art. 140, al. 1er, C. fam.). Il n'est donc pas indispensable de mentionner, comme il est ainsi procédé dans les centres d'état civil, son abandon, par le mari, dans l'acte de mariage.

27 – Dot, régime juridique. Il n'est pas aisé de cerner le régime juridique de la dot dès lors que le code de la famille l'a prévue au « paragraphe 2 », relatif à la section 2 réservée au mariage, qui ne comporte pas d'intitulé. Il faut espérer qu'il ne s'agit pas là d'un fait volontaire du législateur qui manifesterait, par cette omission, son intention d'éluder une difficulté.

C'est ici où apparaît nettement le hiatus béant entre la coutume et la loi qui pourtant la consacre en la matière. En effet, alors que les usages et la tradition, grâce auxquels est réglé le pré-mariage, recommandent le paiement de la dot au cours de la formation de cette convention, les dispositions du code de la famille prescrivent le versement de la dot lors des préparatifs de la célébration du mariage devant l'officier de l'état civil, et donc postérieurement au pré-mariage !

Or, dans la majorité de cas de dot réglés par les usages et la tradition, la célébration du mariage à l'état-civil est précédée par la perception de la dot par les parents paternels et maternels de la future épouse. L'accomplissement de cette formalité essentielle est régulièrement vérifié par l'officier de l'état civil lors de la célébration du mariage.

Cependant, le versement de la dot peut exceptionnellement avoir lieu, si tel est l'accord des parents de la future épouse obtenu préalablement au mariage, plusieurs années après la célébration du mariage, sans que ce retard ne donne lieu à des récriminations particulières.

TABLEAU REPRÉSENTANT LE MONTANT DE LA DOT VERSÉE À BRAZZAVILLE SELON LA COUTUME DANS LES DÉPARTEMENTS DU CONGO

Départements	Montant légal de la dot	Montant coutumier de la dot	Dot coutumière en nature
Plateaux	50 000 francs	350 000 à 450 000 francs	Boissons, vêtements et autres
Lékoumou	50 000 francs	400 000 à 600 000 francs	Boissons, vêtements et autres
Cuvette	50 000 francs	150 000 à 200 000 francs	Boissons, vêtements et autres
Pool	50 000 francs	350 000 à 500 000 francs	Boissons, vêtements et autres
Likouala	50 000 francs	150 000 à 300 000 francs	Boissons, vêtements et autres
Cuvette Ouest	50 000 francs	100 000 à 200 000 francs	Boissons, vêtements et autres
Bouénza	50 000 francs	300 000 francs	Boissons, vêtements et autres
Kouilou	50 000 francs	250 000 à 500 000 francs	Boissons, vêtements et autres
Sangha	50 000 francs	200 000 à 300 000 francs	Boissons, vêtements et autres
Niari	50 000 francs	200 000 à 300 000 francs	Boissons, vêtements et autres

Trois types de dot sont observés :

– la « dot unique ». Elle est versée au domicile du père de la future pré-mariée et intéresse à la fois les parents paternels et maternels dans les départements des plateaux, de la Cuvette, de la Likouala, de la Cuvette Ouest, de la Bouenza et du Kouilou ;

– la dot paternelle et la dot maternelle. Elle est payée séparément d'abord aux parents paternels, ensuite à la famille maternelle. Deux départements seulement pratiquent ce système : le département de la Lékoumou et le département du Pool ;

– La dot paternelle. Pratiquée uniquement dans le département de la Sangha, elle est versée au père de la future pré-mariée qui est libre d'y intéresser les parents maternels.

CHAPITRE II

LES EFFETS DU PRÉ-MARIAGE

Loin de revêtir une simple valeur morale et de constituer seulement un fait sociologique, le pré-mariage est véritablement un contrat selon la conception du législateur. Source d'obligations et de droits, il produit des effets juridiques entre les pré-mariés (section 1) et vis-à-vis des tiers (section 2).

Section 1
Les effets du pré-mariage entre les pré-mariés

La loi distingue les effets au cours du pré-mariage (§ 1) des effets en cas de rupture du pré-mariage (§ 2).

§ 1 – Les effets au cours du pré-mariage

Le code de la famille a prévu les effets du pré-mariage entre les pré-mariés suivant qu'ils vivent ensemble (A) ou qu'il n'y a pas cohabitation (B).

A – Les effets en cas d'absence de cohabitation

Lorsque les pré-mariés ne vivent pas ensemble, la loi fait naître à leur égard un droit et un devoir spécifiques.

28 – Droit de visite. Les pré-mariés ont le droit de se rendre réciproquement visite (art. 125, al. 2, C. fam.). Le pré-marié peut donc aller dans la famille de la pré-mariée où se trouve celle-ci qui peut à son tour visiter le pré-marié chez lui. Il est précisé que les modalités d'exercice de ce droit de visite sont réglées par les usages. Or, ceux-ci constituent un élément de la coutume supprimée par le code de la famille.

C'est l'illustration de la mise en œuvre problématique du droit de visite qui réduit la portée de la loi.

29 – Devoir de respect mutuel. Les pré-mariés ont le devoir légal de se respecter mutuellement (art. 125, al. 2, C. fam.). Ils sont donc placés, par le code de la famille, dans l'obligation d'agir l'un envers l'autre, de manière à conserver l'estime réciproque. C'est ainsi que chacun d'eux doit honorer l'autre d'une déférence profonde, en évitant notamment de choquer par des attitudes ou des paroles malveillantes. Aucune carence affective ne devrait être perceptible pendant cette période sensible de préparation de la vie conjugale future.

Le devoir de respect mutuel des pré-mariés peut induire la recommandation de la continence dans laquelle ils sont appelés à vivre, autrement dit, l'absence de relations charnelles, laquelle a pour terme la célébration de leur mariage. Cette attitude paraît cependant difficile à observer.

Étant donné que la loi laisse la possibilité aux pré-mariés de cohabiter conformément aux usages, et ceux-ci ne prohibant pas les relations sexuelles au cours du pré-mariage, le devoir de respect mutuel n'est donc pas mis en cause en cas de consommation du pré-mariage.

D'ailleurs, il apparaît spécialement dans les actes de mariages des centres d'état civil de Poto-Poto et Ouenzé (Brazzaville), des indications qui précisent le nombre d'enfants des pré-mariés le jour de la célébration du mariage à l'état civil.

Il ressort du tableau y relatif ci-après que ce nombre varie suivant les couples pré-mariés entre un (1) et douze (12) enfants. Il découle des statistiques établies, à partir des informations obtenues dans les centres d'état civil de Poto-Poto et Ouenzé (Brazzaville), les autres centres d'état civil ne mentionnant aucun élément à cet égard dans les actes de mariages, que sur deux cent cinquante quatre (254) mariages, la répartition du nombre d'enfants par couple pré-marié au moment de la célébration du mariage à l'état civil est de :

- un (1) enfant : 53 mariages ;
- deux (2) enfants : 55 mariages ;
- trois (3) enfants : 55 mariages ;
- quatre (4) enfants : 35 mariages ;
- cinq (5) enfants : 27 mariages ;
- six (6) enfants : 10 mariages ;
- sept (7) enfants : 9 mariages ;
- huit (8) enfants : 5 mariages ;
- neuf (9) enfants : 3 mariages ;
- dix (10) enfants : 1 mariage ;
- douze (12) enfants : 1 mariage.

NOMBRE D'ENFANTS DES PRÉ-MARIÉS AU JOUR DU MARIAGE À POTO-POTO ET À OUENZÉ (BRAZZAVILLE)

Nombre d'enfants par mariage	Nombre de mariages	Nombre total d'enfants
1	53	53
2	55	110
3	55	165
4	35	140
5	27	135
6	10	60
7	9	63
8	5	40
9	3	27
10	1	10
11	/	/
12	1	12
Total	**254**	**815**

30 – Conduite réservée. Selon la loi, les pré-mariés ont l'obligation de se conduire l'un et l'autre, d'une manière réservée à l'égard des tiers (art. 125, al. 2, C. fam.). Autrement dit, ils doivent s'abstenir de certaines privautés, notamment amoureuses, non pas entre eux, mais spécialement vis-à-vis d'autres personnes tierces au pré-mariage.

C'est ainsi que si l'adultère constitue la manifestation de la violation du devoir de fidélité dans le mariage, le législateur a également prévu le respect du devoir de fidélité dans le cadre du pré-mariage dont la violation est sanctionnée par sa rupture légitime (art. 125, al. 3, C. fam.) comme en ce qui concerne la violation de la fidélité dans le mariage (art. 180-1, C. fam.). On peut, dans ces conditions, distinguer les régimes de la fidélité « prémariage » et de la fidélité « postmariage ».

Les pré-mariés veilleront par conséquent à ce qu'il ne soit plus procédé sur eux, dans la mesure du possible, par d'autres personnes, par exemple, à des claques sur les seins, à des pinçons aux cuisses ou aux caresses féroces indécentes susceptibles de déconcerter l'autre pré-marié et donc de compromettre la réalisation de sa promesse de mariage. Il s'agit, en réalité, pour le législateur, de prôner la dignité des pré-mariés en leur évitant une grande familiarité inconvenante hors les liens du pré-mariage aux fins de moraliser cette institution.

31 – Obligations du pré-mariage, sanctions de leur inobservation. L'inobservation des devoirs des pré-mariés les expose à la rupture de leur convention solennelle par laquelle ils se sont promis mutuellement le mariage. C'est l'objet de l'article 125 alinéa 3 du code de la famille qui dispose que : « Tout manquement à l'une de ces dispositions constitue un motif légitime de rupture souverainement apprécié par le juge ».

La légitimité du motif est une question de fait que le législateur a laissée à l'appréciation du juge compétent en la matière. Celui-ci a la charge de vérifier que l'agissement reproché par l'un des pré-mariés à l'autre constitue effectivement une faute qui fonde la rupture du pré-mariage.

L'acte qui motive la mise en cause du pré-mariage doit cependant présenter une certaine gravité afin que le juge saisi puisse le considérer comme non conforme aux exigences de la légalité ou aux règles de droit. Le comportement reprouvé doit donc présenter les caractères d'acte à la fois illégal et illicite ou même être fondé sur des données tenues pour anormales en considération d'un certain état moral et social.

32 – Obligations du pré-mariage, preuve de leur violation. Il incombe au pré-marié demandeur à l'instance à la rupture du pré-mariage de prouver la légitimité du motif qu'il allègue au soutien de sa demande. Il a, en effet, la charge de la preuve des obstructions ou obstacles à l'exercice de son droit de visite, du manque de respect à son égard ou de la conduite désinvolte, non réservée, de l'autre pré-marié.

D'autres effets du pré-mariage résultent de la cohabitation des pré-mariés.

B – Les effets en cas de cohabitation

33 – Régime du pré-mariage. Le code de la famille a envisagé l'hypothèse de la communauté de vie des pré-mariés. Conscient de ce que cette situation pourrait poser le problème de la gestion de leurs biens, le législateur a décidé de placer les pré-mariés qui cohabitent sous le régime de la séparation des biens (art. 125 al. 5, C. fam.).

Les règles relatives à ce régime sont prévues dans le titre VII du code de la famille consacré aux régimes matrimoniaux. La séparation des biens constitue un de ces régimes, avec la communauté réduite aux acquêts et la communauté conventionnelle (art. 207, C. fam.).

34 – Pré-mariés, impossibilité de succéder l'un à l'autre. La loi n'a accordé la vocation successorale qu'au conjoint survivant. En sa qualité d'allié, il est héritier puisque l'article 462 du code de la famille dispose que : « les successions sont déférées aux enfants et descendants du défunt, à ses ascendants, à ses parents collatéraux et à son conjoint survivant… ». La doctrine affirme ne percevoir aucun doute sur la qualité d'héritier du conjoint survivant, quel que soit le sexe (Auguste Iloki, « Le droit des successions au Congo, tome 1 », Paris, L'Harmattan, 2006, p. 98 ; cf., même auteur, « Le droit des successions au Congo, tome 2 », Paris, L'Harmattan, 2006, p. 51).

On peut penser que l'absence de reconnaissance des droits successoraux aux pré-mariés est due à la précarité de leur situation qui ne constitue qu'une étape vers le chemin du mariage.

35 – Pré-mariage, choix du domicile. Le législateur décide que le pré-marié choisit le domicile où les pré-mariés doivent vivre en cas d'acceptation de la cohabitation par l'un et l'autre. Dans ce cas, la loi met à la charge de la pré-mariée l'obligation d'accepter d'y habiter (art. 125 al. 5, C. fam.).

Le manquement à cette obligation par la pré-mariée pourrait constituer un motif légitime de rupture du pré-mariage au sens de l'article 125 alinéa 3 du code de la famille. La charge de la preuve incombera au pré-marié demandeur à l'action en rupture du pré-mariage pour cause de refus de cohabitation par la pré-mariée au domicile choisi par le pré-marié.

Bien entendu le juge appréciera les faits en toute souveraineté comme dans les cas de manquement au devoir de respect mutuel à l'obligation de se conduire l'un et l'autre d'une manière réservée à l'égard des tiers.

36 – Pré-marié, droit au dédommagement en cas d'homicide de l'autre pré-marié. Le fait de reconnaître à l'un des pré-mariés le droit de demander des dommages et intérêts lorsqu'un homicide a été commis sur la personne de l'autre est révélateur de ce que le pré-mariage constitue bien, non pas un simple fait, mais un acte juridique protecteur d'intérêt légitime. On peut ici établir le fossé qui le sépare de son prédécesseur, les fiançailles au cours desquelles le fiancé ne pouvait se faire dédommager à l'occasion du préjudice résultant d'un homicide commis sur l'autre.

Le pré-mariage est susceptible de produire aussi des effets après sa rupture.

§ 2 – Les effets en cas de rupture du pré-mariage

Le législateur n'a pas prévu l'indissolubilité du pré-mariage. Celui-ci ne conduit pas forcément au mariage même s'il est, du point de vue de sa conception, l'étape incontournable pour l'aboutissement au mariage. C'est ainsi que la rupture du pré-mariage est un droit reconnu aux pré-mariés (A). L'exercice abusif de ce droit peut donner lieu à réparation (B).

A – Le droit de rupture du pré-mariage

37 – **Pré-mariage, droit de rupture.** Selon l'article 126 alinéa 1er du code de la famille, « Chacun des pré-mariés, après concertation des deux familles, a le droit de décider de la rupture du pré-mariage ». Il apparaît donc que pour rompre la convention solennelle conclue entre les pré-mariés, leurs familles doivent être consultées. L'intervention des parents ne suscite aucune surprise dès lors que la loi exige que pour se promettre mutuellement mariage, l'accord des familles de l'homme et de la femme est exigé. Il est donc normal que ceux des parents ayant consenti au pré-mariage soient intéressés par la mise en cause de cette convention.

La loi n'a pas envisagé l'hypothèse où les deux familles des pré-mariés sont en désaccord avec la volonté d'un des pré-mariés de rompre le pré-mariage. Il est pourtant possible que l'une des familles ou même les deux s'opposent au projet du pré-marié ou de la pré-mariée de ne point tenir sa promesse de mariage.

Cette situation doit être considérée comme constituant un obstacle à la rupture du pré-mariage puisque pour sa formation, cette convention nécessite l'accord des familles conformément à l'article 122 alinéa 1er du code de la famille. Il importe peu que le désaccord provienne de la famille d'un des pré-mariés qui prend l'initiative de la rupture du pré-mariage ou de l'autre famille qui conteste ce projet de rupture. Il faut donc qu'une décision concertée, qui résulte de la réflexion commune et favorable à la rupture du pré-mariage, soit prise par les deux familles pour permettre l'exercice du droit de décider de ladite rupture. La concertation des familles ne devrait donc consister qu'à autoriser la rupture du pré-mariage.

Dans tous les cas, la rupture doit être légitime car l'exercice abusif de ce droit peut donner lieu à réparation.

B – La rupture abusive du pré-mariage

Le pré-mariage est légitimement rompu en cas de manquement à certaines obligations (art. 125, al. 3, C. fam.).

38 – Pré-mariage, abus de rupture. Lorsque la rupture du pré-mariage résulte d'un motif qui n'est pas légitime, elle est abusive. Dans ce cas, si elle est imputable à l'un des pré-mariés, elle est susceptible de faire bénéficier à l'autre quelques avantages, tels la restitution du cadeau reçu, le remboursement des dépenses effectuées, le droit à la réparation du préjudice subi.

Par ailleurs, chacun des pré-mariés reprend ses biens personnels s'il y a eu cohabitation (art. 126, al. 2, C. fam.).

3 – La reprise des biens propres

39 – Pré-mariage, biens propres. Selon la logique de l'article 125 alinéa 5 du code de la famille, « les pré-mariés qui cohabitent sont placés sous le régime de la séparation des biens ». Il est donc normal qu'en cas de rupture de cette convention solennelle, chacune des parties reprennent les biens qui lui sont propres comme le dispose l'article 126 alinéa 2 du code de la famille « ...S'ils cohabitent, en cas de rupture, chacun des pré-mariés reprend ses propres ».

4 – La réparation du préjudice né de la rupture du pré-mariage

40 – Pré-mariage, responsabilité civile en cas de rupture. S'il résulte de la rupture du pré-mariage un préjudice quelconque, la loi prévoit sa réparation en se basant sur les règles générales de la responsabilité civile. Suivant l'article 126 alinéa 3 du code de la famille en effet, « Tout autre préjudice né de la rupture du pré-mariage... est réparé conformément aux dispositions générales de la responsabilité civile... ».

41 – Responsabilité civile, domaine. La loi ne précise pas le domaine de responsabilité dont fait état l'article 126, alinéa 3 du code de la famille. Or, il est prévu, en matière civile, la division de la responsabilité civile en deux branches : la responsabilité délictuelle et quasi délictuelle d'une part, la responsabilité contractuelle d'autre part.

42 – Responsabilité morale. La responsabilité visée à l'article 126 alinéa 3 du code de la famille n'est pas la responsabilité morale.

Celle-ci n'est qu'une notion subjective en ce sens qu'une personne qui est responsable moralement ne répond que devant sa conscience, lorsque cette dernière réprouve son attitude.

La simple pensée d'un individu est ici suffisante pour caractériser sa responsabilité morale. Le préjudice subi par la victime n'est donc pas exigé comme devant constituer la condition nécessaire de l'existence de cette responsabilité.

43 – Responsabilité juridique. En prévoyant expressément que la réparation du préjudice résultant de la rupture du pré-mariage ou à l'occasion de celle-ci est faite par référence aux dispositions générales de la responsabilité civile, le législateur a envisagé la responsabilité juridique. Il est évident qu'il a exclu du champ du pré-mariage la responsabilité pénale des pré-mariés pour ne s'en tenir qu'à leur responsabilité civile.

44 – Responsabilité civile. Au contraire de la responsabilité morale, la responsabilité civile exige l'extériorisation de la pensée de l'individu concerné, auteur d'une action ou même d'une abstention dès lors que l'on peut commettre un acte par omission.

Dans les deux cas, cette attitude doit générer un préjudice à autrui, en l'occurrence, un des pré-mariés. C'est la condition nécessaire de la responsabilité civile. Le préjudice subi par la victime, pré-mari ou pré-mariée, lui permet d'en demander la réparation.

45 – Responsabilité contractuelle. Il ne s'agit pas de procéder seulement à la réparation du préjudice découlant de la rupture du pré-mariage suivant les principes dégagés en cas de responsabilité civile. Le code de la famille prescrit, en outre, le dédommagement dans une autre hypothèse, celle de la survenance de tout préjudice pendant le déroulement du pré-mariage : « Tout autre préjudice né de la rupture du pré-mariage ou à son occasion, est réparé conformément aux dispositions générales de la responsabilité civile… » (art. 126, al. 3, C. fam.).

Le pré-mariage étant, au sens de l'article 122 du code de la famille, une convention solennelle, est donc un contrat dont la rupture par un des pré-mariés expose son auteur à réparer le préjudice causé de son fait à l'autre co-contractant pré-marié. La responsabilité contractuelle doit donc ici être mise en cause suivant les règles prévues en la matière.

Il a déjà été annoncé plus haut que le domaine de responsabilité civile se subdivise en responsabilité délictuelle et quasi délictuelle d'une part et en responsabilité contractuelle d'autre part.

La définition du pré-mariage à laquelle a procédé le code de la famille incite à l'envisager dans son approche contractuelle lorsqu'il s'agit de la réparation du préjudice subi par un des pré-mariés, ou les deux, à la suite de la rupture de leur convention solennelle. Celle-ci fait naître sans aucun doute des obligations entre les pré-mariés. Il s'agit de la promesse, faite réciproquement, par l'homme et la femme, de se marier.

Chacun des pré-mariés a ainsi le devoir d'exécuter l'obligation mise à sa charge par le pré-mariage en tant que « convention » ou « contrat ».

Si un des pré-mariés n'honore pas son obligation dont la source est bien cette convention, son attitude peut être préjudiciable à l'autre qui est créancier de ladite obligation. Il naît à son encontre une seconde obligation qui pèse sur lui, celle de réparer le préjudice causé. La responsabilité engagée dans ces conditions est la responsabilité contractuelle qui diffère de la responsabilité délictuelle et quasi délictuelle par leurs sources.

Si la responsabilité a sa source dans la violation d'une obligation légale, il s'agit de la responsabilité délictuelle et quasi délictuelle. Dans le cas où elle naîtrait de l'inexécution d'une obligation contractuelle, elle concernerait alors la responsabilité contractuelle.

46 – Obligation de résultat et obligation de moyen. Il semble impérieux de déterminer le contenu de l'obligation qui incombe à chacun des pré-mariés car même en cas de survenance d'un préjudice résultant de la rupture du pré-mariage ou occasionné au cours de son déroulement, son auteur n'est pas toujours tenu à réparation suivant l'application des règles de la responsabilité.

En effet, il paraît difficile de savoir si le pré-mariage crée des obligations déterminées ou obligations de résultat, ou des obligations de moyens encore désignées obligations générales de prudence et de diligence. Suivant la nature de ces deux catégories d'obligations, la charge de la preuve n'est pas la même. D'où tout l'intérêt que revêt leur distinction.

C'est ainsi que si l'homme et la femme, dans la convention solennelle de pré-mariage se promettent mutuellement le mariage, (art. 122, al. 1er, C. fam.), chacun d'eux doit être considéré à l'égard de l'autre comme débiteur d'une obligation déterminée.

La pré-mariée ou le pré-marié est tenu de réaliser sa promesse dans un délai qui ne saurait excéder cinq ans (art. 126, al. 6, C. fam.). Au delà de cette période, l'obligation est inexécutée.

Les règles de la responsabilité civile contractuelle prévues pour régir les obligations déterminées peuvent donc être mises en œuvre par le créancier, un des pré-mariés qui estime avoir subi de ce fait un préjudice.

Le pré-marié débiteur de l'obligation doit donc, s'il veut échapper à la responsabilité, prouver la survenance d'un fait exonératoire, de nature étrangère, l'ayant empêché de parvenir au résultat promis.

Il pourra par exemple alléguer les faits constitutifs de manquement aux obligations découlant du pré-mariage : le refus de l'autre pré-marié de lui rendre visite ou de cohabiter conformément aux usages, la violation de l'obligation de respect mutuel, la conduite d'une manière non réservée à l'égard des tiers, (art. 125, al. 2, C. fam.), le refus d'habiter au domicile choisi par le pré-mari (art. 125, al. 5, C. fam.).

Il ne semble pas qu'il soit possible de penser que le pré-mariage, en tant que convention solennelle, puisse être la source d'une obligation générale de prudence et de diligence, autrement dit d'une obligation de moyens, l'engagement des parties étant déterminé.

La recherche du contenu exact de l'obligation dont l'inexécution est invoquée apparaît donc comme une question importante qui permet de trouver des solutions au problème de responsabilité. La clef pour y parvenir réside dans la distinction entre les deux catégories d'obligations déterminées, encore qualifiées d'obligations de résultat, et d'obligations de prudence et de diligence dites obligations de moyens.

47 – Responsabilité délictuelle et quasi délictuelle. A l'inverse de la responsabilité contractuelle qui naît évidemment d'un contrat, la responsabilité délictuelle et quasi délictuelle a sa source dans un délit ou un quasi-délit.

Comme dans l'exécution d'une convention, un fait quelconque peut occasionner un préjudice dont l'auteur est tenu à la réparation. Dans ces conditions, sa responsabilité est une responsabilité délictuelle si le dommage est intentionnel ou quasi délictuel si le préjudice n'a pas été voulu.

On peut imaginer que pendant le pré-mariage, qu'il y ait ou non cohabitation, les pré-mariés soient amenés à commettre l'un ou l'autre des délits ou quasi-délits générateurs de dommages. Si la preuve de leur imputabilité est rapportée, la réparation sera exigée.

Il apparaît donc qu'il n'existe aucune incompatibilité entre les deux domaines de la responsabilité civile : la responsabilité contractuelle et la responsabilité délictuelle et quasi délictuelle.

Cependant, les règles de la responsabilité civile délictuelle ou quasi délictuelle sont mises en œuvre dans le cas où la cessation du pré-mariage est le fait du comportement fautif des personnes tierces au contrat de pré-mariage.

Les auteurs des fautes ayant engendré la rupture du pré-mariage sont, dans ces conditions, condamnés solidairement au paiement des dommages et intérêts au bénéfice du pré-marié victime du préjudice causé au cas où il engagerait l'action en justice aux fins de réparation du dommage survenu (art. 126, al. 3, C. fam.).

48 – Pré-mariage, prolongation abusive. Dans la mesure où le pré-mariage est conçu par le législateur comme une étape pour accéder au mariage, il ne peut donc durer indéfiniment. C'est tout l'intérêt de sa limitation à une période qui ne saurait excéder cinq ans, au-delà de laquelle sa prolongation pourra être considérée comme abusive (art. 126, al. 6, C. fam.). Mais la loi n'indique pas les modalités d'exercice de l'action en rupture du pré-mariage de ce fait.

Il est certain que l'appréciation de l'abus de prolongation est une question dont l'appréciation est de la compétence du juge compétent, celui du lieu de célébration du pré-mariage. C'est donc le pré-marié qui estime que l'autre résiste à honorer sa promesse de mariage qui l'assignera en justice pour faire constater cet état de chose. Il lui incombe, dans ces conditions, la charge de prouver les éléments caractéristiques de la rupture abusive du pré-mariage (art. 126, al. 5. fam.).

Autrement dit, celui des pré-mariés qui invoque le dépassement injustifié du délai légal de cinq ans devra faire la démonstration de ses allégations pour convaincre la juridiction compétente saisie.

Dans la pratique, la durée du pré-mariage ne fait pas l'objet d'une surveillance particulière de la part des paré-mariés. Souvent les parents de la pré-mariée se contentent du paiement de la dot. Si certains d'entre eux peuvent manifester quelques inquiétudes au sujet du retard observé dans la célébration du mariage, c'est juste à titre de constat ou d'observation sans réelle portée. C'est ici encore l'emprise indéniable des mentalités coutumières sur le code de la famille. Il résulte des recherches basées sur les années 1996 et 2004, dans les centres d'état civil de Poto-Poto et de Ouenzé-Brazzaville, que la durée de vie commune des pré-mariés peut atteindre quarante huit ans avant la célébration de leur mariage à l'état civil (cf. infra, tableau y afférent, p. 102).

Il ne vient pas, en tout cas, à l'idée des pré-mariés de saisir le juge pour dénoncer la prolongation du pré-mariage et solliciter par conséquent la réparation du préjudice subi. Dès lors que la dot a été versée aux parents de la pré-mariée, la dignité de la femme est sauvegardée et le mariage est le plus souvent perçu comme l'accomplissement d'une formalité administrative.

49 – Pré-mariage, preuve de la rupture abusive. Le législateur n'a entretenu aucune ambiguïté relative à la personne sur laquelle incombe la charge de la preuve en cas de contestation de la rupture abusive. C'est, selon le code de la famille, le demandeur de la réparation qui doit prouver l'abus de rupture du pré-mariage (art. 126, al. 5, C. fam.).

Section 2
Les effets du pré-mariage visant les tiers

Le principe dégagé par le législateur est celui de refuser tout effet juridique au pré-mariage à l'égard des tiers (§ 1). On note cependant quelques exceptions légales à cette règle générale (§ 2).

§ 1 – L'absence d'effet à l'égard des tiers

Le code de la famille prive le pré-mariage de tout effet juridique dans deux cas :

– concernant les rapports des pré-mariés avec les tiers ;
– en l'absence de consentement des pré-mariés.

50 — Pré-mariage, tiers à la convention. L'article 125 alinéa 1er du code de la famille dispose que : « Le pré-mariage est sans effet juridique à l'égard des tiers… ». Par tiers, il faut entendre, dans son sens général, toute personne étrangère à une situation juridique. En l'occurrence, le tiers, selon cette disposition de la loi, vise tout individu non partie à la convention de pré-mariage.

Le tiers est, dans ces conditions, une personne qui n'est pas touchée par l'effet obligatoire du pré-mariage considéré comme la convention liant seulement les pré-mariés qui se sont engagés réciproquement par la promesse de mariage.

Ainsi, malgré l'exigence légale de l'accord des familles de l'homme et de la femme liés par le pré-mariage, celui-ci ne fait pas entrer les parents dans cette convention. La loi ne fait incomber aucune obligation sur les familles de l'un ou l'autre des pré-mariés relativement à l'exécution des obligations contractuelles. Aucune disposition du code de la famille ne semble faire produire d'effet du pré-mariage à l'égard des familles des pré-mariés. Cela conforte leur position de tiers par rapport à la convention de pré-mariage.

51 – Pré-mariés, réserve à l'égard des tiers. Il est prescrit aux pré-mariés, qui préfèrent vivre séparément, excluant ainsi la cohabitation, de « … se conduire l'un et l'autre, d'une manière réservée à l'égard des tiers » (art. 125, al. 2, C. fam.).

La violation de cette obligation, par l'un des pré-mariés, est sanctionnée par la rupture légitime de leur convention de pré-mariage comme prévu à l'article 125 alinéa 3 du code de la famille. L'appréciation de la légitimité du motif est, selon cette disposition, une question qui relève de l'appréciation souveraine de la juridiction compétente saisie par le pré-mari ou la pré-mariée qui entend faire constater judiciairement les faits fautifs commis par l'autre.

Le contenu de l'expression « se conduire l'un et l'autre, d'une manière réservée à l'égard des tiers » est difficile à préciser. Des situations diverses admises par la société comme constituant des violations de la réserve des pré-mariés peuvent cependant joncher leur vie, de cette étape du pré-mariage jusqu'à la célébration de leur mariage.

L'on peut à cet égard imaginer le cas du pré-marié qui ne vivrait pas dans la continence et entretiendrait par conséquent des rapports charnels hors pré-mariage. C'est aussi le cas du pré-marié qui manquerait de respect aux parents de l'autre en lui proférant des injures ou autres désagréments qui constituent des causes de divorce dans le mariage.

Dans le premier cas qui vise les rapports charnels du pré-marié avec une autre personne, en l'occurrence un tiers à la convention de pré-mariage, il apparaît la difficulté de la qualification juridique de cette situation.

En effet, on considère qu'il y a adultère seulement si l'infidélité de la femme a lieu alors qu'elle se trouve dans les liens du mariage. Il n'y a donc pas lieu de penser que l'infidélité de la pré-mariée puisse constituer les faits d'adultère dès lors que les promesses mutuelles faites dans le cadre du pré-mariage ne sont pas encore réalisées. Il demeure cependant que l'acte d'infidélité est moralement réprouvable et extériorise la violation de l'obligation de réserve de son auteur.

L'infidélité du pré-marié pose également le problème de sa qualification juridique. Dans le mariage, le mari qui commet des faits de cette nature est coupable de complicité d'adultère. Il ne saurait en être de même dans la situation du pré-mariage où la loi n'a procédé à aucune incrimination des actes d'infidélité du pré-marié. Cette attitude du législateur est de nature à illustrer l'absence d'effet juridique du pré-mariage à l'égard des tiers décidé à l'article 125 alinéa 1er du code de la famille. La femme qui aura aidé le pré-marié à ne pas observer son obligation de réserve, ainsi que l'homme agissant de la même manière à l'égard de la pré-mariée, ne pourront être poursuivis pour adultère ou complicité d'adultère. Il leur manque en effet le statut d'époux.

La loi a certes voulu protéger les pré-mariés dans leur état, mais n'a pas assuré une protection suffisante de leur situation en prévoyant des sanctions à l'encontre des tiers à la convention de pré-mariage qui pourraient exposer celle-ci à la rupture. C'est justement cela qui permet de percevoir la différence des régimes de l'infidélité dans le pré-mariage et de l'infidélité dans le mariage.

Avant l'adoption du code de la famille, l'application du droit privé traditionnel avait conduit la Cour suprême à décider que le fait, pour une femme, d'abandonner le foyer conjugal, doit être considéré comme une présomption suffisante d'infidélité (C. S. ar. civ. n° 13, 18 mai 1973, R. C. D. N., n° 17, année 2005, p. 11).

Dans la même décision, le juge a approuvé les agissements d'un mari qui ne peuvent constitués, selon lui, une cause de divorce, consistant à obliger sa femme à passer par-dessus un chapelet et à lui prélever, alors qu'elle dormait, une mèche de cheveux et des poils du pubis afin d'obtenir d'elle plus de fidélité tant il l'aime et voudrait maintenir leur amour qu'il n'entend voir perturber de quelque manière et par qui que ce soit.

52 – Pré-mariage, filiation de l'enfant. Dans la mesure où la loi n'interdit pas aux pré-mariés de consommer le pré-mariage, un enfant peut donc naître pendant cette période. La filiation de cet enfant né au cours du pré-mariage s'identifie à celle de l'enfant né hors mariage prévue aux articles 262 à 274 du code de la famille. Selon le principe dégagé par le législateur, aucune discrimination n'existe entre l'enfant né hors mariage et les enfants nés dans le mariage dès lors qu'ils ont les mêmes droits et devoirs d'une part, et d'autre part, l'État et les parents ont à leur égard les mêmes obligations (art. 262, C. fam.).

53 – Filiation de l'enfant né dans le pré-mariage, présomption. A l'instar de la présomption prévue concernant la filiation de l'enfant né dans le mariage qui a pour père le mari de sa mère (art. 241, C. fam.), le législateur a établi, relativement à la filiation de l'enfant né au cours du pré-mariage, la présomption selon laquelle « l'enfant né pendant le pré-mariage a pour père le pré-mari de sa mère (art. 125, al. 4, C. fam.).

Cette présomption n'est pas irréfragable puisque qu'elle tombe en cas de contestation de filiation aux termes de la même disposition « ... l'enfant né pendant le pré-mariage a pour père le pré-mari de sa mère sauf en cas de contestation de filiation (art. 125, al. 4, C. fam.).

54 – Conception de la femme, présomption de la durée. L'affirmation de l'absence d'effet du pré-mariage à l'égard des tiers au regard de la présomption légale de la durée de la conception déterminée à l'article 229 du code de la famille paraît problématique.

Quel que soit le régime juridique de la filiation d'enfant né dans le mariage, pendant le pré-mariage ou adoptif, le code de la famille « présume que l'enfant a été conçu pendant la période qui s'étend du trois centième au cent quatre-vingtième jour, inclusivement avant la date de la naissance » (art. 229, al. 1er, C. fam.). En se fondant sur l'intérêt de l'enfant, la loi prévoit que la conception est présumée avoir eu lieu à un moment quelconque de cette période (art. 229, al. 2, C. fam.).

Il s'ensuit que l'enfant qui naît au cours du pré-mariage, ou même à la suite de la rupture de cette convention solennelle, a pour père le pré-mari si sa conception a eu lieu dans la période susmentionnée. Dans ces conditions, il est difficile de soutenir que l'enfant qui naît, alors que la femme s'est engagée dans un nouveau pré-mariage, après la rupture du premier, n'est pas celui du premier pré-mari.

La prescription de la loi relativement au manque d'effet du pré-mariage à l'égard des tiers prête donc à caution dès lors que le second pré-mari ne peut contester la filiation de cet enfant. Il ne peut triompher dans l'action en réclamation de paternité s'il est établi qu'effectivement cet enfant a été conçu pendant la période qui s'étend du trois centième au cent quatre-vingtième jour, inclusivement avant la date de la naissance. Étant un tiers par rapport au premier pré-mariage, le second pré-mari doit donc se voir opposer cette convention qui produit alors effet à son égard.

55 – Filiation de l'enfant né dans le pré-mariage, possession d'état. Comme pour l'enfant né dans le mariage et l'enfant adoptif, la filiation de l'enfant né dans le pré-mariage peut résulter de ce que le législateur qualifie par l'expression « possession d'état ». Celle-ci est constituée d'un ensemble de « faits qui indiquent le rapport de filiation et de parenté entre un individu et la famille à laquelle il est dit appartenir » (art. 230, al. 1er, C. fam.).

Sans les limiter, le code de la famille indique, à titre indicatif, quelques faits présentant un certain caractère de continuité, dont la réunion est susceptible de laisser croire à l'existence de la possession d'état :

– le port, par l'enfant, du nom des parents dont il est dit issu ;
– le traitement de l'enfant par les parents comme étant le leur et réciproquement le traitement des parents par l'enfant comme étant les père et mère ;
– l'éducation, l'entretien et l'établissement de l'enfant par les parents ;
– la reconnaissance par la société et la famille comme enfant des père et mère qui pourvoient à son éducation, à son entretien et à son établissement ;
– la considération, par l'autorité publique, de l'enfant comme ayant pour parents ces père et mère (art. 230, al. 3, C. fam.).

Ces différents cas concernent les présomptions communes relatives à la filiation de l'enfant né dans le mariage, hors mariage (dont l'enfant né dans la pré-mariage) et adoptif. Ils illustrent bien l'effet que produit le pré-mariage vis-à-vis des tiers contrairement à la disposition de l'article 125 alinéa premier du code de la famille qui nie tout effet juridique de cette convention à leur égard.

L'on ne saurait penser autrement surtout quand la loi pose, entre autres éléments communs d'identification de la filiation de l'enfant :

– l'exigence de la reconnaissance, par la société et par la famille, de sa qualité d'enfant des père et mère qui pourvoient à son éducation, à son entretien et à son établissement. Dans le contexte du pré-mariage, il s'agit d'enfant du pré-mari et de la pré-mariée.

La société est bien sûr composée d'individus qui ne sont pas partie à la convention de pré-mariage. Ils sont donc tous des tiers au sens de l'article 125 alinéa 1er du code de la famille. Pourtant, la loi leur demande de reconnaître la possession d'état de l'enfant né hors mariage, en l'occurrence dans le pré-mariage.

Quant à la famille, le législateur ne la réduit pas aux époux ou aux pré-mariés pour que l'on puisse croire à l'effet relatif du pré-mariage réservé uniquement aux pré-mariés. Elle comprend, non seulement les père et mère, mais aussi les enfants et descendants jusqu'au 8ème degré, leurs ascendants et parents collatéraux jusqu'au 8ème degré (cf. préamb., C. fam.).

Certes la loi exige, pour la validité du pré-mariage, l'accord des deux familles de l'homme et de la femme. Cependant, il ne s'agit que d'une autorisation des parents qui ne leur fait pas acquérir la qualité de parties à cette convention. Aussi, y demeurent-ils des tiers. Or, il leur est prescrit de respecter la possession d'état d'enfant né hors mariage, dont l'enfant des pré-mariés en ce qu'il est né dans le pré-mariage. Ceci fait apparaître la contradiction entre les articles 122 alinéa 1er du code de la famille et 230 de la même loi.

– la considération, par l'autorité publique, de l'enfant en cette qualité.

Il est évident que la conclusion de la convention de pré-mariage, qui n'a pas nécessairement lieu en présence de l'autorité publique (sauf le cas où il a lieu au besoin en présence du président du comité de village ou de quartier), ne peut permettre de considérer que celle-ci y est partie. C'est inéluctablement un tiers au pré-mariage, auquel la loi accorde le pouvoir de considérer l'enfant né hors mariage, en l'occurrence l'enfant né dans le pré-mariage , comme ayant la possession d'état pour l'établissement de sa filiation. Encore une fois apparaît la contradiction entre les articles 122 alinéa 1er et 230 du code de la famille.

La question de la qualification de « tiers » se pose même en ce qui concerne la détermination de la place des parents des pré-mariés à la convention de pré-mariage.

56 – Pré-mariage, autorisation des parents. La définition du pré-mariage à l'article 122 du code de la famille détermine la place conférée aux parents au cours de la conclusion de cette convention.

En effet, la promesse mutuelle de mariage ne peut être valablement faite entre l'homme et la femme que si leurs familles respectives en donnent l'accord. Celui-ci est en réalité une autorisation car la convention de pré-mariage n'intègre pas les parents en tant que parties à celle-ci.

Seuls s'obligent les futurs pré-mariés qui ont préalablement obtenu l'autorisation de leurs parents. La disposition de l'article 124 alinéa 1er du code de la famille révèle bien le régime juridique de l'accord des familles puisqu'elle est ainsi libellée : « Le pré-mariage ne peut être contracté que si les parties remplissent les conditions de fond exigées pour le mariage, excepté celle concernant l'âge. En particulier chacun des pré-mariés doit donner librement son consentement indépendamment de l'autorisation des parents ».

De ce point de vue, l'effet relatif attaché au contrat de pré-mariage interdit donc de considérer les parents comme des parties à cette convention en se basant sur leur accord. Ils doivent plutôt être traités comme des tiers à la convention de pré-mariage.

Cependant, les parents peuvent influencer les pré-mariés et les amener à la rupture fautive de la convention de pré-mariage.

57 – Pré-mariage, autorisation des autorités militaires, de police et de gendarmerie. Il figure dans certains dossiers de mariage des autorisations de mariage délivrées par les autorités militaires, de police et de gendarmerie aux personnels y afférents qui relèvent de leurs services, dont la durée de validité est de six mois. Au cas où le mariage ne serait plus célébré, ces autorisations, qui deviennent caduques, doivent être renvoyées aux services des autorités dont elles émanent. Il s'agit vraisemblablement d'une pratique qui relève des traditions militaires sans rapport avec les dispositions du code de la famille en matière de mariage.

§ 2 – Les exceptions à l'absence d'effets à l'égard des tiers

On peut noter que selon les prévisions du législateur, le principe suivant lequel le pré-mariage est sans effet à l'égard des tiers connaît deux exceptions.

D'abord, lorsque l'article 125 alinéa 6 du code de la famille accorde la faculté au pré-marié de solliciter la réparation du préjudice dont il est victime suite à l'homicide commis sur la personne de l'autre pré-marié, on comprend que l'auteur de ces faits ne peut être qu'un tiers à la convention de pré-mariage (A).

Ensuite, l'article 126 alinéa 3 du code de la famille permet aux pré-mariés d'obtenir le dédommagement des personnes qui ont provoqué, par leurs actes, quels qu'ils soient, la rupture fautive du pré-mariage (B).

A – Le préjudice résultant d'un homicide du pré-marié

En prévoyant que : « Le pré-marié peut se prévaloir d'un préjudice en cas d'homicide commis sur la personne de l'autre pré-marié » (art. 125, al. 6, C. fam.), le législateur n'a pas indiqué s'il s'agit des faits d'homicide volontaire ou d'homicide involontaire pour ouvrir la voie à la réparation du dommage causé. On peut donc penser que dans ces deux cas, la réclamation relative au paiement des dommages-intérêts par le pré-marié, victime de ces infractions, peut être légitimement faite.

58 – Homicide volontaire. Le code pénal définit l'homicide commis volontairement comme étant un meurtre (art. 295, C. pén.). C'est plus simplement le fait, pour une personne de donner la mort en recherchant, par le dessein formé en elle, ce résultat.

L'appréciation de ces faits criminels est de la compétence de la cour criminelle. C'est donc sa décision de condamnation de l'accusé des faits d'homicide volontaire (encore désignée meurtre) qui ouvre la voie à la constitution de partie civile de l'homme ou de la femme pré-mariée, autrement dit, à la demande au juge du montant des dommages et intérêts susceptibles de réparer le préjudice subi. Ici encore, l'évaluation du dommage causé relève de l'appréciation souveraine des juges et des jurés composant la cour criminelle.

Le responsable du préjudice du pré-marié est bien évidemment le tiers qui a commis les faits criminels. Il ne saurait en tout cas être confondu à l'autre pré-marié qui a déjà trouvé la mort. D'où la négation du principe de l'absence d'effet du pré-mariage à l'égard des tiers et donc la justification de la production des effets de la convention de pré-mariage non seulement entre les pré-mariés, mais aussi vis-à-vis des personnes non parties à ce contrat, c'est-à-dire les tiers, auteurs du préjudice.

59 – Homicide involontaire. Contrairement à ce qui vient d'être exposé en ce qui concerne l'homicide volontaire, lorsque les faits ayant occasionné la mort d'une personne résultent de la maladresse, de l'imprudence de l'inattention, de la négligence ou de l'inobservation des règlements par leur auteur, on dit qu'il y a homicide involontaire (art. 319, C. pén.). Ici, le résultat, qui est la mort de la victime, n'a pas été voulu par le responsable de ces faits.

Comme précédemment, l'individu déclaré coupable des faits d'homicide involontaire sera conséquemment condamné à payer les dommages et intérêts au pré-marié victime, à la demande de celui-ci et dans les proportions déterminées par la Cour criminelle qui est juge de cette infraction. Nul doute qu'il s'agit du tiers au sens de l'article 125 alinéa 1er du code de la famille qui nie tout effet du pré-mariage au tiers. Comme on le constate, c'est ici aussi, l'exception à la règle posée par cette disposition.

Outre ces deux cas, la loi envisage le dédommagement du préjudice qui découle directement de la rupture de la convention de pré-mariage.

B – Le préjudice issu de la rupture fautive du pré-mariage

60 – Rupture du pré-mariage, réparation du préjudice. Le code de la famille soumet aux mêmes règles la réparation des préjudices résultant de la rupture du pré-mariage et celle découlant d'autres faits susceptibles d'engendrer des dommages. C'est ce qui découle de la disposition de l'article 126 alinéa 3 du code de la famille : « Tout autre préjudice né de la rupture du pré-mariage ou à son occasion, est réparé conformément aux dispositions générales de la responsabilité civile. Sont solidairement tenues du paiement des dommages et intérêts, les personnes qui, d'une manière quelconque, ont amené à la rupture fautive du pré-mariage ».

Selon les principes directeurs adoptés par les rédacteurs du code civil français appliqué au Congo en matière de réparation des préjudices, la faute demeure l'élément fondamental qui permet d'engager la responsabilité civile, sauf en ce qui concerne le régime renforcé de responsabilité du fait des choses inanimées hardiment construit par la jurisprudence (art. 1384 al. 1er, C. civ.).

61 – Rupture du pré-mariage, responsabilité contractuelle. La loi ayant envisagé le pré-mariage sous l'angle de la convention, la rupture fautive de ce contrat par l'un des pré-mariés engage donc la responsabilité contractuelle de ce dernier. Or, le domaine de la responsabilité civile est vaste : il englobe autant la responsabilité contractuelle que la responsabilité délictuelle et quasi délictuelle. Ainsi, conscient de ce que les règles de la responsabilité délictuelle et quasi délictuelle constituent les règles de droit commun, le législateur a décidé qu'il soit procédé à la réparation de tout préjudice né de la rupture du pré-mariage ou à son occasion, suivant les principes établis en matière de responsabilité civile (art. 126. al. 3, C. fam.).

Aucune règle particulière n'ayant été prévue par la loi pour régir le dédommagement du pré-marié victime de la rupture fautive du pré-mariage, ce sont donc les dispositions générales de la responsabilité civile qui vont s'appliquer même à l'ordre de responsabilité contractuelle. Ainsi, selon le système préconisé par le code de la famille, il n'existe pas de différence fondamentale entre les régimes des responsabilités contractuelle et délictuelle : identité de la notion de faute et des règles de la charge de la preuve même si des différences accessoires peuvent être relevées, lesquelles rendent parfois avantageuses pour la victime les règles de la responsabilité délictuelle, parfois moins favorables les principes régissant la responsabilité contractuelle.

62 – Responsabilité contractuelle, conditions. Le préjudice subi par le pré-marié ne peut engager la responsabilité contractuelle de son auteur que si deux conditions essentielles sont réunies :

– la validité de la convention de pré-mariage ;
– l'existence d'un préjudice résultant de la rupture sans motif légitime du pré-mariage.

Le contrat de pré-mariage est soumis, pour sa validité, aux conditions de forme et de fond exigées à l'homme et à la femme qui envisagent contracter mariage. Selon le code de la famille, « Le pré-mariage ne peut être contracté que si les parties remplissent les conditions de fond exigées pour le mariage, excepté celle concernant l'âge » (art. 124, al. 1er, C. fam.).

63 – Pré-mariage, condition d'âge. La loi semble assouplir les limites d'âge de l'homme et de la femme en cas de pré-mariage. Si l'homme avant 21 ans et la femme avant 18 ans ne peuvent contracter mariage (art. 128, al. 1er, C. fam.), l'exception de l'article 124 alinéa 1er du code de la famille laisse penser que le législateur est favorable au pré-mariage des parties ayant des âges inférieurs à ceux fixés pour le mariage.

Dans le silence de la loi, les âges de l'homme et de la femme dans la convention de pré-mariage ne peuvent être que de la limite acceptée par les usages et la tradition, le pré-mariage étant ainsi réglé (art. 124, al. 2, C. fam.)

64 – Pré-mariage, condition de consentement. Le consentement de chacun des pré-mariés doit avoir été donné librement. Il ne doit donc pas avoir été extorqué par la violence. De même, il ne saurait être donné par suite d'une erreur portant sur l'identité physique, civile, ou sur une qualité essentielle ayant influencé favorablement l'autre pré-marié (art. 129, C. fam.). L'erreur doit être de nature telle que si l'autre pré-marié en avait auparavant connaissance, il n'aurait pas donné son consentement. Dans tous ces cas, le pré-mariage est sans effet juridique (art. 125, al. 1er, C. fam.).

Si l'autorisation des parents n'aliène pas la liberté de consentement des parties, l'accord de leur famille est une des conditions indispensables de la validité de la convention de pré-mariage (art. 122, al. 1er, C. fam.). L'engagement de l'homme ou de la femme doit avoir pour objet la promesse de mariage.

65 – Rupture du pré-mariage, préjudice. En droit commun, la preuve du fait allégué incombe au demandeur. En matière de réparation des dommages en cas de rupture de la convention de pré-mariage, c'est au pré-marié ou à la pré-mariée, qui prétend avoir subi le préjudice du fait de la rupture sans motif légitime du pré-mariage, de prouver l'existence dudit préjudice pour bénéficier des dommages et intérêts. La loi a d'ailleurs prévu, s'agissant de la rupture abusive du pré-mariage, que : « La preuve de la rupture abusive incombe à celui qui demande réparation » (art. 126, al. 5, C. fam.).

66 – Pré-mariage, rupture légitime. L'un des pré-mariés peut réclamer à l'autre des dommages et intérêts en cas de prolongation abusive du pré-mariage s'il estime en avoir subi le préjudice. C'est l'unique cas de rupture légitime du pré-mariage prévu par le code de la famille (art. 126, al. 4, C. fam.). S'il triomphe dans son action, le pré-marié demandeur peut obtenir la restitution de son cadeau offert au cours du pré-mariage.

67 – Pré-mariage, durée jusqu'au mariage. La durée du pré-mariage court du jour du paiement de la dot, qui correspond à celui de sa célébration, jusqu'au jour du mariage à l'état civil.

A Brazzaville, pour la période comprise entre 1996 et 2004, seulement deux centres d'état civil ont fait apparaître, dans les actes de mariage, la durée de vie commune des époux jusqu'au jour du mariage. Il résulte, en effet, de l'exploitation de trois cent cinquante actes de mariage, au centre d'état civil de Poto-Poto, que cent quarante quatre de ces actes concernent la vie commune des pré-mariés jusqu'à cinq ans, tandis que deux cent six autres ont trait à la durée du pré-mariage qui atteint même trente cinq ans. A Ouenzé, sur cinquante sept actes de mariage, quinze révèlent une durée de pré-mariage de cinq ans et quarante deux indiquent que cette durée, qui s'étend au-delà de cinq ans, atteint même quarante huit ans comme le montrent les tableaux récapitulatifs ci-après :

DURÉE DE VIE COMMUNE DES PRÉ-MARIÉS AU JOUR DU MARIAGE À L'ÉTAT CIVIL À POTO-POTO DE 1996 À 2004

ANNÉE	NOMBRE DE MARIAGES	DE 0 À 5 ANS	AU-DELÀ DE 5 ANS JUSQU'À 35 ANS
1996	104	47	57
1997	39	13	26
1998	40	17	23
1999	44	19	25
2000	25	10	15
2001	/	/	/
2002	13	5	8
2003	65	21	44
2004	20	12	8
TOTAL	**350**	**144**	**206**

DURÉE DE VIE COMMUNE DES PRÉ-MARIÉS AU JOUR DU MARIAGE À L'ÉTAT CIVIL À OUENZÉ EN 1996 ET 2003

ANNÉE	NOMBRE DE MARIAGES	DE 0 À 5 ANS	AU-DELÀ DE 5 ANS JUSQU'À 48 ANS
1996	10	5	5
2003	47	10	37
TOTAL	**57**	**15**	**42**

La responsabilité civile dans le pré-mariage n'est pas uniquement contractuelle, elle peut aussi être délictuelle.

68 – Responsabilité délictuelle, solidarité passive. La responsabilité de la rupture du pré-mariage n'incombe pas uniquement aux pré-mariés. Le code de la famille prévoit la réparation solidaire du préjudice du pré-marié, victime de la rupture provoquée par d'autres personnes tierces à la convention de pré-mariage : « … Sont solidairement tenues du paiement des dommages et intérêts, les personnes qui, d'une manière quelconque, ont amené à la rupture fautive du pré-mariage » (art. 126, al. 3, C. fam.).

Cette solidarité passive est une modalité d'obligation à plusieurs débiteurs et chacun est tenu du paiement du montant total des dommages et intérêts au pré-marié créancier. C'est donc à celui-ci de s'adresser à l'un des auteurs des faits préjudiciables, devenu débiteur des sommes qui lui sont dues à titre de dommages et intérêts, en raison de sa solvabilité. Ce dernier pourra exercer l'action recursoire contre les autres débiteurs pour obtenir le paiement de l'argent déboursé.

Il est certain que le cas envisagé ici par le législateur concerne non plus les pré-mariés, mais ceux qui les entourent et qui ne peuvent être identifiés avec précision qu'à la suite de la commission de l'acte générateur du préjudice au pré-marié. On peut imaginer les agissements fautifs des parents de l'homme ou de la femme conduisant à présenter à l'un des pré-mariés un autre prétendant ou une autre future pré-mariée de leur choix préféré tardivement.

Dans le cas de pré-mariage qui serait rompu suite à la conduite non réservée des pré-mariés à l'égard des tiers au sens de l'article 125 alinéa 2 du code de la famille, ces personnes auteurs de la faute, seront solidairement responsables du préjudice subi par l'époux qui en est victime.

Dans la conception du législateur, le pré-mariage représente une espèce d'escabeau grâce auquel les pré-mariés peuvent parvenir au mariage si les promesses faites sont tenues. Cette convention est donc le passage obligé, la phase conduisant à l'acte public du mariage. C'est en cela qu'apparaît le caractère obligatoire du pré-mariage : « On ne peut contracter mariage sans avoir auparavant fait célébrer le pré-mariage ou obtenu des parents une déclaration écrite selon laquelle le pré-mariage sera célébré ultérieurement » (art. 123, C. fam.).

TITRE II

LES CONDITIONS DE FORMATION DU MARIAGE

Le code de la famille soumet le mariage tant aux conditions de fond (chapitre 1) que de forme (chapitre 2).

CHAPITRE I

LES CONDITIONS DE FOND DU MARIAGE

La validité du mariage est fonction de la réunion de trois types de conditions dont la classification peut regrouper trois ordres :

- les conditions d'ordre physique (section 1) ;
- les conditions d'ordre psychologique (section 2) ;
- les conditions d'ordre moral (section 3).

Section 1
Les conditions liées à l'aptitude physique

Le code de la famille a prévu que le mariage ne peut être célébré que s'il y a différence de sexes entre les futurs époux (§ 1). Ceux-ci doivent avoir l'âge requis pour se marier (§ 2).

§ 1 – La différence de sexes

69 – Mariage, différence de sexes. La loi prescrit que le mariage, en tant qu'union légale et durable, ne peut être établi qu'entre l'homme et la femme : « Le mariage est un acte public par lequel un homme et une femme établissent entre eux une union légale et durable… » (art. 127, C. fam.).

Ainsi se trouve expressément exclue l'homosexualité. L'article 156-2 du code de la famille sanctionne, en effet, de nullité absolue le mariage conclu entre des personnes qui ne sont pas de sexes différents.

§ 2 – L'âge

70 – Mariage, âge des futurs époux. Une certaine maturité est exigée des futurs époux pour qu'ils s'engagent dans les liens du mariage. Si en ce qui concerne la femme la loi exige seulement qu'elle atteigne sa majorité de dix huit ans révolus, il n'en est pas de même au sujet de l'homme. A celui-ci est déterminée une majorité spéciale de vingt et un ans révolus (art. 128, al. 1er, C. fam.).

L'âge moyen des mariés, au jour de la célébration de leur union, tel que révélé par les recherches menées dans les centres d'état civil de Brazzaville, est de :

24 ans pour l'homme ;
20 ans pour la femme.

TABLEAU SYNOPTIQUE GLOBAL DES ÂGES MOYENS DE MARIAGE AUXQUELS ON SE MARIE LE PLUS À BRAZZAVILLE DE 1996 À 2006

Centre d'état civil	**Âges moyens auxquels on se marie le plus**	
	Homme	**Femme**
Bacongo	**26**	21
Makélékélé	24	21
Mairie centrale	**26**	20
Mfilou-Ngamaba	25	**22**
Moungali	25	20
Ouenzé	22	**19**
Poto-Poto	24	18
Talangaï	**21**	**19**
Total	**24 (en moyenne)**	**20 (en moyenne)**

Ce tableau révèle que dans les centres d'état civil de Brazzaville, les hommes et les femmes se marient le plus :

- entre 21 ans et 26 ans pour l'homme ;
- entre 19 ans à 22 ans concernant la femme.

L'écart moyen des âges entre l'homme et la femme est de 4 ans (24 ans-20 ans) tandis que l'écart légal est de 3 ans (21 ans-18 ans).

TABLEAU SYNOPTIQUE GLOBAL DES TRANCHES D'ÂGES MOYENS DE MARIAGE À BRAZZAVILLE DE 1996 À 2006

Centre d'état civil	**Tranches d'âges moyens de mariage**	
	Homme	**Femme**
Bacongo	26 à 70	21 à 58
Makélékélé	24 à **74**	21 à 58
Mairie centrale	26 à 60	20 à 53
Mfilou-Ngamaba	25 à 65	22 à 56
Moungali	25 à 67	20 à 55
Ouenzé	22 à 66	19 à 54
Poto-Poto	24 à 68	**18** à 53
Talangaï	**21** à 73	19 à **63**
Total	**24 à 68 (en moyenne)**	**20 à 56 (en moyenne)**

Il apparaît, des recherches effectuées, que les tranches d'âges moyens des mariés au jour du mariage sont de l'ordre de :

- 24 ans à 68 ans s'agissant de l'homme ;
- 20 ans à 56 ans pour la femme.

On relève, du tableau ci-dessus, les âges moyens les plus élevés des mariés à la célébration de leur mariage :

- 74 ans pour l'homme, au centre d'état civil de Makélékélé ;
- 63 ans pour la femme, au centre d'état civil de Talangaï ;

Les âges moyens les plus bas des mariés sont de :

- 21 ans s'agissant de l'homme, au centre d'état civil de Talangaï ;
- 18 ans en ce qui concerne la femme, au centre d'état civil de Poto-Poto.

TABLEAU SYNOPTIQUE GLOBAL DES ÂGES MOYENS AUXQUELS LES HOMMES ET LES FEMMES SE MARIENT FRÉQUEMMENT À BRAZZAVILLE DE 1996 À 2006

Centre d'état civil	Âges moyens auxquels on se marie le plus	
	Homme	Femme
Bacongo	40	**28**
Makélékélé	45	**35**
Mairie centrale	41	30
Mfilou-Ngamaba	**48**	37
Moungali	45	30
Ouenzé	**33**	**28**
Poto-Poto	37	**28**
Talangaï	40	30
Total	**41 (en moyenne)**	**31 (en moyenne)**

L'enquête, effectuée sur la base de cinq mille trois cent soixante cinq (5 365) mariages, a permis de connaître :

– les âges moyens auxquels les hommes et les femmes se marient fréquemment : 41 ans pour l'homme et 31 ans s'agissant de la femme ;

– les âges moyens les plus bas auxquels les mariages ont souvent lieu : 33 ans pour les hommes au centre d'état civil de Ouenzé ; 28 ans concernant la femme aux centres d'état civil de Bacongo, Ouenzé et Poto-Poto ;

– les âges moyens les plus élevés auxquels les hommes et les femmes se marient souvent : 48 ans s'agissant de l'homme au centre d'état civil de Mfilou-Ngamaba ; 35 ans pour la femme au centre d'état civil de Makélékélé.

L'écart des âges de l'homme et de la femme, au jour de la célébration du mariage, varie selon les couples, de sorte que dans certains cas plus rencontrés lors de l'enquête dans les centres d'état civil de Brazzaville, le mari est plus âgé que son épouse alors que dans d'autres cas, celle-ci dépasse en âge son conjoint comme l'illustrent les tableaux y relatifs qui suivent.

TABLEAU REPRÉSENTANT LES ÂGES LES PLUS ÉLEVÉS DES ÉPOUX AU JOUR DU MARIAGE ET L'ÉCART QUI EN DÉCOULE À BRAZZAVILLE DE 1996 À 2006 (LE MARI PLUS ÂGÉ QUE LA FEMME)

Centre d'état civil	Année du mariage	Date de naissance des mariés		Âges des époux		Écart d'âges
		Homme	Femme	Homme	Femme	
Bacongo	2003	1920	1931	83 ans	72 ans	11 ans
Makélékélé	**1998**	**1912**	**1934**	**86 ans**	64 ans	22 ans
Mairie centrale	2000	1932	1958	68 ans	42 ans	26 ans
Moungali	**1998**	**1912**	**1945**	**86 ans**	**53 ans**	**33 ans**
Ouenzé	2003	1927	1939	76 ans	64 ans	12 ans
Poto-Poto	1996	1912	1935	84 ans	61 ans	23 ans
Talangaï	**2005**	**1927**	**1970**	**78 ans**	**35 ans**	**43 ans**
Mfilou-Ngamaba	2003	1928	1950	75 ans	53 ans	22 ans

Il ressort de ce tableau que le doyen d'âge des mariés a 86 ans, pour la période de 1996 à 2006, sur un échantillon de 5 365 mariages. Cet homme est repéré aux centres d'état civil de Makélékélé et de Moungali. A ce dernier centre d'état civil, le mariage a eu lieu en 1998 alors que sa femme totalisait 53 ans, soit un écart, entre eux, de 33 ans.

L'écart des âges le plus élevé est relevé au centre d'état civil de Talangaï. Il est de 43 ans. Le mari étant né en 1927 (78 ans) et la femme en 1970 (35 ans), leur mariage fut célébré en 2005.

TABLEAU REPRÉSENTANT LES ÂGES LES PLUS ÉLEVÉS DES ÉPOUX ET L'ÉCART QUI EN RÉSULTE AU JOUR DU MARIAGE À BRAZZAVILLE DE 1996 À 2006 (LA FEMME PLUS ÂGÉE QUE LE MARI)

Centre d'état civil	Année du mariage	Date de naissance des mariés		Âges des époux		Écart d'âges
		Femme	Homme	Femme	Homme	
Bacongo	2001	1960	1961	41 ans	40 ans	1 an
Makélékélé	1996	1938	1942	58 ans	54 ans	4 ans
Mairie centrale	**1996**	**1933**	**1944**	**63 ans**	**52 ans**	**11 ans**
Mfilou-Ngamaba	**1996**	**1934**	**1949**	**62 ans**	**47 ans**	**15 ans**
Moungali	2000	1941	1942	**59 ans**	**58 ans**	1 an
Ouenzé	2000	1946	1959	54 ans	41 ans	13 ans
Poto-Poto	1996	1938	1949	58 ans	47 ans	11 ans
Talangaï	2005	1972	1979	33 ans	26 ans	7 ans

Les résultats de l'enquête menée, à Brazzaville, dans chacun des huit centres d'état civil que comprend cette ville, portant sur l'exploitation de cinq mille trois cent soixante cinq (5 365) actes de mariages, montrent qu'au centre d'état civil de la mairie centrale de Brazzaville, l'homme et la femme, nés respectivement en 1933 et en 1944, se sont mariés en 1996. L'épouse était âgée de 63 ans alors que le mari avait 52 ans, soit moins de 11 ans que sa femme. De même, il apparaît au centre d'état civil de Moungali, que la femme, née en 1941 et l'homme né en 1942, ont célébré leur union en 2000, la première ayant 59 ans et le second 58 ans.

L'écart le plus élevé des âges entre les conjoints est relevé au centre d'état civil de Mfilou-Ngamaba où le mariage était célébré en 1996 entre la femme, née en 1934 et le mari, né en 1949. L'épouse totalisait 62 ans tandis que son conjoint possédait 47 ans. L'écart séparant leur âge était donc de 15 ans.

TABLEAU INDIQUANT L'ÉCART D'ÂGES LE PLUS ÉLÉVÉ ENTRE LES MARIÉS AU JOUR DU MARIAGE À BRAZZAVILLE DE 1996 À 2006 (LE MARI PLUS ÂGÉ QUE LA FEMME)

Centre d'état civil	Année du mariage	Date de naissance des mariés		Âges des époux		Écart d'âges
		Homme	Femme	Homme	Femme	
Bacongo	2004	1934	1971	70 ans	33 ans	37 ans
Makélékélé	2002	1931	1963	71 ans	39 ans	32 ans
Mairie centrale	1996	1932	1966	64 ans	30 ans	34 ans
Mfilou-Ngamaba	2003	1928	1950	75 ans	53 ans	22 ans
Moungali	1998	1912	1945	86 ans	53 ans	33 ans
Ouenzé	2000	1935	1970	65 ans	30 ans	35 ans
Poto-Poto	2005	1939	1976	66 ans	29 ans	37 ans
Talangaï	**2005**	**1927**	**1970**	**78 ans**	**35 ans**	**43 ans**

L'écart d'âges le plus élevé qui ressort de ce tableau confirme celui qui a été obtenu dans le précédent tableau représentant les âges les plus élevés des époux (cf. infra, tableau y afférent, p. 111).

En effet, il apparaît nettement qu'au centre d'état civil de Talangaï, le mariage qui révèle l'écart d'âges le plus important entre les époux est celui qui y a été célébré en 2005 entre l'homme, né en 1927 et la femme, ayant un peu moins que la moitié de son âge car née en 1970. La différence d'âges entre le mari (78 ans) et la femme (35 ans) était donc de 43 ans.

Un tel écart n'est observé nulle part dans les sept (7) autres centres d'état civil de Brazzaville pour la période comprise entre 1996 et 2006, relativement à l'enquête menée sur un échantillon de cinq mille trois cent soixante cinq (5 365) mariages .

TABLEAU INDIQUANT L'ÉCART D'ÂGES LE PLUS ÉLÉVÉ ENTRE LES MARIÉS AU JOUR DU MARIAGE À BRAZZAVILLE DE 1996 À 2006 (LA FEMME PLUS ÂGÉE QUE LE MARI)

Centre d'état civil	Année du mariage	Date de naissance des mariés		Âges des époux		Écart d'âges
		Femme	Homme	Femme	Homme	
Bacongo	2000	1966	1974	34 ans	26	8 ans
Makélékélé	1998	1938	1927	38 ans	27 ans	11 ans
Mairie centrale	2003	1949	1967	54 ans	36 ans	18 ans
Mfilou-Ngamaba	1999	1955	1975	44 ans	24ans	20 ans
Moungali	**1996**	**1948**	**1971**	**48 ans**	**25 ans**	**23 ans**
Ouenzé	2000	1946	1959	54 ans	41 ans	13 ans
Poto-Poto	1996	1938	1949	58 ans	47 ans	11 ans
Talangaï	2005	1972	1979	33ans	26 ans	7 ans

Ce tableau indique que de l'enquête effectuée dans les centres d'état civil de Brazzaville, sur un échantillon de cinq mille trois cent soixante-cinq (5 365) mariages, il apparaît qu'au centre d'état civil de Moungali, était célébré, en 1996, le mariage qui révèle l'écart d'âges le plus élevé entre la femme, née en 1948 et le mari, né en 1971, soit 23 ans.

L'épouse totalisait, en effet, 48 ans au jour du mariage tandis que son conjoint avait un peu moins que le double de son âge, soit 25 ans.

Dans les autres centres d'état civil de Brazzaville, les écarts d'âges observés, au cours de la même période, sont de :

- Mfilou-Ngamaba : 20 ans ;
- Mairie centrale de Brazzaville : 18 ans ;
- Ouenzé : 13 ans ;
- Poto-Poto : 11 ans ;

- Makélékélé : 11 ans ;
- Bacongo : 8 ans ;
- Talangaï : 7 ans.

71 – Mariage, dispense d'âge. Dans le cas où les futurs mariés seraient âgés de moins de 21 ans pour l'homme et de moins de 18 ans s'agissant de la femme, le code de la famille ne leur ferme pas totalement la porte du mariage. Il leur ouvre la possibilité de s'adresser au procureur de la République près le tribunal de grande instance aux fins de demander l'autorisation exceptionnelle de se marier sans qu'ils aient accompli les âges requis. C'est cela que la loi désigne par l'expression « dispense d'âge » (art. 128 al. 2, C. fam.). Le futur époux intéressé saisit la juridiction compétente qui est celle du lieu de son domicile ou de sa résidence.

Le procureur de la République a la libre appréciation de la requête du demandeur. Le code de la famille lui prescrit cependant de n'accorder les dispenses d'âge qu'en cas de motifs graves sans définir les contours de cette notion.

On peut imaginer, en l'absence d'indice fourni par la loi pour caractériser les motifs graves, que ceux-ci peuvent être constitués par les faits suivants dont l'énumération est simplement indicative :

- la volonté des futurs époux de faire acquérir à l'enfant simplement conçu la qualité d'enfant né dans le mariage ;
- l'intérêt de faire bénéficier les époux des avantages résultant du mariage.

Il en résulte que le motif grave justifiant la dispense d'âge est celui en présence duquel le procureur de la République autorise exceptionnellement l'un des futurs époux, ou les deux, n'ayant pas encore accompli l'âge de 21 ans pour l'homme et de 18 ans pour la femme, à contracter mariage, à défaut de quoi il en résulterait un préjudice à eux-mêmes ou à leur progéniture.

La doctrine cite, comme exemple de motif grave, « l'attente d'un enfant par la future épouse » (Hygin Didace Amboulou, « Le notariat congolais de 1960 à nos jours », préface de Charles Émile Apesse, Brazzaville, Les Éditions Hemar, 2005, p. 51).

L'on observe dans les centres d'état civil de Brazzaville, la rareté des mariages des mineurs, garçons ou filles, de sorte que de 1996 à 2006, seulement quatorze mariages sont relevés dont quatre concernent les garçons ayant en moyenne dix neuf ans alors que la loi exige vingt et un ans pour la validité de leur mariage. La proportion des mariages intéressant les filles mineures est de dix et leur âge moyen est de dix-sept ans, l'exigence légale étant de dix-huit ans. Le tableau qui suit est expressif à cet égard.

CLASSEMENT DES MARIÉS MINEURS SELON LEURS ÂGES AU JOUR DU MARIAGE À BRAZZAVILLE DE 1996 À 2006

Centre d'état civil	Année	Âges des mariés		Nombre de mariages	
		Homme	Femme	Homme	Femme
Bacongo	/	/	/	/	/
Makélékélé	2006	19 ans	/	1	/
Mairie centrale	1999	/	17 ans	/	1
	2003		17 ans		1
Mfilou-Ngamaba	2005	/	17 ans	/	1
Moungali	1997	20 ans	/	1	/
	2005	19 ans		1	
Ouenzé	1999	18 ans		/	
	2000	20 ans			
	2002		17 ans		1
	2003		17 ans		1
Poto-Poto	1996	/	15 ans	/	1
	1998		16 ans		1
	2001		17 ans		1
	2003		16 ans		1
Talangaï	2005	18 ans	17 ans	1	1
TOTAL	/	**19 ans en moyenne**	**17 ans en moyenne**	**4**	**10**

Sur un échantillon de 5 365 actes de mariages, l'âge moyen des femmes et des hommes mineurs est, respectivement, de 17 ans et 19 ans.

TABLEAU INDIQUANT LES ÂGES DES MARIÉS LES PLUS JEUNES AU JOUR DU MARIAGE À BRAZZAVILLE DE 1996 À 2006

Centre d'état civil	Année	Homme	Année	Femme
Bacongo	1996 2005	22 ans	2003 2006	18 ans
Makélékélé	2006	19 ans	1997	18 ans
Mairie centrale	2003	20 ans	1999 2003	17 ans
Mfilou-Ngamaba	1998 2003	23 ans	2005	17 ans
Moungali	2005	1 ans 9	2000 2001	18 ans
Ouenzé	**1999**	**18** ans	2002 2003	17 ans
Poto-Poto	2004	22 ans	**1996**	**15** ans
Talangaï	**2005**	**18** ans	2005	17 ans

L'enquête effectuée dans les huit centres d'état civil de Brazzaville, tel que l'indique le tableau ci-dessus, révèle que l'âge le plus bas des mariés mineurs, à la célébration de leur mariage, est de :

– 18 ans pour l'homme aux centres d'état civil de Ouenzé, en 1999 et de Talangaï, en 2005 ;

– 15 ans pour la femme au centre d'état civil de Poto-Poto, en 1996.

L'enquête a aussi permis d'observer que les âges les plus élevés des mariés au jour de leur mariage sont de 86 ans pour l'homme et de 72 ans pour la femme comme le présente le tableau suivant.

TABLEAU INDIQUANT LES ÂGES DES MARIÉS LES PLUS VIEUX AU JOUR DU MARIAGE À BRAZZAVILLE DE 1996 À 2006

Centre d'état civil	Année	Homme	Année	Femme
Bacongo	2003	83 ans	2003	**72 ans**
Makélékélé	1998	**86 ans**	2001	67 ans
Mairie centrale	2000	68 ans	1996	63 ans
Mfilou-Ngamaba	2000	72 ans	2000	70 ans
Moungali	1998	**86 ans**	2002	65 ans
Ouenzé	2003	76 ans	2003	64 ans
Poto-Poto	1996	84 ans	1996	61 ans
Talangaï	2005	78	2005	68 ans

Lorsque la requête de dispense d'âge n'aboutit pas, pour insuffisance ou absence totale de motifs graves, l'on se trouve donc en présence du refus de cette mesure de faveur par le procureur de la République. Le mariage célébré, alors que la dispense n'a pas été obtenue, est nul (art. 156-3, C. fam.).

Même dans l'hypothèse d'une réponse favorable du procureur de la République, la loi oblige le futur époux mineur à donner son consentement au mariage.

Section 2
Le consentement

L'article 129 du code de la famille exige que chacun des futurs époux consente personnellement au mariage nonobstant sa minorité (§ 1). Par ailleurs, si le mineur a la faculté de contracter un mariage, encore faut-il qu'il obtienne le consentement de ses parents (§ 2).

§ 1 – Le consentement des futurs époux

En posant l'exigence du consentement des futurs époux au mariage pour sa validité, le législateur a prévu deux vices de consentement qui affecteraient cet acte public : la violence et l'erreur.

72 – Consentement des futurs époux, violence. Selon l'article 129 du code de la famille : « ... Le consentement n'est point valable s'il a été extorqué par violence... ».

Autrement dit, la volonté de se marier doit émaner d'un homme ou d'une femme qui l'a librement exprimée. Celui qui donne son consentement au mariage ne doit donc subir aucune contrainte ni physique, ni morale.

La contrainte physique suppose que le futur époux est soumis à la torture ou à une force quelconque sans laquelle il n'aurait pas souscrit l'engagement de mariage. Cette hypothèse paraît théorique car c'est beaucoup plus l'influence de quelques parents ou amis exercée sur l'un des futurs époux qui est susceptible d'orienter sa volonté de se marier. C'est le cas, qu'il est possible de rencontrer, de la contrainte morale manifestée par les menaces exercées sur le futur époux dans le but d'obtenir son consentement au mariage.

73 – Consentement des futurs époux, erreur. Le code de la famille envisage le cas où le consentement d'un des futurs époux serait donné par erreur. Le mariage qui en résulterait ne serait pas valable. Le triptyque de l'erreur est indiqué à l'article 129 du code de la famille :

- l'erreur sur l'identité physique du futur époux ;
- l'erreur sur son identité civile ;
- l'erreur sur une qualité essentielle.

Dans ces trois hypothèses, l'erreur doit être déterminante car selon le législateur, son importance est telle que si elle était connue de l'autre époux, le mariage ne pourrait être contracté (art. 129, C. fam.).

§ 2 – Le consentement des parents

Suivant que leurs enfants sont mineurs ou majeurs, les parents consentent à leur mariage selon les modalités précisées par la loi : l'autorisation si le futur époux est mineur (A) et l'avis lorsqu'il s'agit d'un majeur (B).

A – L'autorisation des parents

74 – Consentement des parents, autorisation pour les mineurs. La loi fait obligation, au futur époux mineur, d'obtenir préalablement au mariage, le consentement des parents. Celui-ci revêt la forme d'autorisation : « Le mineur ne peut contracter mariage sans l'autorisation de ses père et mère... » (art. 130 al. 1er, C. fam). A défaut de ses père et mère, le législateur prévoit que cette autorisation soit donnée par la personne qui, selon la loi, a autorité sur le futur époux.

75 – Autorisation des parents au mariage, dissentiment. Dans le cas où l'un des parents du mineur futur époux opposerait son refus au mariage, il y aurait alors dissentiment, c'est-à-dire désaccord entre eux : l'un donne son autorisation au mariage tandis que l'autre la refuse. Cette opposition d'opinions entre les père et mère ou ce partage emporte, selon la loi, autorisation au mariage (art. 130 al. 1er, C. fam).

La constatation du dissentiment entre les père et mère obéit à certaines formes prescrites par le code de la famille. Résultant essentiellement d'un écrit, ce dissentiment est matérialisé par :

– lettre adressée à l'officier de l'état civil compétent, le signataire devant faire légaliser sa signature ;

– acte notarié ;

– acte dressé par le président du tribunal d'instance compétent. Il revient aux futurs époux, qui ont intérêt à faire constater ce dissentiment, à saisir, par requête, le président du tribunal d'instance compétent ;

– acte de l'officier de l'état civil du domicile ou de la résidence de l'ascendant concerné et s'il réside à l'étranger, par acte dressé par l'agent diplomatique ou consulaire congolais.

76 – Autorisation des parents au mariage, modalités. Le législateur indique suivant quelle modalité les parents peuvent donner l'autorisation au mariage de leur enfant mineur. Deux formes sont prévues (art. 132, C. fam.) :

– l'autorisation de vive voix qui intervient au moment de la célébration du mariage si la personne de laquelle elle émane assiste personnellement au mariage ;

– l'autorisation par écrit lorsqu'elle est donnée par un parent qui n'est pas présent lors de la cérémonie de célébration du mariage. Dans ce cas, l'autorisation résulte d'une déclaration faite antérieurement à la célébration du mariage devant un officier de l'état civil, un notaire ou le président du tribunal d'instance.

Quelle que soit la forme suivant laquelle l'autorisation est donnée, l'officier de l'état civil doit la mentionner dans l'acte de mariage.

77 – Autorisation au mariage, autorisation d'un seul parent. Le code de la famille envisage l'hypothèse du mariage du mineur dont un des père et mère serait décédé ou se trouverait dans l'impossibilité de manifester sa volonté. Le législateur décide que dans ces conditions, l'autorisation donnée par l'autre parent vivant ou saint d'esprit suffit pour la célébration régulière du mariage (art. 131, al. 1er, C. fam.).

La loi est souple à cet égard puisqu'il n'est pas exigé que le décès du père ou de la mère du mineur soit prouvé par l'acte de décès. Il suffit que le conjoint du défunt ou ses père et mère attestent son décès sous serment (art. 131, al. 2, C. fam.).

Il a même été envisagé le cas où, les père et mère ne vivant plus ensemble, il est impossible de connaître la résidence de l'un deux. Le mariage sera néanmoins célébré nonobstant le manque d'autorisation dudit parent si le mineur et celui des parents, qui donne son autorisation déclarent sous serment ne pas connaître la résidence du père ou de la mère dont l'autorisation au mariage est requis (art. 131, al. 3, C. fam.).

78 – Autorisation au mariage, preuve. La preuve de l'autorisation parentale est faite par le futur époux mineur sur lequel la loi fait peser l'obligation de l'obtenir pour contracter mariage. C'est justement parce que la charge de la preuve de l'autorisation des père et mère lui incombe que le futur époux concerné saisit, par requête, le président du tribunal d'instance compétent pour faire constater, le cas échéant, le dissentiment entre ses parents (art. 130, al. 2, C. fam.).

Le code de la famille énonce d'autres modalités de constatation du dissentiment entre les père et mère (art. 130 al. 3, C. fam.) :

– une lettre émanant de l'ascendant qui refuse l'autorisation au mariage, adressée à l'officier de l'état civil devant célébrer le mariage. La signature de son auteur doit être légalisée ;

– un acte dressé par un notaire ;

– un acte du président du tribunal d'instance ;

– un acte émanant de l'officier de l'état civil du domicile ou de la résidence de l'ascendant auteur du refus d'autorisation au mariage. Si ce dernier ne réside pas au Congo, l'acte est dressé par l'agent diplomatique ou consulaire congolais.

79 – Autorisation au mariage, refus des parents. Les père et mère, ou la personne qui a autorité sur le mineur, qui refusent de donner l'autorisation au mariage, doivent fonder leur décision sur des motifs conformes à l'intérêt de leur enfant. Dans le cas contraire, il est loisible à tout autre parent de saisir le président du tribunal d'instance du lieu de la célébration du mariage qui statuera en chambre de conseil par ordonnance motivée susceptible d'appel, sur le point de savoir s'il peut être passé outre ce refus pour célébrer le mariage (art. 133, C. fam.).

B – L'avis des parents

80 – Consentement des parents, avis pour les majeurs. Le code de la famille oblige le futur époux majeur à obtenir l'avis de ses parents avant la célébration du mariage. Aucune conséquence défavorable ne résulte du refus des parents au mariage puisqu'il ne fait pas obstacle à la célébration du mariage. Cependant, celle-ci est compromise si les parents forment opposition au mariage en motivant leur refus par de justes motifs.

Les futurs époux disposent d'un recours contre l'opposition des parents. Ils peuvent saisir, par requête, le président du tribunal d'instance, aux fins d'autorisation de célébration du mariage, s'ils estiment que le refus des parents ne repose pas sur de justes motifs.

Le législateur n'a fourni aucune définition des justes motifs. On peut penser qu'il s'agit des raisons de l'opposition au mariage qui sont inspirées par l'intérêt des futurs époux. Les justes motifs ne doivent pas être fondés sur la mauvaise foi car ainsi, ils sont fallacieux et renferment l'intérêt de nuire.

Il revient aux parents qui allèguent les faits, justificatifs de leur opposition au mariage, qui constituent selon eux de justes motifs, de les prouver. Leur appréciation souveraine relève du président du tribunal d'instance compétent qui pourra autoriser l'officier de l'état civil à procéder à la célébration du mariage s'il relève leur caractère fallacieux.

Section 3
Les conditions d'ordre moral

Selon la loi, certaines conditions du mariage ont pour but d'assurer la moralité de l'union. C'est ainsi que le mariage ne peut avoir lieu ni entre parents, ni entre alliés (§.1). De même, en cas de dissolution du mariage, la femme ne peut se remarier avant l'expiration d'un certain délai prévu par le législateur (§. 2).

§ 1 – La prohibition du mariage entre parents et alliés

La prohibition du mariage entre parents concerne autant la ligne directe (A) que la ligne collatérale (B).

A – La prohibition entre parents

81 – Ligne directe. Le code de la famille a prévu que la proximité de parenté s'établit par le nombre de générations, celles-ci étant appelées degrés, autrement dit les intervalles entre deux générations. La suite de ces degrés forme la ligne.

La loi définit la ligne directe comme étant « la suite des degrés entre personnes qui descendent l'une de l'autre » (art. 465, al. 2, C. fam.). Ainsi, la parenté en ligne directe relie les descendants aux ascendants. Elle comprend donc la ligne directe descendante et la ligne directe ascendante.

Le degré de parenté en ligne directe entre les personnes est obtenu grâce à la numération des intervalles qui les séparent (art. 300, al. 2, C. fam.).

82 – Ligne directe descendante. Elle est, selon la loi, celle qui lie le chef avec ceux qui descendent de lui. Elle est donc constituée des enfants, petits-enfants, arrière-petits-enfants... Le degré de parenté est ici calculé en comptant le nombre de générations qui sépare les deux intéressés. C'est la numérotation des intervalles, séparant les personnes considérées, qui donne leur degré de parenté (art. 300, al. 2, C. fam.). Ainsi, un père et un fils sont parents au premier degré, un grand-père et un petit-fils sont parents au troisième degré (art. 465, al. 5, C. fam.).

La loi n'a établi aucune limite à la prohibition du mariage entre parents en ligne directe. On doit donc considérer que le code de la famille prohibe le mariage entre parents en ligne directe à tous les degrés. Cependant, la parenté ne produisant aucun effet au-delà du 8ème degré, le mariage entre parents au-delà de cette limite est légalement envisageable.

83 – Ligne directe ascendante. La ligne directe de parenté comprenant les personnes qui descendent les unes des autres, l'ascendance s'établit en remontant le cours des générations. En ligne directe ascendante, la parenté se divise en ligne paternelle composée des ascendants du côté du père et en ligne maternelle formée par les ascendants du côté de la mère (art. 299, al. 2, C. fam.).

La ligne directe ascendante lie donc une personne avec celles dont elle descend (art. 465, al. 3, C. fam.). Comme dans la ligne descendante, le degré de parenté se calcule ici selon le même procédé. La loi prohibe le mariage entre parents en ligne directe ascendante quel que soit le degré. Toutefois, étant donné que la parenté est sans portée juridique au-delà du 8ème degré, on peut alors concevoir le mariage entre parents en ligne directe ascendante au-delà du 8ème degré. Tout repose donc sur la preuve de la proximité de parenté au degré prohibitif du mariage entre parents.

L'ascendance est la ligne généalogique par laquelle on remonte de l'enfant au père, au grand-père, ou de l'enfant à la mère, à la grand-mère...Ainsi, un père ou une mère et un grand-père paternel ou une grand-mère maternelle sont parents au 2ème degré, un père ou une mère et leurs bisaïeux sont parents au 3ème degré, un père ou une mère et leurs trisaïeux sont parents au 4ème degré.

On distingue, dans la ligne directe ascendante, la ligne directe ascendante paternelle et la ligne directe ascendante maternelle. Cette division donne lieu à la fente en matière successorale.

84 – Ligne collatérale. On dit de la parenté qu'elle est en ligne collatérale lorsqu'elle unit les personnes issues d'un même auteur. Le code de la famille prévoit en effet que : « Sont parents en ligne collatérale les personnes qui descendent d'un auteur commun, sans descendre les unes des autres. Les collatéraux par le père sont dits consanguins, par la mère, utérins. Sont germains les collatéraux qui ont une double parenté par le père et par la mère » (art. 299, al. 3, C. fam.).

L'exemple que l'on peut citer est celui de deux frères dont le lien de parenté existe seulement du côté du père. Ils sont des demi-frères par leur père et sont dénommés des frères consanguins. Si le lien se rattache du coté de la mère uniquement, ils sont donc des demi-frères par leur mère et sont désignés frères utérins.

85 – Ligne collatérale paternelle, ligne collatérale maternelle. La parenté en ligne collatérale se subdivise en parenté en ligne collatérale paternelle (oncle paternel, tante paternelle...) et parenté en ligne collatérale maternelle (oncle maternel, tante maternelle...). Elle peut aussi se trouver dans les lignes paternelle et maternelle à la fois. C'est le cas des frères germains, ainsi désignés parce qu'ils ont les deux parents en commun.

86 – Ligne collatérale, degré de parenté prohibitif du mariage. Le législateur a précisé le degré de parenté qui intéresse la prohibition au mariage entre parents en ligne collatérale (art. 138-2) :

– parents au 2ème degré : frère et sœur, qu'il s'agisse d'enfants nés dans le mariage, hors mariage ou adoptifs ;

– parents au 3ème degré : oncle et nièce, tante et neveu.

Le mariage est aussi prohibé entre cousins jusqu'au 4ème degré. On peut ici relever qu'au-delà du 4ème degré, il est loisible aux cousins de se marier, bien que parents jusqu'au 8ème degré (art. 138-2, C. fam.).

Il est procédé au calcul du degré de parenté en ligne collatérale par addition de degrés qui séparent chacun des deux parents de leur auteur commun (art. 300, al. 3, C. fam).

B – La prohibition du mariage entre alliés

87 – Alliance. En tant que lien juridique résultant du mariage, l'alliance unit un époux aux parents de son conjoint. Il crée entre alliés les plus proches des empêchements au mariage comparables à ceux qui résultent de la parenté.

Etant donné que dans la ligne directe de parenté l'on retrouve la ligne directe ascendante et la ligne directe descendante, un lien d'alliance unit par conséquent un époux aux ascendants et descendants de l'autre époux. Puisque la loi a prévu aussi la parenté en ligne collatérale, un lien d'alliance existe donc entre un époux et les parents collatéraux de l'autre conjoint. C'est la proximité de parenté à l'égard d'un époux qui permet de déterminer le degré de l'alliance à l'égard de l'autre époux (art. 303, al. 2, C. fam.).

88 – Alliance, degré de parenté prohibitif du mariage entre alliés. La loi n'ayant pas indiqué le degré de parenté prohibitif du mariage entre alliés, on peut penser, à l'instar de l'empêchement au mariage entre parents, que cette interdiction intéresse, par sa généralité, les alliés à tous les degrés. Ainsi ne peuvent contracter mariage : belle-mère et gendre, beau-père et bru, parâtre et belle-fille, marâtre et beau-fils…

Une certaine ambiguïté paraît perceptible à la lecture de l'article 138 alinéa 2 du code de la famille ainsi libellé : « Il (le mariage) est prohibé entre alliés en ligne collatérale directe, entre un époux et les ascendants de son conjoint ». Or, la loi n'a pas prévu la ligne collatérale directe dans les lignes de parenté. Il s'agit à l'évidence d'une erreur matérielle de rédaction survenue lors de la mise en forme du texte du code de la famille. Il peut être redressé comme suit : « Il (le mariage) est prohibé entre alliés en ligne collatérale et en ligne directe, entre un époux et les ascendants de son conjoint ».

Alors que l'empêchement au mariage entre parents concerne la parenté à tous les degrés, la loi limite la prohibition du mariage en ligne collatérale, s'agissant des cousins, au quatrième degré. Autrement dit, la parenté produisant des effets jusqu'au 8ème degré, sauf exception (art. 301, al. 2, C. fam.), est sans portée juridique sur les cousins qui peuvent contracter mariage à partir du 5ème degré (art. 138, al. 3, C. fam.).

Dans tous les cas où il sera invoqué la prohibition au mariage entre parents ou alliés, il est souhaitable qu'il soit exigé l'établissement des liens de parenté ou d'alliance entre les personnes concernées.

89 – Alliance, preuve. La parenté se prouve, selon la loi, par les actes de l'état civil (art. 302, C. fam.) et l'alliance devrait être établie par la production d'un acte de mariage sauf exception telles qu'elles résultent du code de la famille : « Nul ne peut réclamer les effets civils du mariage s'il ne présente pas un acte de mariage, sauf les exceptions prévues par la loi en cas de perte ou de destruction totale ou partielle des registres ».

Une difficulté peut toutefois se présenter au sujet du mariage entre une fille, née hors mariage, dont la paternité n'est pas légalement établie par un acte de naissance, et son père. Il ne paraît pas nécessaire d'exiger la preuve par acte d'état civil lorsque la paternité hors mariage n'est pas établie. Celle-ci peut en effet être judiciairement déclarée dans les cas d'enlèvement, de viol ou de séduction accomplis à l'aide de manœuvres dolosives, d'abus d'autorité, de promesse de mariage ou de pré-mariage… (art. 267, C. fam.). Il semble dangereux de laisser célébrer un tel mariage sous prétexte que la preuve de la parenté n'est pas rapportée. La parenté de fait devrait constituer une cause de prohibition du mariage si toutefois il existe une réunion suffisante de faits qui indiquent le rapport de filiation entre un individu et sa fille, notamment lorsque celle-ci a été traitée par celui-là comme son enfant né hors mariage.

La cause de l'empêchement du mariage entre parents semble être l'évitement de l'inceste.

Le délai de viduité constitue aussi un empêchement au mariage.

§ 2 – Le délai de viduité

90 – Délai de viduité, cas de dissolution du mariage. La dissolution du mariage a lieu, dans deux cas (art. 179, C. fam.), par :

- la mort de l'un des époux ;
- le divorce.

La loi impose à la femme de laisser écouler, dans ces conditions, un délai de trois cents jours avant de se remarier : « La femme ne peut se remarier qu'à l'expiration du délai de viduité de trois cents jours à compter de la dissolution du précédent mariage » (art. 137, al. 1er, C. fam.). Il s'agit d'un délai maximum, la loi n'ayant pas envisagé le cas de brièveté d'une grossesse. De toute façon, la période de trois cents jours comprend aussi cette dernière hypothèse.

91 – Délai de viduité, cas d'absence du mari. Selon les rédacteurs du projet de loi portant code de la famille, l'absent est la « personne physique qui a cessé de paraître à son domicile ou à sa résidence et dont on n'a point de nouvelles depuis un temps plus ou moins prolongé, de sorte que son existence est incertaine » (P. l. p. c. fam., -I - Rap. prés., avril 1983, p. 32).

Le code de la famille définit l'absent comme étant « la personne dont le manque de nouvelle rend l'existence incertaine » (art. 108, L. n° 073/84 du 17 octobre 1984 portant code de la famille). Aucun événement précis ne fait présumer le décès de l'absent, mais on peut légitimement se demander si la personne qui se trouve dans cet état est encore en vie. La législation est cependant claire sur la situation juridique de l'absent. Il est en effet prévu que s'il s'est écoulé dix ans depuis la réception des dernières nouvelles d'une personne, son absence est assimilée à son décès dès lors que tout intéressé dispose de la faculté, à cet instant, d'introduire devant le tribunal d'instance de son dernier domicile connu, une demande en déclaration de décès (art. 115, C. fam.).

C'est donc cette déclaration judiciaire du décès de l'absent qui justifie juridiquement l'observation du délai de viduité de trois cents jours à l'expiration duquel la femme pourra se remarier car l'absent, après une période de dix ans, n'est plus simplement le non présent, mais le décédé, l'absence ne constituant plus une simple circonstance de fait, la non-présence, mais la situation juridique de décès.

L'aboutissement de la procédure de déclaration judiciaire du décès, en cas d'absence, exige l'accomplissement de plusieurs formalités. La loi a prévu, en effet, que toute personne, au sujet de laquelle il n'y a pas de nouvelles reçues depuis plus d'une année, est présumée absente. C'est ainsi que s'il s'est déjà écoulé plus d'une année depuis les dernières nouvelles de l'absent, il est permis à tout intéressé et particulièrement aux parents et aux représentants du parquet, d'introduire une action en justice, par le moyen d'une requête adressée au président du tribunal d'instance du dernier domicile connu ou de la dernière résidence du présumé absent, aux fins de solliciter un jugement déclaratif de la présomption d'absence (art.109, C. fam.).

Après avoir obtenu le jugement déclaratif de la présomption d'absence, le parent ou le tiers intéressé ne pourra déposer, devant le tribunal d'instance compétent, sa demande en déclaration d'absence que s'il s'est écoulé un délai de deux ans à compter du prononcé dudit jugement (art. 114, al. 1er, C. fam.).

Le jugement déclaratif d'absence produit des effets à l'égard du conjoint présent. Il lui permet de demander le divorce pour cause d'absence (art. 114, al. 2, C. fam.), comme d'ailleurs le spécifie l'article 180-3 du code de la famille qui fait figurer l'absence déclarée parmi les causes du divorce (cf., sur le divorce légal, Auguste Iloki « Le droit du divorce au Congo », éd. L'Harmattan, coll. Etudes africaines, 2004, p. 21 et s.).

Comme pour le jugement déclaratif de présomption d'absence et le jugement déclaratif d'absence, le jugement déclaratif du décès de l'absent ne saurait être prononcé par le tribunal ayant déclaré l'absence qu'après expiration d'un certain délai. Si dans les précédentes situations, ce délai est respectivement d'un an (déclaration de présomption d'absence), puis de deux ans (déclaration d'absence), il est de dix ans en ce qui concerne la déclaration du décès de l'absent (art. 115, C. fam.).

Même s'il a déjà été procédé à l'enquête lors de la procédure en déclaration de présomption d'absence, il est encore envisagé, par le parquet du tribunal d'instance saisi, une autre enquête complémentaire préalablement au prononcé du jugement déclaratif du décès de l'absent.

Puisqu'il ne s'agit pas véritablement de décès au sens de mort naturelle d'une personne à une date certaine, en un lieu connu et bien déterminé, l'on peut éprouver quelque scrupule à fixer la date où l'absence peut être considérée comme équivalant à un décès pour engendrer les conséquences juridiques qui lui sont attachées.

La loi est cependant claire à cet égard. Le décès de l'absent, selon les dispositions de l'article 115 alinéa 3 du code de la famille, a lieu au jour du prononcé du jugement déclaratif de cet événement. Ainsi, le législateur fait coïncider, par une espèce de fiction, la date du décès de l'absent à la date du jugement déclaratif dudit décès, lequel a la même force probante que les actes de décès (art. 118, C. fam.).

L'époux présent, qui se remarie après le jugement déclaratif de l'absence de son conjoint absent mais avant le jugement déclaratif de son décès, s'il a obtenu son divorce conformément à l'article 114 alinéa 2 du code de la famille, ne peut voir son nouveau mariage contesté suite à la réapparition de ce dernier. Pour la loi, ce second mariage contracté alors que l'autre conjoint était absent est opposable à celui-ci lorsqu'il reparaît (art. 120, al. 1er, C. fam.). On ne saurait par conséquent invoquer le délai de viduité dès lors que l'enfant qui naîtrait de cette nouvelle union aurait indiscutablement pour père le second mari.

Il en est de même lorsqu'un époux est déclaré absent et que le conjoint présent obtient le divorce. La réapparition de l'absent ne produit aucun effet sur la dissolution du lien matrimonial. La rupture du mariage demeure acquise et ne peut donc être mise en cause par le conjoint qui reparaît et qui voudrait continuer la vie commune avec l'autre époux déjà divorcé (art. 120, al. 1er, C. fam.). Seulement, le remariage de l'épouse divorcée après la déclaration d'absence, qui ne peut être obtenue que trois ans après l'absence du conjoint, (un an pour la déclaration de présomption d'absence puis deux ans après pour la déclaration d'absence), ne sera pas soumis à l'observation du délai de viduité de trois cents jours. On se trouve bien ici dans l'hypothèse où le président du tribunal d'instance peut abréger le délai de viduité en se fondant sur les circonstances suivant lesquelles depuis trois cents jours, le précédent mari n'a pas cohabité avec sa femme (art. 137, al. 2, C. fam.).

Il en est ainsi évidemment dans l'hypothèse de la déclaration de décès de l'absent qui a lieu dix ans après ses dernières nouvelles. L'impossibilité de cohabitation des époux étant perceptible, le législateur aurait dû prévoir cette hypothèse et considéré que la femme n'observe pas dans ces conditions le délai de viduité vidé de son intérêt.

Le remariage de l'épouse pourrait donc avoir lieu immédiatement après l'obtention du jugement déclaratif du décès de son mari absent. Il n'y aurait plus en effet à craindre la confusion de part qui motive l'observation du délai de viduité.

Une grossesse ne pouvant durer trois ans (dans le cas de jugement déclaratif d'absence) ou dix ans (dans l'hypothèse du jugement déclaratif du décès de l'absent), et le législateur ayant déterminé la plus longue période d'une grossesse à trois cents jours, donc à neuf mois, celle qui aura duré au-delà de cette période ne susciterait pas de débat sur la paternité de l'enfant qui en serait issu. Celui-ci serait nécessairement l'enfant du nouveau mari de sa mère. On considèrerait donc que la raison d'être de la prohibition du mariage de la femme aura disparu.

92 – Délai de viduité, cas de disparition du mari. Le disparu est « la personne dont l'absence s'est produite dans des circonstances mettant sa vie en danger, sans que son corps ait pu être retrouvé » (art. 108, al. 2, C. fam.). Le disparu est donc d'abord un absent, autrement dit « la personne dont le manque de nouvelle rend l'existence incertaine » (art. 108, al. 1er, C. fam.). Cependant, il ne s'agit pas d'un absent ordinaire. Le disparu est, en effet, un absent particulier car s'il n'est plus visible et si l'on n'a plus de nouvelles de lui comme s'agissant de l'absent, il y a qu'en ce qui le concerne, l'on est informé de l'événement qui, en raison des circonstances de sa production, fait douter de sa survie. Son absence est donc consécutive au péril de mort auquel il s'est trouvé exposé.

L'élément caractéristique de la disparition est certainement le fait qu'étant en présence d'une grande probabilité de la mort d'une personne au cours d'un événement qui a mis gravement en danger sa vie, l'on ne puisse pas retrouver son corps malgré les recherches effectuées.

On peut dire qu'il y a, s'agissant de la personne disparue, une présomption irréfragable de sa mort. Contrairement à l'absence au sujet de laquelle on ne dispose pas d'éléments référentiels devant la caractériser, la disparition d'une personne a souvent lieu au cours d'événements identifiables tels les accidents d'avions, les inondations, les naufrages de bateaux, de navires ou de baleinières, les noyades, les accidents de trains, les guerres.

Dans la majorité des cas, ces événements, dont certains sont imprévisibles, occasionnent des disparitions. La victime de ces faits, dont le corps n'est pas visible, est appelée le disparu. Celui-ci est considéré comme mort bien que son décès n'ait pu être matériellement établi par un médecin, faute d'examen de son corps introuvable.

La déclaration du décès du disparu n'est pas assujettie à la condition de nationalité. Ainsi, l'on peut judiciairement déclaré le décès :

– de tout Congolais disparu au Congo ou hors du territoire national ;

– de tout Étranger ou même d'apatride disparu au Congo ou à l'étranger, pourvu qu'il ait eu son domicile ou sa résidence au Congo (art. 116, C. fam.).

Toutefois, la déclaration judiciaire du décès du disparu obéit à un formalisme qui lui est propre.

La requête aux fins de déclaration du décès du disparu est introduite par le représentant du parquet du tribunal d'instance, ou le procureur de la République près le tribunal de grande instance du lieu où la disparition s'est produite au Congo, suivant certaines modalités.

Selon que le parquet agit seul, de sa propre initiative, ou sur instigation d'autres personnes, on dit que la requête est présentée d'office ou à la demande de tout intéressé par le procureur de la République près le tribunal d'instance ou le tribunal de grande instance. La loi envisage la possibilité de présentation d'une requête collective au cas où plusieurs personnes seraient disparues au cours des mêmes circonstances (art. 117, al. 1er, C. fam.).

L'audience relative à la déclaration du décès du disparu se déroule à huis clos. L'instruction et le jugement de l'affaire ont donc lieu en chambre du conseil. On peut même penser que la procédure liée à cette instance est gratuite dès lors que tous les actes y afférents, rédigés en minute, ainsi que leurs expéditions et extraits, sont dispensés du timbre et des frais d'enregistrement (art. 117, al. 2, C. fam.).

Si, après avoir procédé à l'instruction de l'affaire, il apparaît que les circonstances de la disparition ne sont pas suffisamment élucidées de manière à établir avec précision le décès, le tribunal compétent peut ordonner d'autres mesures d'information complémentaire, notamment une enquête administrative qui permettra de déterminer la date du décès du disparu.

La fixation de la date du décès du disparu est fonction de plusieurs éléments :

– le décès doit être déclaré ;

– la date est fixée en tenant compte des présomptions tirées des circonstances de la survenance de l'événement ayant généré la disparition ;

– à défaut, l'on doit se référer au jour de la disparition.

Le tribunal est tenu d'indiquer la date du décès avec précision et exactitude dans son jugement.

Si le tribunal saisi aux fins de déclaration du décès du disparu estime que l'affaire est en état d'être jugée parce que tous les éléments y afférents sont réunis, il rend alors sa décision sous forme de jugement déclaratif de décès.

Le jugement déclaratif de décès peut revêtir deux formes :

– le jugement individuel déclaratif de décès, si la requête concerne la déclaration du décès d'une seule personne disparue ;

– le jugement collectif déclaratif de décès, dans le cas où la requête vise la déclaration du décès de plusieurs personnes disparues. Il peut en être délivré des extraits aux officiers de l'état civil compétents en vue de la transcription sur les registres de l'état civil du lieu réel ou présumé du décès des disparus.

Comme pour le jugement déclaratif du décès de l'absent, le jugement déclaratif du décès du disparu est revêtu de la même valeur probante que l'acte de décès.

Le législateur a omis de régler les rapports extrapatrimoniaux entre époux lorsque le disparu reparaît avant le jugement déclaratif de décès. Il est convenable de distinguer suivant que sa réapparition a lieu avant ou après l'écoulement du délai de viduité de trois cents jours.

Dans l'hypothèse où le disparu réapparaît avant l'épuisement de ce délai, il semble normal de considérer qu'aucun mariage ne saurait être valablement célébré pendant cette période puisque le premier mariage n'est pas encore dissous, faute de jugement déclaratif de décès du disparu. Au cas où le mariage du disparu avec son épouse serait déclaré nul au cours de ce délai et que son épouse souhaiterait conclure immédiatement une nouvelle union, elle subirait le délai de viduité. Elle peut cependant adresser une requête au président du tribunal d'instance compétent, celui dans le ressort duquel le mariage a été célébré, aux fins de solliciter l'abrégement du délai de viduité (art. 137, al. 2, C. fam.).

Par contre, le délai de viduité est vidé de son sens si la femme obtient le jugement déclaratif de décès de son mari disparu plus de trois cents jours après sa disparition. Son remariage ne peut plus être soumis à l'observation du délai de viduité devenu sans objet. L'enfant qui naîtrait d'un autre mariage aura incontestablement pour père le nouveau mari de sa mère.

93 – Délai de viduité, cas d'annulation du mariage. Le code de la famille n'envisage pas l'annulation du mariage comme constitutif d'un motif d'observation du délai de viduité par la femme. On peut cependant ajouter aux cas légaux de dissolution du mariage (la mort et le divorce) celui d'annulation du mariage lorsque les époux ont cohabité. Ici aussi, il convient d'éviter une confusion de part, autrement dit, l'incertitude sur la paternité de l'enfant qui naîtrait pendant cette période de trois cents jours depuis le jugement ayant prononcé l'annulation du mariage. Le législateur estime qu'après ce délai, l'enfant qui naît ne peut plus être considéré comme étant conçu des œuvres du premier mari.

En effet, au cas où une femme se remariait sans observation de cette durée, elle pourrait donner naissance à un enfant moins de trois cents jours après la dissolution ou l'annulation de son mariage. Ledit enfant pourrait avoir une double paternité : le premier mari pourrait bien en être le père tout comme le second mari. C'est pourquoi il faut que ce délai soit respecté pour éviter toute incertitude dans la détermination de l'auteur de la grossesse.

La femme veuve, divorcée ou victime d'une annulation de mariage, est finalement soumise à l'observation du délai de viduité la prohibant temporairement de se remarier immédiatement après la dissolution ou l'annulation de son précédent mariage.

94 – Délai de viduité, cas de séparation de fait depuis deux ans. Il s'agit de la situation de fait dans laquelle les conjoints ont cessé de vivre ensemble alors qu'ils ne sont pourvus d'aucun jugement de divorce ou de séparation de corps, ni d'autorisation judiciaire de vivre dans des résidences séparées pendant une période égalant deux années.

La séparation de fait des époux est une pratique courante qui peut résulter de trois attitudes :

– soit de la répudiation de la femme par le mari. En vigueur dans la société traditionnelle, la répudiation est l'acte unilatéral par lequel le mari renvoie sa femme dans sa famille d'origine, matérialisant ainsi la rupture du mariage coutumier. Encore enracinée dans la société moderne, elle se confond avec le divorce dans la législation contemporaine. Certes, la répudiation est méconnue dans le code de la famille. Cependant elle est couramment utilisée par les hommes, légitimement mariés, comme instrument de règlement des conflits conjugaux, matérialisant de la sorte la distorsion entre les mœurs et la modernité. Elle sert quelquefois d'artifice ou de passerelle conduisant à la rupture des relations matrimoniales. On y perçoit l'une des manifestations des survivances du droit coutumier relativement au droit moderne issu du code de la famille ;

– soit du départ volontaire de l'épouse qui refuse de continuer de vivre dans le domicile conjugal pour des causes basées ou non sur le code de la famille. Cette situation n'est pas assimilable à la répudiation dès lors que la femme, appréciant la situation dans le ménage, le quitte sans contrainte de son époux, même si sa décision peut être motivée par le comportement de ce dernier. Elle est plutôt comparable à l'abandon de domicile conjugal qui s'accompagne indubitablement de l'abandon moral ou matériel du foyer, constitutif d'une cause du divorce, lorsqu'il compromet gravement la vie d'un conjoint et la sécurité des enfants ;

– soit de l'accord amiable, tacite ou exprès, intervenu entre les deux époux dont les relations conjugales sont fortement dégradées.

Dans le projet de loi portant code de la famille, la séparation de fait ne pouvait constituer une cause de divorce que si elle se prolongeait jusqu'à trois ans (art. 182 dudit projet). Le législateur a estimé ce délai trop long et l'a réduit à deux ans (art. 180 C.fam.).

On observe que dans la pratique, le juge prononce le divorce pour séparation de fait prolongée depuis deux ans, soit aux torts exclusifs du mari ou de la femme, soit aux torts réciproques et quelquefois sans faire incomber la responsabilité sur l'un des époux.

Cependant, la difficulté peut surgir en cas de grossesse de la femme pendant cette période. L'enfant qui naîtra avant le prononcé du divorce est légalement celui du mari de la femme mais sa paternité peut être contestée. La mère de cet enfant peut en effet avoir conçu d'un autre homme que son époux, étant entendu qu'ils vivent séparés. Le conflit de paternité est dans ces conditions inévitable. Le délai de viduité, en tant que mécanisme imaginé par le législateur pour combattre le désagrément de cette nature, ne peut être invoqué, dans ces conditions, puisqu'il n'y a pas de nouvelle union matrimoniale.

Même si la séparation de fait implique l'absence de cohabitation des époux, elle ne peut à elle seule justifier l'observation par la femme du délai de viduité dès lors qu'il n'y a pas remariage.

La question qui se pose est plutôt celle de savoir si le délai de viduité ne s'impose pas à la femme qui obtient le divorce pour séparation de fait prolongée depuis deux ans. Dans ces conditions, plus de trois cent jours s'étant écoulés depuis la non cohabitation des époux, le président du tribunal d'instance dans le ressort duquel le mariage a été célébré peut abréger le délai de viduité, conformément à l'article 137 alinéa 2 du code de la famille, s'il est saisi par simple requête de l'épouse intéressée qui souhaite se remarier.

95 – Délai de viduité, cas de séparation de corps. Il peut arriver que dans les relations entre les conjoints, survienne un relâchement du lien conjugal qui résulte d'un jugement prononcé pour les mêmes causes que s'il s'agissait d'un divorce. Au regard de ses effets, la séparation de corps, tout en mettant fin à l'obligation de cohabitation, maintient les autres effets du mariage (art. 196, al. 1er, C. fam.).

Certes, la femme en séparation de corps se trouve encore dans les liens du mariage et ne peut donc se remarier. Cependant il pourra surgir une difficulté du fait du défaut de réconciliation dans le délai de trois ans à compter du jour où le jugement de séparation de corps aura été transcrit, puisque la loi prescrit que la séparation de corps pourra, dans ces conditions, être convertie en divorce (art. 204, C. fam.). C'est à partir de ce moment que se posera le problème de l'observation du délai de viduité par la femme divorcée qui envisage de se remarier.

On peut ici observer que la séparation de corps ayant duré trois ans et cette période se trouvant largement au-delà du délai de viduité de trois cents jours, l'on peut imaginer que ces circonstances sont de nature à permettre l'abrégement du délai de viduité par le président du tribunal d'instance compétent conformément à l'article 137 alinéa 2 du code de la famille.

Ce délai doit tout de même être respecté par la femme nonobstant cette longue période de séparation car il ne faut pas exclure la possibilité de liaisons amoureuses entre les époux au cours de ce moment.

96 – Délai de viduité, abrégement. Le délai de viduité peut être abrégé sous certaines conditions (art. 137, al. 2, C. fam.) :

– s'il résulte avec évidence des circonstances que depuis trois cents jours, le précédent mari n'a pas cohabité avec sa femme ;

– lorsqu'il est établi par un médecin spécialiste que la femme n'est pas en état de grossesse.

La demande d'abrégement du délai de viduité est adressée, sous la forme de simple requête, au président du tribunal d'instance compétent qui est celui du lieu de la célébration du mariage. L'avis du ministère public est requis s'il est représenté auprès de la juridiction intéressée. C'est seulement à la suite de l'accomplissement de ces formalités que le président du tribunal d'instance saisi rend son ordonnance, susceptible d'appel, dans le sens de l'abrégement ou non du délai de viduité art. 137, al. 2, C. fam.).

97 – Délai de viduité, point de départ. Les cas suivant lesquels le mariage prend fin sont divers. Le législateur n'ayant pas prévu cette question pratique, on observe que le point de départ de la computation du délai de viduité est variable selon l'hypothèse envisagée :

– au cas de dissolution du mariage au sens de l'article 179 du code de la famille, il faut distinguer le cas de mort de l'un des époux et celui du divorce. En cas de mort, c'est la date du décès, telle qu'elle résulte de l'acte de décès, qui doit servir de point de départ du délai de viduité. En ce qui concerne le divorce, c'est la date du jugement prononçant le divorce qui devra servir de base de calcul du délai de trois cents jours ;

– au cas d'absence du mari, si la femme a obtenu le divorce pour cause d'absence après la reddition du jugement déclaratif d'absence, le délai de viduité débutera le jour où le jugement de divorce est devenu définitif. Si un jugement déclaratif du décès de l'absent a été rendu, le délai de viduité commencera à courir du jour où ce jugement est intervenu ;

– au cas de disparition du mari, le point de départ du délai de viduité correspond à la date à laquelle le jugement déclaratif du décès du disparu a été rendu ;

– au cas d'annulation du mariage, c'est la date du jugement définitif y relatif qui détermine le point de départ du délai de trois cents jours ;

– au cas de séparation de fait prolongée depuis deux ans, le délai de viduité dépendra de la période retenue par le président du tribunal d'instance saisi pour se prononcer sur son abrégement. C'est la date de cette décision devenue définitive qui va constituer le point de départ du délai de viduité d'une durée, non plus légale de trois cents jours, mais judiciaire fixée souverainement par le président du tribunal d'instance compétent ;

– au cas de séparation de corps, la conversion de celle-ci en divorce, après une période de trois ans, (art. 204, C. fam.) pose le problème de l'observation du délai de viduité par la femme divorcée qui envisage de se remarier. C'est donc à partir de la date de la déclaration de la conversion de la séparation de corps en divorce faite par l'époux au profit duquel le jugement de séparation de corps a été rendu que commencera à courir le délai de viduité. On peut ici observer que la séparation de corps ayant duré trois ans et cette période se trouvant largement au-delà du délai de viduité de trois cents jours, l'on peut imaginer que ces circonstances sont de nature à permettre l'abrégement dudit délai par le président du tribunal d'instance compétent conformément à l'article 137 alinéa 2 du code de la famille. Le point de départ de ce délai sera dans ces conditions celui de la décision de conversion devenue définitive.

CHAPITRE II

LES CONDITIONS DE FORME DU MARIAGE

La loi exige que la formation du lien conjugal soit marquée préalablement par l'accomplissement de certaines formalités. Il s'agit du formalisme lié à la constitution du dossier du mariage (section 1). C'est seulement lorsque ces conditions formelles sont réunies qu'il peut être procédé à la célébration du mariage par l'officier de l'état civil (section 2).

Section 1
La constitution du dossier du mariage

Il pèse sur les futurs époux l'obligation de remettre à l'officier de l'état civil les pièces dont la nature est clairement indiquée dans le code de la famille (§ 1). Il est ensuite procédé à la publication, par affichage, avant la célébration du mariage afin de permettre aux personnes qui y ont intérêt d'y former opposition (§ 2).

§ 1 – La remise des pièces en vue du mariage

98 – Célébration du mariage, pièces à produire. L'officier de l'état civil doit être complètement renseigné sur la situation personnelle de chacun des futurs époux, notamment pour vérifier la réunion des conditions de fond du mariage. Ainsi, dans le délai de deux mois précédant la date fixée pour la célébration du mariage, les pièces suivantes, qui établissent que les futurs époux remplissent les conditions requises pour contracter mariage, doivent être remises à l'officier de l'état civil de leur domicile par chacun d'eux (art. 139, C. fam.) :

– un extrait d'acte de naissance. S'il se trouve dans l'impossibilité de se le procurer, il peut produire tout acte en tènant lieu.

Dans tous les cas, l'acte fourni doit avoir été délivré depuis moins de six mois ;

– la copie des actes accordant les dispenses prévues par la loi ;
– un acte attestant du versement de la dot, émanant des parents paternels et maternels de la future épouse ;
– un certificat du notaire dans le cas où il a été fait un contrat de mariage ;
– un certificat médical prénuptial ;
– une autorisation de mariage pour les futurs mariés qui ont la qualité d'agents de sécurité ou de militaires ;
– un bouquet de fleurs naturelles ;
– deux anneaux en or.

99 – Frais exigés à la mairie pour la célébration du mariage. Les futurs époux doivent débourser des sommes d'argent dont le montant varie selon le centre d'état civil :

1. **Mairie centrale** : 108 000 francs CFA ;
2. **Moungali** : 75 000 francs CFA ;
3. **Bacongo** :
   – lundi à vendredi : 50 000 francs CFA ;
   – samedi : 65 000 francs CFA ;
4. **Mfilou-Ngamaba** :
   – vendredi : 43 000 francs CFA ;
   – samedi : 53 000 francs CFA;
5. **Makélékélé** : 44 000 francs CFA, avec une majoration de 10 000 francs CFA le samedi ;
6. **Talangaï** : 65 000 francs CFA comprenant :
   – inscription : 25 000 francs CFA ;
   – location de la salle : 10 000 francs CFA ;
   – autorisation de sirène après le mariage : 20 000 francs CFA ;
   – droits de célébration : 10 000 francs CFA.
7. **Poto-Poto** : 65 000 francs CFA.
8. **Ouenzé** : 80 000 francs CFA.

100 – Officier de l'état civil, questions obligatoires aux futurs mariés lors du dépôt des pièces. Nonobstant la production des pièces, l'officier de l'état civil a l'obligation de demander aux futurs époux, à l'occasion de la remise de ces documents, d'autres renseignements portant sur les points suivants (art. 142, C. fam.) :

– **l'union précédemment contractée.** Même s'il ne figure aucune mention marginale dans les actes de naissance qui lui sont remis, l'officier de l'état civil doit demander aux futurs époux s'ils ont déjà été mariés. Dans l'affirmative, ils doivent préciser la date et la forme de l'union contractée. Si les futurs époux étaient déjà liés par un mariage antérieur sous le régime monogamique, ils doivent en indiquer la date et la cause de sa dissolution soit par le décès, soit par le divorce. Dans ces conditions, doivent être produits soit l'acte de décès du conjoint, soit le jugement de divorce ;

– **l'interpellation des parents**. Elle est faite par l'officier de l'état civil lorsque les futurs époux étaient déjà mariés coutumièrement. Sont seuls concernés les parents qui avaient présidé à la célébration de l'union selon la coutume (art. 142, al. 2, C. fam.) ;

– **l'autorisation donnée aux mineurs de se marier**. Les personnes dont l'autorisation est requise pour le mariage des mineurs sont interpellées par l'officier de l'état civil si l'un des futurs époux ou les deux sont encore mineurs. Il n'est pas nécessaire que ces personnes soient présentes puisque la loi permet à l'officier de l'état civil de donner lecture de l'acte par lequel cette autorisation a été donnée (art. 142, al. 3, C. fam.) ;

– **l'option de polygamie**. Si les futurs époux souscrivent l'option de polygamie au moment de la déclaration du mariage, (art.136, C. fam.), l'officier de l'état civil, qui recueille cette option, les tient informés de ce que ce choix les place sous le régime de la séparation des biens ;

– **en cas de monogamie**. L'officier de l'état civil interpelle les futurs époux sur le choix de leur régime matrimonial. S'ils n'expriment aucun choix à cet égard, l'officier de l'état civil leur indique qu'ils sont dans ces conditions placés sous le régime de droit commun de la communauté réduite aux acquêts (art. 142, al. 4, C. fam.).

Au résultat de l'enquête faite dans les centres d'état civil de Brazzaville, le choix des époux est largement porté sur le régime de la monogamie. En effet, sur un total de 5 365 mariages, la monogamie et la polygamie se répartissent les proportions suivantes :

- monogamie : 5 014 mariages ;
- polygamie : 270 mariages ;
- absence de choix : 81 mariages.

CHOIX DE L'OPTION MATRIMONIALE PAR LES ÉPOUX AU MOMENT DE LA CÉLÉBRATION DU MARIAGE

Centre d'état civil	Monogamie	Polygamie	Absence de choix	Total
Bacongo	487	22	3	512
Makélékélé	723	53	16	792
Mairie centrale	931	6	19	956
Mfilou-Ngamaba	350	22	18	390
Moungali	379	20	20	419
Ouenzé	**962**	**56**	3	**1 021**
Poto-Poto	846	55	1	902
Talangaï	336	36	1	373
Total	**5 014**	**270**	**81**	**5 365**

101 – Régimes matrimoniaux, liberté de choix. L'article 207 du code de la famille prévoit trois régimes matrimoniaux dont la liberté de choix est laissée aux époux mariés sous le régime de la monogamie, comme le dispose l'article 209 du même code :

– la communauté réduite aux acquêts. C'est le régime sous lequel la loi place les époux, mariés sous le régime de la monogamie, qui n'exercent pas leur option dans le choix du régime matrimonial. Pour cette raison, il est qualifié « régime de droit commun » (art. 209, al. 1er, C. fam.) ;

– la séparation des biens. C'est le régime qui s'impose lorsque les époux sont mariés sous le régime de la polygamie (art. 209, al. 1er, C. fam.) ;

– la communauté conventionnelle.

L'option des époux sur le choix du régime matrimonial est exercée à l'occasion de la remise des pièces exigées par l'officier de l'état civil (extraits des actes de naissance, copie des actes accordant les dispenses légales, acte attestant du versement de la dot ou déclaration de renoncement à celle-ci, certificat du notaire s'il a été conclu un contrat de mariage, certificat médical prénuptial), sous la forme d'une déclaration commune. Le code de la famille spécifie que l'officier de l'état civil recueille, lors du dépôt du dossier des futurs mariés, leurs réponses et les renseigne, sur l'option du régime matrimonial, dans les conditions suivantes :

– si les futurs époux choisissent le régime de la polygamie, l'officier de l'état civil leur indique qu'ils sont alors placés sous le régime de la séparation des biens ;

– si les futurs époux optent pour la monogamie, l'officier de l'état civil les interpelle sur le régime matrimonial qu'ils choisissent. Il attire leur attention sur le fait qu'à défaut de choix de leur part, ils sont placés sous le régime de droit commun de la communauté réduite aux acquêts (art. 142 et 210, C. fam.). Il ne doit cependant pas omettre de leur indiquer qu'ils ont la possibilité de choisir un autre régime, en l'occurrence, celui de la communauté conventionnelle ou l'autre régime de la séparation des biens.

Dans la pratique, l'option de polygamie ou de monogamie, ainsi que le choix du régime matrimonial, sont recueillis non par l'officier de l'état civil au moment du dépôt de la fiche de renseignements en vue du mariage et des pièces y afférentes pour la célébration du mariage, mais par un agent du service de l'état civil, en l'occurrence le chef de service.

Ce sont les informations contenues dans ce document qui constitueront l'objet des questions de l'officier de l'état civil lors de la cérémonie publique de célébration du mariage. Il recherchera donc leur confirmation par les futurs époux. L'intérêt est double : les mentions dans l'acte de mariage et l'information solennelle des parents.

C'est à cette occasion que l'officier de l'état civil fournit des explications plus ou moins détaillées sur les éléments caractéristiques de chaque régime matrimonial afin d'orienter le choix des futurs époux. Souvent, ceux-ci répondent qu'ils choisissent le « régime de la communauté des biens ».

Or, un tel régime n'est pas régi par le code de la famille. Celui-ci prévoit plutôt, en tant que régimes fondés sur la communauté des biens, sans que cette dernière constitue un régime spécifique :

– le régime de la communauté réduite aux acquêts ;
– les régimes issus de la communauté conventionnelle :
  • le régime de la communauté comprenant les meubles et aux acquêts ;
  • le régime de la communauté universelle.

L'officier de l'état-civil devra donc obtenir plus de précisions de chacun des futurs époux lorsqu'ils répondent simplement, à la question sur le choix du régime matrimonial, comme par mimétisme : « Je choisis le régime de la communauté des biens ». La diversité des régimes communautaires oblige l'officier de l'état-civil à être exigeant sur la clarté et la netteté de la réponse d'autant plus qu'elle détermine la manière dont seront gérés les biens du couple. Cette rigueur permettra d'éviter des réponses évasives mentionnées dans les actes de mariage, du genre : « Communauté des biens communs » ou « Régime des biens communs » ou encore, tout simplement sous la forme plus lapidaire de « Biens communs ».

La transcription littérale de ces régimes dans les actes de mariage sans adapter les réponses des époux à leur formulation légale conduit dans la pratique à des difficultés dans la gestion des biens du foyer conjugal. Les époux qui le constatent après coup saisissent le juge pour solliciter le redressement nécessaire qui s'exprime en termes de changement de régime matrimonial. Le juge fait généralement droit à ce type de demande sans motivation convaincante et même au mépris de la procédure y relative fixée à l'article 211 du code de la famille, notamment en ce qui concerne le délai de deux ans, depuis la célébration de leur mariage, que les conjoints sont tenus d'observer avant de demander la modification du régime matrimonial (cf. T. I Poto-Poto, 12/12/2004, Rép. n° 947, inédit).

102 – Régimes matrimoniaux, la communauté conventionnelle. La loi n'enferme pas les époux dans un régime matrimonial légal strict qui est celui de la communauté réduite aux acquêts. Ils peuvent en effet s'engager, par contrat de mariage, à la modification de ce régime au moyen de toutes espèces de conventions imaginables conformes aux :

– bonnes mœurs ;
– droits et devoirs des époux qui découlent de leur union ;
– règles fixées par la loi ayant trait à l'autorité parentale, à l'administration légale, à la tutelle et à l'ordre légal des successions (art. 208, C. fam.).

Ainsi, dans le respect de la volonté des époux, sans les enserrer dans un carcan, le législateur leur propose quelques stipulations conventionnelles possibles (art. 208, al. 2, C. fam.) :

– la communauté universelle ;
– l'inégalité des parts des époux ;
– la possibilité accordée à l'un des époux de prélever certains biens moyennant indemnité ;
– la composition de la communauté de meubles et des acquêts ;
– l'autorisation donnée à l'un des époux de prélever avant tout partage une certaine somme ou une certaine quantité d'effets mobiliers en nature ;
– la dérogation aux règles relatives à l'administration des biens.

Tous les points non concernés par la convention conclue entre les époux seront alors régis par les règles de la communauté légale, entendue comme étant la communauté réduite aux acquêts.

103 – Régimes matrimoniaux, communauté légale ou communauté réduite aux acquêts. C'est le régime de droit commun (art. 207-1, C. fam.). La loi prescrit que les époux qui n'auront pas jugé utile la conclusion de la convention prévue à l'article 208 du code de la famille pour régler les effets patrimoniaux de leur mariage, dans les rapports entre eux et à l'égard des tiers, seront soumis aux règles de la communauté légale, c'est-à-dire la communauté réduite aux acquêts.

104 – Communauté légale ou communauté réduite aux acquêts, biens qui en constituent l'actif. Selon l'article 212 de la loi n°073/84 du 17 octobre 1984 portant code de la famille, la communauté réduite aux acquêts est composée des biens qui en constituent l'actif et dont le détail suit :

– les salaires, pensions, revenus perçus par la femme ou le mari pendant le mariage ;

– les biens et droits acquis à titre onéreux, au cours du mariage, si ces acquisitions résultent de l'échange d'un bien commun ;

– les revenus, rentes et intérêts perçus lors du mariage et provenant des biens communs.

105 – Communauté légale ou communauté réduite aux acquêts, biens propres. Les biens qui ne font pas partie de la masse des biens de la communauté restent des biens propres de chacun des mariés. Ce sont :

– les biens dont les époux sont propriétaires avant leur mariage ;

– les biens qui, par leur nature ou leur destination, ont un caractère personnel ;

– les biens reçus personnellement pendant le mariage par succession ou libéralités.

Commençant dès la date de célébration du mariage, le régime de la communauté réduite aux acquêts prend fin avec la dissolution du mariage par le décès de l'un des époux ou par le divorce.

106 – Communauté légale ou communauté réduite aux acquêts, présomption de communauté. Etant donné qu'il peut survenir la difficulté de distinguer entre les biens propres et les biens communs des époux, le code de la famille a institué la présomption de communauté qui admet la preuve contraire pour démontrer que tel bien est la propriété soit du mari, soit de la femme.

107 – Communauté légale ou communauté réduite aux acquêts, passif de la communauté. Comme tout patrimoine, celui qui compose la communauté des époux comprend également un passif qui est constitué des dettes contractées dans l'intérêt du ménage.

La loi opère une distinction entre les dettes qui engagent le patrimoine propre de chacun des époux et celles qui obligent la communauté, aussi pour éviter tout débat sur cette discrimination des dettes, a-t-elle fourni des indications précises qui permettent de reconnaître les trois catégories de dettes dans l'intérêt du ménage :

– les dettes contractées pour assurer la subsistance des époux et leurs enfants ;

– les dettes contractées pour exécuter une obligation d'aliments dont les époux ou l'un d'eux sont tenus ;

– les dettes contractées pour l'entretien et l'éducation des enfants (art. 218, C. fam.).

108 – Communauté légale ou communauté réduite aux acquêts, changement de régime matrimonial. Le principe posé par le code de la famille est de prohiber la modification du régime matrimonial issu de l'exercice de l'option des époux.

Toutefois, il est apporté une exception à ce principe lorsqu'il apparaît que l'application des règles qui régissent le régime de la communauté réduite aux acquêts, en tant qu'il constitue le régime légal, est contraire à l'intérêt de la famille (art. 211, al. 1er, C. fam.). La modification ou le changement du régime matrimonial n'a donc pour domaine unique indiqué par le code de la famille que le régime légal qui est celui de la communauté réduite aux acquêts.

Les époux qui décident d'apporter des modifications à leur régime matrimonial sont soumis au respect de la condition de délai. En effet, aucune modification ne saurait être envisagée dans un délai de deux ans qui court à compter de la célébration du mariage (art. 211, al. 2, C. fam.). En d'autres termes, les époux doivent avoir été soumis au régime de la communauté réduite aux acquêts, qu'ils ont appliqués depuis leur mariage, s'il s'est déjà écoulé un délai de deux ans au moins à partir du jour où ils l'ont solennellement choisi devant l'officier de l'état civil lors de la célébration de leur union.

La loi précise les formes suivant lesquelles il peut être procédé à la modification du régime matrimonial (art. 211, al. 3, C. fam.) :

– un acte notarié ;

– une déclaration des deux époux faite devant le président du tribunal d'instance.

Dans ces deux modalités de l'acte de modification, l'homologation du tribunal de grande instance du domicile des époux est exigée. Le juge recueille, le cas échéant, l'avis des parents ayant consenti au mariage.

Lorsqu'elle intervient dans ces conditions, la modification est susceptible de produire des effets aussi bien entre les parties qu'à l'égard des tiers (art. 211, al. 5 et 6, C. fam.) :

– entre les époux, la modification produit des effets à compter du jour du jugement portant homologation ;

– à l'égard des tiers, c'est- à- dire des personnes autres que les époux ou non liées par le mariage, la modification ne leur sera opposable qu'à compter de sa mention en marge de l'acte de mariage, sauf si les conjoints ont révélé au tiers avec lequel ils ont passé l'acte la modification de leur régime matrimonial.

Dans la pratique, les conjoints qui désirent changer leur régime matrimonial saisissent le président du tribunal d'instance compétent par requête aux fins de s'entendre ordonner cette mesure alors que la loi prévoit une « déclaration » soumise à l'homologation du tribunal de grande instance du domicile des époux.

On constate dans la jurisprudence que le juge motive sa décision à cet égard sur le fondement de l'article 211 du code de la famille mais il ne s'embarrasse pas de rejeter les requêtes non fondées. Il fait droit à la demande de changement de régime matrimonial des époux même si celle-ci est introduite trois mois seulement après la célébration du mariage (T. I, Poto-Poto Moungali, 12 décembre 2004, R. C. n° 850, année 2003, Rép. n° 947 du 12 décembre 2003, inédit), alors que l'alinéa 2 de cette disposition exige le délai minimum de deux ans depuis la célébration du mariage, avant l'expiration duquel aucun changement ne saurait intervenir (art. 211, al. 2, C. fam.).

Dans cette espèce, le tribunal d'instance avait accueilli la demande conjointe des époux, du 29 septembre 2003, de changer leur régime matrimonial de la « communauté des biens » adopté lors de la célébration de leur mariage le 28 juin 2003, en régime « de la gestion réduite ». Le juge, qui a déclaré cette action bien fondée, a ordonné à l'officier de l'état civil compétent de procéder à la rectification de l'acte de mariage en mentionnant le nouveau régime choisi, le « régime à gestion réduite ».

Comme l'officier de l'état civil, le juge, on le constate aisément, ne facilite pas l'application du code de la famille dans le choix, par les époux, de leur régime matrimonial. L'article 207 du code de la famille ne cite pas le « régime à gestion réduite » comme régime matrimonial. Plutôt que de reprendre servilement l'expression des demandeurs, il revient au contraire au juge de qualifier exactement le régime matrimonial dont les conjoints n'expriment le choix que par certaines indications selon le langage courant.

Bien inspiré, l'officier de l'état civil avait, en transcrivant cette décision de changement de régime matrimonial dans le registre des actes de mariage, porté avec bonheur cette mention : « Suivant jugement civil émanant du tribunal d'instance de Poto-Poto Moungali en date du 12/12/2003 sous le numéro 947, l'acte ci contre est rectifié en ce sens que : le régime matrimonial est celui de la communauté réduite aux acquêts et non la communauté des biens ».

La modification du régime matrimonial n'est réservée qu'aux époux. Leurs créanciers ne peuvent la demander mais ils leur est permis de sommer les conjoints d'y procéder, suivant acte d'agent d'exécution et former tierce opposition contre le jugement d'homologation de la modification du régime matrimonial en cas de fraude à leurs droits (art. 211, al. 7, 8 et 9, C. fam.).

Il convient de regretter l'inapplicabilité de la disposition de la loi relative à l'exercice de la tierce opposition par les créanciers. En effet, la tierce opposition était une voie de recours extraordinaire organisée par l'article 131 de l'arrêté du 11 mai 1914 réglant la procédure en matière civile et commerciale devant la Cour d'appel, les tribunaux de première instance, les justices de paix à compétence étendue et à compétence ordinaire de l'Afrique équatoriale française. Selon cette disposition, « Une partie peut former tierce opposition à un jugement qui préjudicie à ses droits et lors duquel ni elle, ni ceux qu'elle représente n'ont été appelés.

Or, l'arrêté du 11 mai 1914 a été abrogé par la loi n° 51/83 du 21 avril 1983 portant code de procédure civile, commerciale, administrative et financière : « Toutes dispositions législatives ou réglementaires contraires à la présente loi sont abrogées et notamment l'arrêté du 11 mai 1914 et les textes qui l'ont modifié » (art. 489, C. p. c. c. a. f.).

Plus spécifiquement, la loi prévoit que si le défendeur ne comparait pas ou n'a pas adressé de mémoire sur deuxième convocation, la décision rendue dans ces conditions est réputée contradictoire (art. 22, C. p. c. c. a. f.).

Le recours prévu contre cette décision qui a tous les attributs d'une décision contradictoire est, non pas la tierce opposition, mais l'appel, voie de recours réservée contre toute décision contentieuse (art. 65, C. p. c. c. a. f.).

109 – Communauté légale ou communauté réduite aux acquêts, administration des biens communs. Etant entendu que la loi reconnaît au mari la fonction de chef de famille, elle établit par conséquent le principe qui suit cette logique, suivant lequel le mari dispose du pouvoir d'administrer les biens de la communauté conjugale (art. 217, C. fam.) dans l'intérêt commun du mariage et des enfants.

L'exception à ce principe résulte de la nécessité de l'accord des deux époux lorsqu'il s'agit d'accomplir quatre types d'actes que la loi a énumérés dans l'ordre qui suit (art. 217, C. fam.) :

– accomplir les actes de disposition emportant aliénation totale ou partielle à titre onéreux ou gratuit d'un immeuble, d'un fonds de commerce ou de droits sociaux non négociables. Le consentement commun est exigé pour la perception des capitaux provenant de ces opérations ;

– donner à bail un immeuble à usage commercial ou passer tout bail excédent trois années ;

– faire une donation de plus du cinquième du salaire ou des revenus ou cautionner la dette d'un tiers.

Il n'est cependant pas exclu que la femme remplace le mari dans sa fonction de chef de famille s'il est hors d'état de manifester sa volonté, en raison de son incapacité, de son absence, de son éloignement ou s'il abandonne volontairement la vie commune, ou pour toute autre cause (art. 168, al. 2, C. fam.).

110 – Communauté légale ou communauté réduite aux acquêts, liquidation amiable. La loi fixe la date d'entrée en vigueur du régime de la communauté réduite aux acquêts dès la célébration du mariage. Ce régime cesse par le décès de l'un des époux ou des deux, par exemple en cas de mort simultanée, par le divorce ou par la séparation de corps (art. 220, al. 1er, C. fam.).

Si la liquidation de la communauté, qui s'entend de l'accomplissement des actes permettant le partage des biens communs, a lieu alors que les conjoints sont en vie, ces biens sont dans ce cas partagés entre eux.

Cependant si la liquidation intervient suite au décès d'un époux, le partage des biens communs a lieu entre le conjoint survivant et les héritiers du prédécédé. Dans l'hypothèse du décès simultané des époux, le partage de leurs biens communs se fera entre leurs héritiers respectifs.

Si la loi pose le principe de l'égalité entre les conjoints qui ont droit chacun à la moitié de l'actif de la communauté (art. 220, al. 3, C. fam.), elle a néanmoins prévu l'exception consistant à la faculté, pour chacun des époux, de renoncer totalement ou partiellement à ses droits sur l'actif communautaire. Celui des conjoints qui entend user de la renonciation devra y procéder suivant la forme écrite prescrite par la loi (art. 220, al. 4, C. fam.).

Le renoncement aux droits, c'est la possibilité offerte par le code de la famille aux époux de se désister de leurs droits, y compris le droit de propriété, sur la communauté conjugale, au profit de l'autre conjoint, aussi un époux peut-il décider d'avantager l'autre, en lui abandonnant la part de ses biens dans les proportions dont il apprécie l'importance ou même tous ses biens.

Dès lors que la loi dispose que les salaires et tout autre produit du travail des époux intègrent l'actif de la communauté (art. 212-1, C. fam.), il ne semble plus indispensable de prévoir, comme l'a fait le législateur, au cas où le lien matrimonial serait détruit, le droit du conjoint non salarié à la moitié des biens communs et de le justifier par les prestations domestiques qu'il a effectuées au cours du mariage (art. 220, al. 3, C. fam.). Celles-ci ne constituent pas, en réalité, une rémunération mais simplement une représentation fictive de leur évaluation dont il faut tenir compte comme apport dans le patrimoine de la communauté.

Il peut s'élever, pendant les opérations de partage, des difficultés nées de l'origine d'un bien dont on ne sait s'il relève du patrimoine commun des époux ou de celui de l'un d'eux. Dans ces conditions, la reprise exige que le conjoint qui prétend en être le propriétaire en fasse la preuve par écrit. Il peut aussi prouver soit par témoignage, soit par présomption s'il est établi qu'il est dans l'impossibilité morale ou matérielle de produire la preuve écrite.

111 – Communauté légale ou communauté réduite aux acquêts, liquidation judiciaire. Dans le cas où les époux, ou le conjoint survivant et les héritiers de l'époux prédécédé, ou encore les héritiers des conjoints décédés simultanément, ne parviennent pas à liquider amiablement la communauté, il est prévu la saisine du président du tribunal d'instance par la partie la plus diligente, à l'effet de faire désigner tel notaire ou tout agent habilité à dresser l'inventaire des biens de la communauté et leur évaluation à la date de l'évènement ayant détruit le lien conjugal (décès, divorce, séparation de corps).

En tout état de cause, la masse de biens communs, obtenue à la suite du paiement des dettes, est répartie entre les époux, le conjoint survivant et les autres successibles, ou entre les héritiers respectifs des époux décédés simultanément (art. 221, C. fam.).

Il est tenu compte, lors de la liquidation de la communauté, de la présence des enfants mineurs. Le conjoint à qui ils sont confiés bénéficie d'une attribution préférentielle de certains biens domestiques communs jugés nécessaires ou profitables à leur éducation et à leur formation même si cette attribution excède sa part. Il lui sera seulement accordé l'usufruit des biens excédentaires. Bien évidemment l'autre conjoint garde son droit de propriété sur ces biens (art. 222, C. fam.).

Dans le cas de dissolution du mariage par décès, la loi réserve au conjoint survivant le droit de continuer à user des biens communs jusqu'à l'approbation judiciaire des opérations de liquidation.

Outre cet avantage, le conjoint survivant est, en cas de nécessité, autorisé à percevoir le paiement des sommes dues à l'époux prédécédé ou à la communauté pour lui permettre de subvenir aux besoins courants et à prélever, pour la même raison, des sommes sur le compte bancaire appartenant au défunt ou aux deux époux dans le cadre de la communauté (art. 223, C. fam.).

112 – Régimes matrimoniaux, le régime de la séparation des biens. C'est le régime dans lequel chacun des époux conserve l'administration, la jouissance et la libre disposition de ses biens personnels.

Générateur de paix en matière successorale, il se pose tout de même la question de la preuve, par le conjoint survivant ou par les autres héritiers de l'époux prédécédé, du caractère personnel des biens réclamés.

La dissolution du régime matrimonial se réduit simplement à la reconnaissance ou à la reconstitution des biens formant le patrimoine de chacun des époux.

113 – Régime de la séparation des biens, dissolution. La situation est différente en cas de choix, par les époux, du régime de la séparation des biens.

La dissolution du régime matrimonial permet la formation, au profit du conjoint survivant, d'un patrimoine propre dont il est propriétaire.

Il découle, de l'enquête effectuée auprès des centres d'état civil de Brazzaville, que des 5 365 mariages concernés, la part de chaque régime matrimonial est la suivante tel que cela ressort du tableau y afférent ci-dessous :

- communauté réduite aux acquêts : 806 mariages ;
- séparation des biens : 1 238 mariages ;
- communauté des biens : 3 154 mariages ;
- absence de choix : 167 mariages.

CHOIX DU RÉGIME MATRIMONIAL PAR LES ÉPOUX AU MOMENT DE LA CÉLÉBRATION DU MARIAGE

Centre d'état civil	Communauté réduite aux acquêts	Séparation des biens	Communauté des biens	Sans choix	Total
Bacongo	52	165	286	9	512
Makélékélé	176	289	288	39	792
Mairie centrale	177	128	632	19	956
Mfilou-Ngamaba	105	90	189	6	390
Moungali	61	105	237	16	419
Ouenzé	101	249	658	13	1021
Poto-Poto	104	134	616	48	902
Talangaï	30	78	248	17	373
Total	**806**	**1 238**	**3 154**	**167**	**5 365**

Les réponses des futurs époux relatives aux questions posées par l'officier de l'état civil sont consignées sur un formulaire type dont le modèle est précisé par décret du premier ministre.

Muni de tous ces éléments, l'officier de l'état civil ordonne la publication par affichage.

114 – Publication par affichage du projet de mariage. Afin de permettre aux personnes qui ont connaissance des empêchements au mariage de les signaler à l'officier de l'état civil et même de former une opposition dans le cas où elles en auraient le droit, la loi soumet le projet de mariage à la publication. Celle-ci doit obéir à certaines conditions :

– **condition de délai**. Le code de famille prescrit l'observation d'un délai qui doit s'écouler entre la publication et le mariage. Celui-ci ne peut en effet être célébré au plus tôt que le seizième jour après la publication puisque le délai légal de publication est fixé à quinze jours (art. 143, al. 1er, C. fam.) ;

– **condition de lieu**. La publication a lieu par affichage à la porte du centre d'état civil du lieu de célébration du mariage projeté. Elle doit également se faire au centre d'état civil du domicile ou de la résidence de chacun des époux ;

– **condition d'identification des futurs époux**. La publication ne peut avoir d'intérêt que si elle comporte les éléments permettant de connaître avec précision les futurs mariés : l'identité, la filiation, le domicile ou la résidence de chacun d'eux (art. 143, al. 2, C. fam.).

Le code de la famille ne détermine pas le délai utile pour la célébration du mariage. Si en effet le délai pendant lequel le mariage peut être célébré commence à courir le seizième jour après la publication, le législateur n'indique pas de délai au-delà duquel une nouvelle publication est nécessaire. On considère donc que la publication ne peut être périmée alors qu'une condition du mariage peut cesser d'exister pendant le long retard observé dans la non célébration du mariage. Il peut en être ainsi du consentement de l'un des époux.

Toutefois, les futurs mariés peuvent se faire dispenser de la publication et de tout délai.

115 – Dispense de publication et de délai, causes graves. Les futurs époux peuvent se faire dispenser de la nécessité d'observer la publication et de tout délai. Il s'agit de toute autorisation exceptionnelle accordée aux futurs mariés qui estiment se trouver dans une situation telle qu'ils demandent à s'affranchir de la publication de leur projet de mariage et des délais y relatifs.

Seul le procureur de la République dispose de la faculté d'accorder des dispenses : « Le procureur de la République du lieu de célébration du mariage peut dispenser pour des causes graves, de la publication et de tout délai » (art. 144, C. fam.).

La loi ne précise pas ce qu'elle entend par « causes graves ». On peut y inclure, au travers des causes visées dans les « réquisitions du procureur de la République aux fins de dispense de publication et de délai en vue d'un mariage » :

- la maladie de l'un des futurs mariés ;
- la grossesse de la future épouse ;
- le voyage imminent de l'un des futurs conjoints ;
- le rapprochement des futurs époux et, plus généralement, la sauvegarde de la famille.

116 – Dispense de publication et de délai, demande. L'un des futurs époux, qui estime qu'il y a une « cause grave » susceptible de permettre au procureur de la République du lieu de célébration du mariage de dispenser de la publication et de tout délai, doit adresser à cette autorité judiciaire une demande à cette fin.

La demande doit être datée et comporter les indications concernant :

– le projet de mariage ;
– la filiation des futurs conjoints ;
– leur domicile ;
– la nationalité de chacun d'eux ;
– le lieu prévu pour la célébration du mariage et la date de cet événement.

117 – Dispense de publication et de délai, autorisation du procureur de la République. Lorsque la dispense est accordée parce que la cause invoquée par le demandeur est fondée, en ce qu'il constitue une « cause grave » au sens de l'article 144 du code de la famille, le procureur de la République autorise l'officier de l'état civil compétent à célébrer le mariage projeté sans délai.

Au cas où la dispense de publication ne serait pas accordée, l'officier de l'état civil procèdera à l'accomplissement des formalités de publication par affichage. Celle-ci pourra engendrer des oppositions au mariage projeté.

§ 2 – Les oppositions éventuelles

L'opposition est le droit que la loi reconnaît à certaines personnes limitativement énumérées qui, informées grâce à la publication du projet de mariage d'un ou de plusieurs empêchements à un mariage précis, en font état à l'officier de l'état civil dans le but de lui faire défense de procéder à la célébration de cette union (A).

Le code de la famille détermine les effets de l'opposition intervenue régulièrement (B).

A – Les personnes habilitées à former opposition

118 – Opposition au mariage, personnes ayant le droit de la former. La loi dresse la liste des personnes qui ont le droit de former opposition à la célébration du mariage (art. 145, C. fam.) :

– le ministère public ;
– les père et mère ;
– à défaut des père et mère, les personnes qui ont autorité sur l'un ou l'autre des futurs époux ;
– la personne engagée par un précédent mariage avec l'un des futurs mariés ;
– la femme mariée sous le régime polygamique, si elle prouve qu'elle-même et ses enfants sont abandonnés moralement et matériellement par son mari.

119 – Opposition au mariage, forme. L'expression de la volonté de celui qui ne souhaite pas voir célébrer le mariage n'est pas soumise à un formalisme compliqué. Il lui suffit de s'adresser à l'officier de l'état civil pour lui faire sa simple déclaration, c'est-à-dire révéler à cette autorité son opposition au mariage. La loi ne précise pas si cette déclaration est faite oralement ou par écrit, de sorte que l'on doit considérer que les deux formes sont acceptables. En tout état de cause, un simple geste, même suffisamment expressif du refus de voir célébrer le mariage, ne peut à lui seul suffire pour caractériser l'opposition au mariage.

120 – Opposition au mariage, délai pour la former. Faite sous la forme légale, l'opposition ne peut être valable que si elle est formée pendant la période de publication de quinze jours qui court du premier jour de la publication par l'affichage au quinzième jour. Ainsi, l'opposition qui intervient le seizième jour est sans effet juridique.

Cependant, en cas de dispense de publication, la période au cours de laquelle il peut être formé opposition est très brève. Elle correspond seulement au jour de la célébration du mariage. On suppose que les personnes habilitées par la loi pour faire opposition ne sont informées du mariage que le jour de sa célébration, la cérémonie y relative étant publique.

Dans la pratique, l'officier de l'état civil demande à l'assistance, dans la salle des mariages, au cours de la célébration du mariage, s'il existe des personnes qui désirent faire opposition au mariage même lorsque la publication a duré quinze jours comme le prescrit l'article 143 du code de la famille. L'opposition qui intervient hors délai est irrecevable.

L'opposition formée dans le délai légal en cas de publication par affichage, ou le jour de la célébration du mariage s'il y a dispense de publication et des délais doit, si elle est verbale, être transcrite par l'agent du service d'état civil compétent dans un registre ad hoc d'où il est extrait l'acte d'opposition. Celui-ci comporte la qualité de l'opposant et les motifs de l'opposition (art. 147, al. 1er, C. fam.). A défaut, l'opposition est irrecevable.

B – Les effets de l'opposition

121 – Célébration du mariage, sursis à cette cérémonie. Lorsque l'officier de l'état civil se trouve en présence de l'acte d'opposition, il surseoit à la célébration du mariage. Il en avise, dans les quarante-huit heures, le procureur de la République ou le président du tribunal d'instance compétent (art. 147, al. 2, C. fam.).

122 – Opposition, jugement. Informé de l'opposition au mariage, le procureur de la République du tribunal d'instance engage une procédure judiciaire. Il procède à la saisine du tribunal d'instance. Celui-ci statue selon la procédure d'urgence puisque son jugement doit être rendu dans un délai de quinze jours.

Le jugement intervenu est susceptible de recours, en l'occurrence l'appel. Le délai pour exercer cette voie de recours est spécialement réduit à trois jours francs en raison de la spécificité de la matière. Le législateur veut en effet encourager la célébration des mariages et ne souhaite pas tout retard injustifié à cet égard. L'appel est formé par simple déclaration au greffe du tribunal d'instance qui a rendu le jugement attaqué.

Suivant sa logique, le législateur a décidé que la cour d'appel devant laquelle le recours est exercé statue dans le délai d'un mois. Les pièces du dossier du tribunal d'instance sont transmises au greffe de la juridiction compétente du second degré à la diligence du procureur de la République ou du président du tribunal d'instance dans un délai de quarante-huit heures.

Dans l'esprit du législateur, la cause exige évidemment célérité puisque l'inscription de l'affaire et son jugement interviennent dès la première audience utile de la cour d'appel. La loi prescrit que même s'il n'y a pas contradiction des débats, la décision de la cour d'appel est rendue contradictoirement nonobstant la non-comparution des futurs époux. Cela paraît paradoxal au regard des règles fixées par le code de procédure civile, commerciale, administrative et financière.

L'arrêt de la cour d'appel peut ordonner la mainlevée de l'opposition ou rejeter celle-ci.

123 – Opposition, mainlevée. En cas de mainlevée de l'opposition prononcée par la cour d'appel, les parties ne peuvent exercer le pourvoi en cassation contre cette décision. L'arrêt y relatif est notifié par le ministère public, par voie administrative, dans les quarante-huit heures, à l'officier de l'état civil et aux futurs époux (art. 147, al. 3, C. fam.).

L'officier de l'état civil peut, dans ces conditions, célébrer le mariage. S'il y procède avant la notification de la décision prononçant la mainlevée de l'opposition, il encourt une amende civile de dix mille francs au plus prononcée par le tribunal d'instance sur réquisition du ministère public (art. 149, C. fam.).

124 – Opposition, rejet. En cas de rejet de l'opposition, celle-ci n'est pas renouvelable pour des mêmes motifs par une autre personne ou pour d'autres motifs par la même personne. Autrement dit, le mariage doit être célébré puisqu'il n'y a plus une autre publication susceptible de susciter d'autres oppositions. En tout état de cause, les oppositions intervenues alors que la période de publication est expirée sont irrecevables.

La victime de l'opposition, en cas de rejet de celle-ci, peut exiger le dédommagement pour le préjudice qu'il a subi suite au désagrément causé par les opposants. Cependant, la loi apporte l'exception concernant les ascendants qui ne peuvent être condamnés au paiement des dommages et intérêts s'ils forment opposition (art. 148, al. 2, C. fam.).

Section 2
La célébration du mariage

Le mariage ne peut être célébré qu'en présence des personnes intéressées (§ 1) et le déroulement de la cérémonie obéit à certaines prescriptions légales (§ 2).

§ 1 – La présence des personnes intéressées

125 – Célébration du mariage, lieu de célébration. Sous réserve du délai de publication, le mariage est célébré au jour convenu entre les futurs mariés et l'officier de l'état civil. La célébration a lieu publiquement au centre d'état civil du domicile ou de la résidence de l'un ou de l'autre époux. On doit préciser que c'est à la mairie qu'a lieu la cérémonie de célébration du mariage, sauf exception.

La loi ne définit pas la « résidence ». En l'absence de référence légale, la doctrine considère que la résidence est « le lieu où se trouve, en fait, une personne, l'endroit où elle fixe pour un temps indéterminé son habitation » (Auguste Iloki, « Le droit des successions au Congo, tome 1, Paris, L'Harmattan, 2006, p. 41).

Par contre, la loi n'est pas muette en ce qui concerne la définition du « domicile ». Celui-ci est reconnu relativement à la résidence principale de la personne concernée : « Le domicile de toute personne physique est au lieu où elle a, en fait, sa résidence principale » (art. 102, al. 1er, C. fam.).

Les futurs époux doivent avoir accompli une certaine durée au lieu considéré comme étant la résidence de chacun d'eux. La loi exige, en effet, que pour être prise en compte, la résidence désignée par les futurs mariés doit être le lieu où chacun d'eux a vécu au moins pendant trois mois sans discontinuité à la date de la célébration du mariage (art. 150 C. fam.). Les futurs conjoints ont donc le choix, si cette condition de durée est satisfaite, entre deux résidences différentes pour la célébration de leur mariage. A défaut, ils peuvent choisir de se marier au domicile de l'un d'eux.

Le législateur a envisagé le cas où il y a impossibilité d'établir la résidence des futurs mariés avec certitude. Dans ces conditions, la loi précise que : « le domicile est au lieu où s'exerce l'activité professionnelle principale » (art. 102, al. 2, C. fam.).

La loi a prescrit l'exercice localisé du droit de se marier au domicile ou à la résidence de l'un des futurs conjoints parce qu'ils y sont plus connus qu'ailleurs. C'est en effet en ces lieux que des empêchements, s'il en existe, peuvent être révélés à l'officier de l'état civil par des personnes qui sont autorisées par la loi à former opposition au mariage.

La doctrine perçoit l'assimilation légale des notions de « résidence principale » et de « domicile » au regard des effets juridiques qui leur sont attachés (sur la confusion entretenue par le législateur à ce sujet, cf. Auguste Iloki, « Le droit des successions au Congo, tome 1, Paris, L'Harmattan 2006, p. 42).

L'officier de l'état civil principal qui procède à la célébration du mariage peut se déplacer pour accomplir cet acte au centre d'état civil secondaire.

126 – Célébration du mariage, transport au domicile ou à la résidence de l'un des futurs mariés. Si la célébration du mariage a normalement lieu au centre d'état civil du domicile ou de la résidence de l'un ou de l'autre époux, cette cérémonie peut aussi se dérouler ailleurs dans les conditions précisées par la loi (art. 151, C. fam.) :

– **en cas d'empêchement grave**. Il revient, dans ce cas, au procureur de la République ou au président du tribunal d'instance compétent de requérir l'officier de l'état civil du domicile ou de la résidence de l'un des futurs conjoints de s'y transporter à l'effet de célébrer le mariage. On peut imaginer comme empêchement grave l'état de la femme dont l'accouchement est imminent ;

– **s'il y a péril imminent de mort de l'un des futurs mariés**. Plutôt que d'être soumis à la réquisition du procureur de la République ou du président du tribunal d'instance comme dans le cas précédent, ici, l'officier de l'état civil prend lui-même l'initiative de son transport au domicile ou à la résidence de l'un des futurs époux aux fins de célébration du mariage. Il devra prendre la précaution de le faire mentionner dans l'acte de mariage.

127 – Célébration du mariage, présence en personne des futurs époux. La loi exige la présence personnelle des futurs mariés devant l'officier de l'état civil au jour et à l'heure qu'il a fixés. Leur assistance par deux témoins majeurs est une exigence légale (art. 152 al. 1er, C. fam.).

Dans le cas de polygamie, même si le fait est rare, il apparaît quelquefois, dans les registres de mariage, qu'un époux se marie concomitamment avec deux épouses. On peut ainsi parler de « mariages multiples et simultanés ». C'est le cas lorsqu'il y a bigamie où le mari recherche, semble-t-il, l'égalité dans le mariage entre ses épouses. Aucune d'elles ne saurait, dans ces conditions, se prévaloir du privilège qui découlerait de l'antériorité de la célébration de son mariage pour prétendre bénéficier d'avantages particuliers.

Le code de la famille n'exclut pas la possibilité de conclure le mariage par procuration.

128 – Mariage par procuration, cas de célébration. La loi envisage deux cas de célébration du mariage par procuration :

- lorsque l'un des futurs époux est empêché ;
- si la résidence de l'un des deux contractants se trouve dans un autre lieu que celui où se déroule la célébration du mariage.

Dans ces deux cas, la personne qui ne pourra se présenter personnellement devant l'officier de l'état civil délivrera une procuration spéciale à l'effet de permettre la célébration du mariage (art. 152, al. 2, C. fam.).

129 – Mariage par procuration, conditions de forme de la procuration. La procuration délivrée doit obéir à certaines conditions de forme :

- elle doit être légalisée par l'officier de l'état civil du lieu où se trouve la personne qui l'a délivrée ;
- elle doit indiquer le nom de la personne avec laquelle sera contracté le mariage, sauf en cas de révocation de la procuration dûment notifiée à son détenteur et à l'autre futur conjoint (art. 152, al. 2, C. fam.).

130 – Mariage par procuration, effet de la procuration régulière. L'effet de la procuration régulière est de permettre à son détenteur de se présenter aux lieu et place du futur époux empêché (art. 152, al. 3, C. fam.).

Dans la pratique, la délivrance de la procuration résulte le plus souvent de l'éloignement de l'un des futurs époux du lieu de la célébration du mariage. C'est en majorité le cas de l'homme qui se trouve dans un pays étranger alors que la future mariée réside au Congo.

Le code de la famille n'a pas envisagé le cas d'empêchements réciproques des deux futurs conjoints. Il ne saurait donc être célébré de mariage où les futurs époux délivreraient chacun une procuration. Les procurations multiples ou cumulées ne sont donc pas acceptées car la loi exige exceptionnellement la présence personnelle devant l'officier de l'état civil d'au moins un des futurs mariés, peu importe son sexe.

Mais le mariage peut être célébré dans certaines circonstances même en l'absence de l'un des futurs conjoints, sans qu'il ne soit présenté aucune procuration. C'est l'hypothèse du mariage qu'il est possible de célébrer lorsque, alors qu'il y a eu publication des bans, l'un des futurs époux décède. Le conjoint survivant peut, dans ces conditions, se faire délivrer un acte de mariage à titre posthume s'il présentre, à l'officier de l'état civil du centre d'état civil ayant publié les bans, l'acte de décès de l'époux prédécédé (art. 152, al. 4, C. fam.).

131 – Célébration du mariage, question aux parents sur la perception de la dot. Sans que la loi le prescrive, l'officier de l'état civil demande aux parents de la future mariée qu'elle fasse une déclaration pour confirmer le versement préalable de la dot par le futur époux. Malgré les caractères reconnus facultatifs et symboliques de la dot, l'officier de l'état civil s'emploie, avant de recueillir l'échange des consentements de chaque partie, à obtenir la réponse sur la personne qui a perçu la dot.

La déclaration publique sur la réalité du versement de la dot et le taux de celle-ci doit émaner du chef de famille qui est, sans aucune discrimination, soit un homme, soit une femme. L'enquête faite à Brazzaville révèle que sur 5 255 mariages célébrés de 1996 à 2006, la dot a été perçue par l'homme en tant que chef de famille dans 5 095 mariages et par la femme, au même titre, dans 122 mariages seulement (cf. infra, tableau, p. 159).

Il existe aussi des mentions dans les actes de mariage, qui indiquent la non réclamation de la dot par les parents. Ce sont des cas rares de mariages sans dot dont le nombre est de 38 pour la période de 1996 à 2006 et pour le même nombre de mariages sur lequel a porté l'enquête (5 365). Aucune raison n'est révélée pour justifier cette attitude.

Sur un échantillon de 5 365 mariages, 5 255 actes de mariage concernant, par conséquent, la dot perçue et la dot non versée, il apparaît que la différence de 110 mariages est justifiée par l'absence de précision due au manque de vigilance des agents des services d'état civil au moment de porter les mentions dans les actes de mariage. Il n'est donc pas possible, en effet, de savoir si la dot, s'agissant de ces 110 mariages, a été perçue ou n'a fait l'objet d'aucune réclamation par les parents de la mariée.

TABLEAU RELATIF À LA PERCEPTION DE LA DOT PAR LE CHEF DE FAMILLE À BRAZZAVILLE DE 1996 À 2006

Centre d'état civil	Dot perçue par l'homme	Dot perçue par la femme	Mariage sans dot	Total
Bacongo	498	3	4	505
Makélékélé	752	15	1	768
Mairie centrale	894	19	11	924
Mfilou-Ngamaba	385	1	2	388
Moungali	395	10	1	406
Ouenzé	966	37	10	1 013
Poto-Poto	846	28	9	883
Talangaï	359	9	/	368
Total	**5 095**	**122**	**38**	**5 255**

S'il arrive que certains parents déclarent à l'officier de l'état civil avoir perçu une dot supérieure à 50 000 francs, des cris peuvent s'élever dans la salle de mariage, au sein de l'assistance, non pour réprouver le fait, mais pour reprocher auxdits parents d'avoir révélé la vérité publiquement car en la matière, l'hypocrisie est la règle, la fraude à la loi étant généralement admise et tolérée sans aucune récrimination

En pareille situation, des arrangements sont vite trouvés et les déclarations sont rectifiées en accord avec l'officier de l'état civil qui en est même l'inspirateur à travers ses suggestions dans ce sens pour montrer à l'assistance que la loi a, finalement, été respectée.

132 – Dot, définition. Alors qu'il prévoit le versement de la dot, le code de la famille ne définit pas ce terme. En se basant sur les dispositions de l'article 141 de cette loi relatives au versement de la dot aux parents paternels et maternels de la future épouse, on peut comprendre qu'il s'agit d'une « compensation versée par le futur époux ou sa famille à la famille de la future épouse » (cf. le grand Robert de la langue française, tome III, 1986, p. 643).

La doctrine, qui lui consacre pourtant quelques commentaires, considère sa compréhension comme une évidence qui ne mérite plus d'explication superfétatoire.

Cependant, certains auteurs définissent la dot comme étant « un ensemble de cadeaux (argent et biens en nature) que le prétendant offre aux parents (maternels et paternels) de la future épouse » (Albert Mbon « Droit du mariage, situation actuelle et projet du code de la famille », Brazzaville, UMNG, ENAM, mémoire, 1983, p.12). Le réalisme de cette définition mérite que l'on y adhère.

D'autres auteurs perçoivent la dot comme une « compensation économique de la perte que représente le départ de la jeune fille de sa famille d'origine mais aussi un hommage qu'il faut nécessairement rendre à la famille de la jeune femme qui accepte l'affaiblissement du clan » (J. B. Bouboutou « Réflexions sur certains aspects de la loi n° 073/84 du 17 octobre 1984 portant organisation du code congolais de la famille », R. J. P. I. C, n°s 3-4, p. 981.

133 – Dot, controverse dans la doctrine. L'utilisation du terme « dot » ne semble pas faire l'unanimité. On stigmatise son inadaptation dans la pratique sociale congolaise, son contenu étant, semble-t-il, réservé à la civilisation européenne (E. Daho, « Eléments de réflexion sociologique sur le sens de la dot au Congo », LAJAP, décembre 1987, n° 1, p. 109).

Pourtant c'est bien cette conception de la dot qui est incontestablement répandue au Congo. Elle semble largement acceptée et aucun autre terme n'a jamais eu vocation à la supplanter. D'ailleurs, il est clairement indiqué que la dot, dans la définition susmentionnée, concerne « d'autres cultures que celles d'Europe et notamment dans l'antiquité grecque et de nos jours, en Afrique » (cf. le grand Robert de la langue française, tome III, dot-3, p. 643).

La définition de la dot, loin d'être statique est plutôt fonction de la culture de la société concernée. Elle est donc variable dans l'espace en ce sens que le concept recèle des approches différentes suivant qu'il s'agit de la civilisation occidentale ou que l'on se réfère au contexte particulier de l'Afrique.

Une partie de la doctrine, plus pragmatique et réaliste, partage cette conception africaine de la dot en affirmant que : « la dot n'a pas le même sens dans les traditions coutumières africaines que dans le droit français. En effet, dans le système juridique français, on parle de dot pour désigner les donations en faveur du mariage ou les donations en vue du mariage qui sont faites aux deux futurs époux ou à l'un d'eux. Elles peuvent être l'œuvre de l'un des futurs époux ou d'un tiers : parent ou Étranger. En Afrique, la dot consiste à procurer les avantages matériels à celui qui a autorité sur la famille pour le compte de celle-ci. Prise dans ce sens, la dot apparaît à la fois comme une compensation économique de la perte que représente le départ de la jeune fille de sa famille d'origine mais aussi un hommage qu'il faut nécessairement rendre à la famille de la jeune femme qui accepte l'affaiblissement du clan » (cf. J. B. Bouboutou, « Réflexions sur certains aspects de la loi n° 073/84 du 17 octobre 1984 portant organisation du code congolais de la famille », R. J. I. C, n°s 3-4, p. 981). Selon Alexis Gabou, la dot est « le paiement de l'ensemble de leurs obligations patrimoniales par le prétendant ou sa famille-clan et ... le paiement corrélatif de leurs obligations patrimoniales par les parents de la future épouse ou leurs familles-clans, » (cf. A. Gabou, « Le mariage congolais Ladi et Koukouya », Imprimerie Saint-Paul, 1979, p. 7). Pour Joachim Maloumbi-Samba, la dot, est « l'ensemble des éléments demandés par les familles de la femme » (cf. Joachim Maloumbi-Samba, « Lôngo : le mariage Kôngo », Éditions ICES, 2007).

134 – Dot, montant légal. Selon la loi, le montant de la dot ne pourra dépasser la somme de 50 000 francs (art. 140 al. 1, C. fam.), aussi le code de la famille punit-il de peines pénales tous ceux qui demandent ou versent une dot supérieure à ce taux (art. 140, al. 2, C. fam.). Cette disposition est inapplicable car le code pénal n'incrimine pas ces faits, aussi cette prescription est-elle constamment et impunément violée.

Dans des cas rares, certains parents réclament la dot d'un montant inférieur à 50 000 francs. Les taux, qui paraissent irréalistes, observés lors de l'enquête menée dans les centres d'état civil de Brazzaville, lesquels ressortissent des actes de mariage, sont de : 30 000 francs, 20 000 francs et 10 000 francs. D'évidence, les mentions figurant dans les actes de mariage, relativement à la perception de la dot d'un montant de 50 000 francs, ne traduisent pas la réalité puisque le taux exigé est largement supérieur à ce chiffre (cf. supra, chapitre 1 « les conditions de validité du pré-mariage » et spécialement, section 3 « les conditions de fond du pré-mariage », p. 29 et s., pour percevoir le décalage qui existe dans tous les départements du Congo entre le montant légal de la dot et son taux coutumier versé aux parents de la femme).

135 – Dot, caractère symbolique. La loi détermine le caractère symbolique de la dot qui ne devrait pas avoir de valeur réelle en elle-même mais constituerait simplement la manifestation de l'intention du futur époux de la payer, en versant de l'argent et en donnant des objets qui, sans refléter sa vraie valeur, en représentent le symbole, c'est- à -dire le signe figuratif de la dot. Il y a ici véritablement une erreur grotesque du législateur dans la sous-estimation de la dot qui a pourtant une grande emprise dans le mariage. La loi ayant en effet prescrit le versement de la dot aux parents de la future épouse selon la forme indiquée par leurs coutumes, il se passe que même son montant est, selon les parties, commandé par les prescriptions coutumières, de sorte qu'il est toujours supérieur, sans commune mesure, au taux insignifiant de cinquante (50 000) francs fixé par le législateur.

136 – Célébration du mariage, cas de mort de l'un des futurs époux. Il peut arriver que pendant la période de publication des bans, l'un des futurs conjoints décède. Par une espèce de fiction, l'on considère que le futur époux décédé avait déjà donné son consentement au mariage. Dans ces conditions, il est seulement exigé au futur conjoint survivant de présenter à l'officier de l'état civil compétent, celui du centre ayant procédé à la publication des bans, l'acte de décès.

Si cette formalité est accomplie, il est délivré au futur époux survivant un acte de mariage à titre posthume (art. 152 al. 4, C. fam.).

137 – Célébration du mariage, assistance des témoins. Le code de la famille prescrit l'assistance des futurs époux par deux témoins majeurs (art. 152 al. 1er, C. fam.). Alors que la loi n'impose pas la condition de sexe, dans la pratique, le service d'état civil exige quatre témoins de sexes différents, généralement mariés, pour assister les futurs époux : un couple pour le futur époux et un autre pour la future mariée.

L'accomplissement de toutes les formalités préliminaires ouvre la voie à la célébration effective du mariage en tant que cérémonie solennelle.

138 – Célébration du mariage, mariage en pays étranger. Un Congolais peut valablement se marier dans un pays étranger avec une Congolaise ou avec une Étrangère et inversement.

Le code de la famille pose simplement l'exigence du respect des formes de la célébration conformément à la loi du pays où a lieu le mariage.

Par ailleurs, le Congolais ne doit pas se marier en violation des règles de fond du mariage prescrites par le code de la famille. Évidemment le mariage conclu en pays étranger entre Congolais ou entre un Congolais et une Étrangère, ou entre un Étranger et une Congolaise, célébré par les agents diplomatiques ou consulaires congolais, conformément à la loi congolaise, doit obéir aux prescriptions de fond énoncées dans le code de la famille (art. 155, C. fam).

§ 2 – Le déroulement de la célébration du mariage

139 – Présence des futurs mariés et des témoins, cérémonial. Même si la loi ne décrit pas l'entrée solennelle des futurs époux dans la salle des mariages, dans la pratique, ces derniers y pénètrent après l'annonce faite par un agent du service d'état civil du lieu de célébration du mariage.

D'abord le futur mari, en compagnie d'une parente qui l'aide à esquisser les pas exigés par la cérémonie, sous les applaudissements de l'assistance composée des parents et amis invités, priés de se lever pour l'accueillir, pénètre dans la salle de mariage.

Ensuite, est annoncée l'entrée, plus solennelle encore, de la future épouse, accueillie dans les mêmes conditions que celles précédemment réservées à son futur conjoint. Elle pénètre dans la salle de mariage également en compagnie d'un parent qui esquisse, avec elle, le même rythme lent de pas jusqu'au siège qui lui est réservé, situé à gauche de celui de son futur mari.

L'entrée des futurs conjoints est toujours précédée par celle moins remarquée des témoins du futur mari, placés à sa droite et ceux de la future épouse, situés à sa gauche.

L'entrée de l'officier de l'état civil est enfin annoncée. Il est accueilli par tous les invités, debout, par acclamation.

Après avoir salué l'assistance par une allocution de circonstance, il présente les futurs mariés et vérifie la présence de leurs parents.

140 – Cérémonie de mariage, lecture des articles du code de la famille. La loi fait obligation à l'officier de l'état civil de donner lecture aux futurs conjoints des dispositions suivantes du code de la famille :

article 166 alinéa 1 : « Les époux s'obligent à une communauté de vie. Ils se doivent respect et affection » ;

article 167 : « Les époux se doivent mutuellement fidélité. Ils se doivent secours, aide et assistance réciproque pour la sauvegarde des intérêts moraux et matériels du ménage et des enfants » ;

article 168 : « Le mari est le chef de la famille. Il exerce cette fonction dans l'intérêt commun du mariage et des enfants. La femme concourt avec le mari à assurer la direction morale et matérielle de la famille, à élever les enfants et à préparer leur établissement.

« La femme remplace le mari dans sa fonction de chef de famille s'il est hors d'état de manifester sa volonté, en raison de son incapacité, de son absence, de son éloignement ou s'il abandonne volontairement la vie commune, ou pour toute autre cause » ;

article 169 : « Les époux contribuent aux charges de la famille à proportion de leurs facultés respectives.

« L'obligation d'assumer ces charges pèse à titre principal sur le conjoint qui possède seul des ressources. Il est obligé de fournir à l'autre tout ce qui est nécessaire pour les besoins de la vie selon ses facultés et son état. Si l'un des conjoints ne remplit pas ses obligations, il peut être contraint par voie de justice. Toutefois, cette obligation est suspendue lorsque l'un des conjoints abandonne, sans justes motifs, la maison conjugale et qu'il refuse d'y retourner » ;

article 171 : « La résidence de la famille est le lieu que les époux choisissent d'un commun accord. Faute d'accord, le lieu est choisi par le mari. Dans ce dernier cas, la femme est obligée d'habiter avec le mari et il est tenu de la recevoir. Toutefois, si la résidence choisie par le mari présente pour la famille des dangers d'ordre physique ou d'ordre moral, la femme peut être autorisée à avoir pour elle et ses enfants une résidence fixée par le juge.

« Les époux ne peuvent, l'un sans l'autre disposer des droits par lesquels est assuré le logement de la famille ni des meubles meublants dont il est garni.

« Celui des époux qui n'a pas donné son consentement à l'acte peut en demander l'annulation. L'action en nullité lui est ouverte dans l'année à partir du jour où il a eu connaissance de l'acte, sans pouvoir jamais être intentée plus d'un an après que le régime matrimonial a été dissout » ;

article 178 : « Les époux contractent ensemble, par le seul fait du mariage, l'obligation de nourrir, élever et instruire leurs enfants ».

Toutes ces dispositions ont trait aux effets du mariage. L'officier de l'état civil en fait un commentaire, suivant son inspiration, pour sensibiliser les intéressés sur les devoirs qui s'imposent à eux dans le cadre du mariage.

141 – Cérémonie de mariage, déclaration de volonté de se prendre pour mari et femme. Après avoir posé aux futurs époux la question ultime de savoir s'ils veulent se prendre pour mari et femme, l'officier de l'état civil reçoit leurs déclarations, l'un après l'autre, de se prendre pour mari et femme ou de persister dans leur volonté de se prendre pour mari et femme. Il s'agit là précisément de constater l'échange public des consentements des futurs conjoints (art. 153, al. 1er, C. fam.).

Suite à leur accord, qui donne souvent lieu aux applaudissements des parents et amis présents à la cérémonie, en signe d'approbations encore manifestés par des cris de joie, l'officier de l'état civil prononce au nom de la loi que l'homme et la femme concernés sont unis par le mariage légal.

142 – Cérémonie de mariage, acte de mariage. Après avoir déclaré l'homme et la femme unis par le mariage, l'officier de l'état civil dresse l'acte de mariage sur-le-champ.

L'acte de mariage doit être signé par l'officier de l'état civil et les comparants : les époux, leurs témoins, deux parents représentant chacun la famille des conjoints.

Il est fait mention dans l'acte de mariage si l'un des comparants ne sait pas ou ne peut pas signer.

Les époux reçoivent chacun une copie de l'acte de mariage (art. 153, al. 3, C. fam.) : le volet n° 1 pour le mari, le volet n° 2 pour la femme. La souche est gardée aux archives du centre d'état civil du lieu où le mariage est célébré. Dans la pratique, le volet n° 2 est remis directement au chef de famille de l'épouse, pour le compte de celle-ci.

143 – Cérémonie de mariage, livret de famille. L'officier de l'état civil délivre aux conjoints, outre l'acte de mariage, le livret de famille (art. 153, al. 3, C. fam.). Selon la loi, ce livret est établi suivant un modèle fixé par décret du premier ministre (art. 153, al. 3, C. fam.).

144 – Notification de mariage, avis de mention de mariage. La loi fait peser sur l'officier de l'état civil qui a célébré le mariage la charge de notifier à l'officier de l'état civil du lieu de naissance de chacun des conjoints la conclusion du mariage par eux.

Cette notification a pour objet de faire mention du mariage en marge des actes de naissance de chaque époux. Elle est faite sous la forme de lettre recommandée avec accusé de réception (art. 154, al. 1er, C. fam.).

L'avis de mention de mariage est établi pour la transcription du mariage en marge des actes de naissance des époux, en indiquant, pour chacun d'eux, le choix de la monogamie ou de la polygamie.

145 – Acte de mariage, mentions marginales. Après avoir reçu la notification du mariage, l'officier de l'état civil du lieu de naissance de chacun des époux en fait mention en marge des actes de naissance. L'accomplissement de cette formalité est mentionné dans l'acte de mariage. Étant donné que la notification intervient sous la forme de lettre avec accusé de réception, la loi exige l'envoi de l'avis de mention du mariage dans les actes de naissance des mariés dans le délai de trois mois à compter de la ladite notification. Si cet avis n'est pas revenu dans ce délai, il est prescrit à l'officier de l'état civil expéditeur de cette notification de rendre compte de ce manquement au procureur de la république ou au président du tribunal d'instance compétent qui est celui du ressort dans lequel est situé le centre d'état civil.

146 – Acte de mariage, preuve du mariage. Les conjoints ne peuvent se prévaloir du mariage pour en réclamer les effets civils que dans la mesure où ils produisent l'acte de mariage constatant l'union. Il en est autrement en cas de destruction des registres d'état civil (art. 164, C. fam.).

147 – Acte de mariage, reconstitution. En cas de destruction d'un acte de l'état civil, la loi distingue suivant qu'elle concerne un seul exemplaire de l'acte ou des registres et si elle porte sur deux exemplaires d'un même acte de l'état civil.

Selon le code de la famille, en cas de destruction d'un seul exemplaire de l'acte ou des registres, leur reconstitution est de la diligence du procureur de la République, à l'aide de l'exemplaire subsistant (art. 82, C. fam.).

Cette solution est appliquée même dans le cas de destruction d'un acte de mariage puisque le procureur de la République, à qui la demande est adressée à cet effet, prend des « réquisitions aux fins de reconstitution d'un acte de mariage » ou plus généralement des « réquisitions aux fins de reconstitution des pièces d'état civil ». Il motive ses réquisitions en se basant sur les raisons invoquées dans la requête du demandeur et notamment :

– la perte de l'acte de mariage lors de la guerre du 5 juin 1997 (Réq., T. I Talangaï n° 1908, 20 juillet 2001, inédit ; Réq., T. I Mfilou-Ngamaba, n° 353/02, 8 février 2002, inédit) ;

– la disparition de l'acte de mariage au cours des troubles socio-politiques de décembre 1998 dans le Pool (Réq., T. I Makélékélé-Bacongo, n° 454/T. I Mkl. Bgo, 28 juillet 2000, inédit) ;

– la destruction de l'acte de mariage au moment des troubles politiques et militaires à Brazzaville (Réq., T. I Mfilou-Ngamaba, n° 1140/02, 17 mai 2002, inédit) ;

– la disparition du registre contenant la minute de l'acte de mariage suite aux intempéries (Réq., T. I Poto-Poto n° 21/T. I. P. P, 13 janvier 2001, inédit ; Réq., T. I Poto-Poto n° 557/T. I P.P, 12 décembre 2000, inédit ; Réq., T. I Poto-Poto n° 579/T. I P.P, 29 décembre 2000, inédit ; Réq., T. I Talangaï n° 1071/TIT, 27 décembre 1999, inédit.) ;

– la perte de l'acte de mariage suite aux événements survenus dans la zone sud du pays (Réq. P. G./C A B, n° 1193/2001, 5 avril 2001, inédit ; Réq. P. G./C A B, n° 1085/2001, 29 mars 2001, inédit ; Réq. P. G./C A B, n° 3033/2001, 7 juin 2001, inédit).

L'acte reconstitué est, s'il est isolé, porté dans le registre des actes de mariage et inscrit à la suite du dernier acte, suivant l'ordre chronologique suivi à la réception des réquisitions du procureur de la République saisi qui y sont jointes pour justifier la reconstitution.

L'officier de l'état civil compétent doit veiller à ce qu'il soit fait mention de l'acte de mariage reconstitué, ainsi que de son numéro, en marge de l'acte antérieurement dressé le plus proche de l'acte détruit.

La loi règle le cas de disparition de deux exemplaires d'un même acte de l'état civil. Il est procédé comme si ces actes n'avaient pas été dressés ou leur demande d'établissement présentée tardivement. Dans ces conditions, le président du tribunal d'instance dans le ressort duquel l'acte aurait dû être reçu peut, par jugement, autoriser l'officier de l'état civil à procéder à son inscription suivant la procédure spécifique y relative (art. 82 al. 2 et 80 al. 1er, C. fam.).

L'acte de mariage reconstitué présente la même forme que l'acte original mais comporte la mention de sa reconstitution et le numéro des réquisitions du procureur de la République que les officiers de l'état civil qualifient « décision du tribunal » autorisant ladite reconstitution. Il figure parmi les actes de mariage sous la forme originale, dans le même registre y afférent mais il comporte à son en-tête la mention « Acte reconstitué suivant décision du tribunal... ». En réalité, cette mention devrait être justement libellée comme suit : « Acte reconstitué suivant réquisitions du procureur de la République... ».

Comme tout autre acte de mariage, l'acte de mariage reconstitué comporte un volet numéro 1 que l'officier de l'état civil remet au conjoint, un volet numéro 2 qui est remis à la conjointe séance tenante lors de la célébration du mariage et une souche non détachable qui est gardée dans les archives du centre d'état civil compétent.

148 – Acte de mariage, possession d'état d'époux. C'est la situation de fait des époux qui sont ainsi considérés par les tiers parce qu'il existe une réunion de faits qui laisse croire à l'existence véritable d'une union conjugale. La loi cite trois de ces faits :

- le port du même nom par l'homme et la femme ;
- le fait pour eux de se traiter comme mari et femme ;
- la reconnaissance par la famille et la société de leur qualité de mari et femme.

Dans ces conditions, les irrégularités formelles contenues dans l'acte de mariage sont sans effet sur l'union matrimoniale et nul ne saurait s'en prévaloir pour quelque cause que ce soit.

Cependant la possession d'état d'époux ne produit effet que si les prétendus conjoints qui l'invoquent peuvent représenter l'acte de mariage (art. 165, C. fam.).

149 – Acte de mariage, informatisation. Les actes de mariage ne contiennent plus les informations manuscrites depuis 2004. Ils sont désormais informatisés. La souche est reconnue par sa désignation « Souche d'acte de mariage ». Assemblées selon l'ordre et l'année de leur établissement, ces souches sont ensuite reliées pour en assurer une bonne conservation et la consultation manuelle.

On peut se réjouir de constater que la structure de l'acte de mariage a fondamentalement changé en ce que ledit acte est actuellement débarrassé des informations désuètes du fait de leur non-conformité au code de la famille. En effet, après l'identification des futurs mariés, la nouvelle forme de l'acte de mariage informatisé comporte la formule récente suivante : « Sur notre interpellation, les futurs époux ont déclaré l'un après l'autre vouloir se prendre pour mari et femme et nous avons prononcé au nom de la loi qu'ils sont unis par le mariage légal en présence de : ... (suit l'identification des témoins du mari et de la femme).

L'enquête effectuée dans les centres d'état civil de Brazzaville a permis de dénombrer 5 365 mariages célébrés au cours de la période comprise entre 1996 et 2 006, selon les détails fixés dans le tableau suivant :

NOMBRE DE MARIAGES CÉLÉBRÉS À BRAZZAVILLE DE 1996 À 2006

Centre d'état civil	Nombre	%
Bacongo	512	**9, 5**
Makélékélé	792	**14, 8**
Mairie centrale	956	**17, 9**
Mfilou-Ngamaba	390	**7, 2**
Moungali	419	**7, 8**
Ouenzé	1 021	**19**
Poto-Poto	902	**16,9**
Talangaï	373	**6, 9**
Total	**5 365**	**100**

Des indications relatives à la dot font opportunément référence au code de la famille. On peut cependant regretter que l'on signale systématiquement, dans l'acte de mariage informatisé, la présence du « représentant de l'épouse » alors qu'il s'agit en réalité du « représentant de la famille de l'épouse » car l'épouse ne peut être représentée qu'en cas de mariage par procuration.

Si les prescriptions légales présentées ci-dessus ont été enfreintes, le mariage est entaché de nullité dans les conditions qui seront décrites dans le chapitre qui suit.

CHAPITRE III

LES NULLITÉS DU MARIAGE

L'observation des conditions de forme et de fond du mariage conditionne sa validité. Dans le cas contraire, le mariage est nul. Le code de la famille établit une distinction entre les nullités absolues et les nullités relatives du mariage (sections 1). Ces nullités produisent des effets qu'il conviendra d'examiner (sections 2).

Section 1
Les nullités absolues et les nullités relatives

Le code de la famille procède à l'énumération d'un certain nombre d'irrégularités qu'il sanctionne par la nullité. Dans certains cas, il s'agit de nullités absolues (§ 1) alors que dans d'autres hypothèses, la loi les qualifie de nullités relatives (§ 2).

§ 1 – Les nullités absolues

L'article 156 du code de la famille prévoit sept (7) cas de nullités absolues (A) et détermine les conditions d'ouverture de l'action en nullité absolue (B).

A – Les cas de nullités absolues

Les cas de nullités absolues énumérés dans le code de la famille s'analysent en des irrégularités qui entachent la formation du mariage du point de vue du fond de cet acte.

– **Premier cas : le défaut de consentement**

150 – Nullité absolue du mariage, cas de défaut de consentement. Le mariage doit être déclaré nul « lorsqu'il a été contracté sans le consentement de l'un des époux » (art. 156-1, C. fam.). La loi prescrit que lors de la célébration du mariage, l'officier de l'état civil reçoit de chaque futur marié, l'un après l'autre, les déclarations qu'ils veulent se prendre pour mari et femme ou qu'ils persistent dans leur volonté de se prendre pour mari et femme (art. 153, al. 1er, C. fam.). Si la réponse de l'un des époux (ou peut être des deux dans le cas extrême) est « non », alors il y a absence de consentement au mariage. L'officier de l'état civil doit normalement refuser de célébrer un tel mariage. Dans le cas contraire, il l'expose à la nullité absolue pour défaut de consentement.

On peut aussi illustrer ce cas de nullité absolue en envisageant l'hypothèse du consentement qui serait donné par l'un des futurs époux alors qu'il se trouve en état de démence. Il y aurait, dans ces conditions, non pas vice de consentement mais absence totale de consentement prédisposant le mariage à la nullité absolue.

– **Deuxième cas : l'homogénéité de sexes**

151 – Nullité absolue du mariage, cas d'homogénéité de sexes. Selon la loi, la nullité du mariage doit être prononcée « lorsque les conjoints ne sont pas de sexes différents » (art. 156-2, C. fam.). Le mariage n'est, en effet, reconnu par la loi qu'à la condition qu'il s'agisse d'un homme et d'une femme qui l'établissent (art.127, c. fam.). L'homosexualité étant, au Congo, contraire aux bonnes mœurs, le mariage entre des personnes de même sexe est exposé à la nullité absolue.

– **Troisième cas : le défaut d'âge requis**

152 – Nullité absolue du mariage, cas de défaut d'âge requis. Sauf dispense d'âge, l'homme avant 21 ans et la femme avant 18 ans ne peuvent pas se marier (art.128, C. fam.), aussi la nullité du mariage doit-elle être prononcée « lorsque l'un des époux n'avait pas l'âge requis » (art. 156-4, C. fam.). La violation de la condition de fond d'âge des futurs époux est sanctionnée par la nullité absolue du mariage.

– **Quatrième cas : le mariage entre parents**

153 – Nullité absolue du mariage, cas d'existence de lien de parenté entre les époux. La loi prohibe le mariage entre parents en ligne directe à tous les degrés, entre parents collatéraux (frère et sœur, oncle et nièce, tante et neveu), entre alliés en ligne collatérale directe, entre un époux et les ascendants de son conjoint, entre cousins jusqu'au quatrième degré (art. 138, C. fam.). Le mariage qui serait contracté entre les parents ou alliés au degré prohibé est considéré comme atteint d'un vice : l'inceste. L'effet de la transgression de la loi dans ce domaine est la nullité absolue du mariage.

– Cinquième cas : la femme non divorcée

154 – Nullité du mariage, cas de la femme non divorcée. La polyandrie n'étant pas légalisée, une femme ne peut, par conséquent, être mariée qu'à un homme au plus. D'ailleurs, même dans le cas où elle serait divorcée, la loi interdit à la femme de se remarier sans observation du délai de viduité de trois cents jours à compter de la dissolution de son précédent mariage.

– Sixième cas : la monogamie

155 – Nullité du mariage, cas de monogamie. En principe, le mari qui a choisi le régime de la monogamie s'interdit de contracter un second mariage alors qu'il est encore dans les liens de la première union. Il lui faut prouver la dissolution de son précédent mariage. Autrement, le nouveau mariage est entaché de nullité absolue (art. 156-6, C. fam.). Toutefois, le second mariage contracté par le mari est valable s'il a obtenu l'accord préalable et exprès de sa femme (art. 135, al. 2, C. fam.).

– Septième cas : le mariage célébré par une personne qui n'a pas la qualité d'officier de l'état civil ou par un officier de l'état civil incompétent

156 – Nullité du mariage, célébration du mariage par une personne qui n'a pas la qualité d'officier de l'état civil ou par un officier de l'état civil incompétent. La loi vise deux cas de nullité absolue liée à l'incompétence de l'officier de l'état civil (art. 156-7, C. fam.) :

– le cas de célébration du mariage par une personne qui n'a pas la qualité d'officier de l'état civil ;

– le cas où le mariage a été célébré par un officier de l'état civil incompétent.

La première situation vise le mariage célébré par toute personne autre que les sous-préfets, les maires et les administrateurs-maires qui ont la qualité d'officier de l'état civil (cf. respectivement art. 62, 88 et 98,.

décr. n° 2003-20 du 6 février 2003 portant fonctionnement des circonscriptions administratives territoriales).

Le cas de célébration du mariage par un officier de l'état civil incompétent concerne l'incompétence territoriale de cette autorité qui a agi en dehors du territoire de sa compétence. Il peut aussi être lié à l'absence de domicile ou de résidence des époux au lieu où le mariage a été célébré. L'intervention de l'autorité ayant célébré le mariage peut également être irrégulière en ce qu'elle n'avait pas la qualité d'officier de l'état-civil.

Cependant, l'action en nullité absolue est soumise à certaines conditions d'exercice.

B – Les conditions d'exercice de l'action en nullité absolue du mariage

157 – Nullité absolue du mariage, ouverture de l'action. L'article 157 du code de la famille autorise limitativement certaines personnes à exercer l'action en nullité absolue dans l'ordre qui suit :

- le ministère public ;
- les époux eux-mêmes ;
- les personnes qui y ont intérêt.

Le législateur considère que les parents ou les personnes qui ont autorité sur le mineur et qui l'ont autorisé expressément ou tacitement à se marier malgré son statut, ne peuvent pas être demandeurs à la nullité absolue de son mariage en invoquant le défaut d'âge requis (21 ans révolus pour l'homme et 18 ans révolus pour la femme).

158 – Nullité absolue du mariage, imprescriptibilité. L'action en nullité absolue du mariage ne peut être prescrite. Elle peut donc être exercée par ses auteurs habilités par le code de la famille tout le temps que dure le mariage. Il serait en effet contraire aux bonnes mœurs de laisser subsister, peu importe le moment, un mariage dont on dispose des preuves de son irrégularité.

159 – Nullité absolue du mariage, union précédente. L'époux qui se trouve lié dans un mariage ne peut en contracter un autre sans l'accord de l'autre. La nullité d'un précédent mariage demandée par un conjoint exige l'examen préalable de la validité dudit mariage. Dans ces conditions, il doit être procédé à la mise en cause de l'autre époux de cette union ou de ses ayants cause.

160 – Nullité absolue du mariage, nullité couverte. Dans deux cas, la nullité absolue est couverte :

– si l'époux qui n'avait pas l'âge requis pour contracter le mariage a atteint cet âge ;

– si la femme est en état de grossesse.

La nullité absolue du mariage ne peut être couverte en dehors de ces cas spécialement visés par la loi, lesquels présentent, en effet, un caractère d'ordre public qui les différencie des nullités relatives.

§ 2 – Les nullités relatives

Les cas de nullités relatives sont indiqués dans le code de la famille (A) qui fixe les conditions de leur recevabilité (B).

A – Les cas de nullités relatives

161 – Nullités relatives, cas. Deux cas de nullité relatives sont prévus par la loi (art. 158 al. 1er, C. fam.) :

– le vice de consentement de l'un des époux. Le législateur a énoncé, au titre de vice de consentement, la violence et l'erreur. Il considère que le consentement n'est pas valable s'il a été extorqué par la violence ou s'il n'a été donné que par suite d'une erreur sur l'identité physique, civile ou sur une qualité essentielle telle que l'autre époux n'aurait pas contracté s'il avait connu l'erreur (art. 129, C. fam.) ;

– le défaut d'autorisation familiale.

B – Les conditions de recevabilité

162 – Nullités relatives, exercice de l'action. Seules les personnes concernées, en l'occurrence le conjoint dont le consentement a été vicié et le parent dont l'autorisation pour le mariage de son enfant mineur (ou la personne qui a légalement autorité sur le mineur) était requise, sont titulaires de l'action en nullité relative du mariage (art. 158 al. 2, C. fam.).

163 – Nullités relatives, irrecevabilité de l'action. L'action en nullité relative ne peut être déclarée recevable par le juge que si son exercice est légal. Le code de la famille prévoit l'irrecevabilité de l'action en nullité relative dans deux hypothèses :

– s'il y a eu cohabitation pendant six mois depuis que l'époux dont le consentement a été vicié a acquis sa pleine liberté ou a reconnu l'erreur ;

– si le mariage, célébré sans autorisation des père et mère, a été approuvé expressément ou tacitement par le parent dont l'autorisation était requise ou lorsque ce dernier a laissé s'écouler, avant la majorité de l'époux, une année sans exercer l'action en nullité relative, ou encore si le conjoint a atteint 19 ans révolus pour la femme et 22 ans pour l'homme sans avoir fait de réclamations (art. 159 al. 1er, C. fam.).

Les parents d'un époux majeur ayant la possibilité de former opposition au mariage, s'ils ne donnent pas leur avis favorable à celui-ci, ne peuvent voir leur action en nullité relative du mariage être déclarée recevable au cas où ils n'auraient pas fait opposition au mariage de leur enfant majeur, et auraient laissé s'écouler le délai d'un an (art. 159 al. 2, C. fam.).

Cependant, dans le cas de mariage célébré à l'étranger, les parents non avisés disposent du même délai mais son point de départ est fixé au jour du retour des époux concernés au Congo.

164 – Nullités relatives, prescription de l'action. Contrairement à ce qu'a prévu le législateur sur l'imprescriptibilité des nullités absolues, le code de la famille prévoit la prescription des nullités relatives, s'il s'est écoulé trois ans, à compter de la date de la célébration du mariage (art. 160, C. fam.).

Si la nullité du mariage est prononcée, il en résulte des conséquences.

Section 2
Les conséquences des nullités

Lorsqu'elles sont prononcées, les nullités produisent des effets tant à l'égard des époux eux-mêmes (§ 1) qu'à l'égard des enfants issus du mariage annulé (§ 2).

§ 1 – Les effets des nullités du mariage sur les époux

165 – Nullité du mariage, effets sur les époux. Le jugement qui annule le mariage acquiert autorité de chose jugée à l'égard de tous si, au cours de l'instance judiciaire, les deux époux ont été mis en cause.

166 – Nullité du mariage, transcription du jugement. Suivant le pays où le mariage a été célébré, il y a transcription du mariage sur les registres de l'état civil :

– si le mariage a été célébré au Congo, cette transcription a lieu, à la diligence du ministère public, sur les registres de l'état civil du lieu où le mariage a été célébré. Il en est fait mention en marge de l'acte de mariage et des actes de naissance des époux (art. 161, al. 2, C. fam.) ;

– si le mariage a été célébré à l'étranger, le dispositif du jugement prononçant la nullité du mariage est transcrit sur les registres de l'état civil de la mairie principale de Brazzaville. Dans ces conditions, il est fait mention de cette transcription en marge des actes de naissance des conjoints (art. 161, al. 3, C. fam.).

167 – Nullité du mariage, date des effets. Il y a une fiction que la loi établit au sujet du mariage nul : il produit ses effets comme s'il avait été valable. Mais cette validité fictive du mariage cesse au jour où le jugement qui annule l'union acquiert un caractère définitif. A compter de cette date le mariage est, dans les rapports entre les époux, considéré comme dissous (art. 161, al. 4, C. fam.).

La dissolution du mariage qui résulte de sa nullité remonte, relativement aux biens du ménage quant à leur répartition entre les époux, au jour de la demande introductive de l'instance en nullité du mariage par l'un des titulaires de cette action. Vis-à-vis des tiers, la dissolution du mariage n'est opposable qu'à compter de la transcription du jugement prononçant la nullité du mariage sur les registres de l'état civil du lieu où le mariage a été célébré (art. 162, al. 2, C. fam.).

Cependant, la production des effets du mariage nul, jusqu'au jour où la décision prononçant la nullité du mariage est devenue définitive, est conditionnée par la bonne foi des époux. En effet, le juge doit statuer sur la bonne foi.

La présomption de bonne foi n'est pas irréfragable, de sorte que le juge peut relever la mauvaise foi des deux conjoints. Celle-ci se caractérise par la connaissance, par eux, de la cause de la nullité du mariage mais ils se sont abstenus d'exercer l'action y relative. Dans ces conditions, le mariage est réputé n'avoir jamais existé :

– dans les rapports des époux entre eux ;

– dans les rapports des époux avec les tiers qui avaient connaissance de leur mauvaise foi.

Toutefois, si l'un des époux seulement est déclaré de mauvaise foi, il est sanctionné par le refus des effets du mariage nul prévus à l'article 162 du code de la famille liés à sa validité jusqu'au jour où la décision prononçant la nullité du mariage est devenue définitive. Le mariage nul est donc réputé n'avoir jamais existé à l'égard de ce conjoint.

§ 2 – Les effets de la nullité du mariage sur les enfants

168 – Nullité du mariage, situation des enfants. La nullité du mariage ne produit aucun effet négatif sur le statut déjà acquis par les enfants. Ainsi, ils conservent leur qualité d'enfants nés dans le mariage ou d'enfants adoptés si au cours du mariage il y a adoption d'enfants par les époux. Le conjoint qui serait de mauvaise foi ne peut se prévaloir de cette qualité à l'encontre des enfants nés pendant le mariage.

La situation des enfants mineurs est assimilée à celle d'enfants dont les parents sont divorcés de sorte que le juge, qui prononce la nullité du mariage, doit statuer sur la garde des enfants (art. 163, al. 6, C. fam.).

Si le mariage est régulièrement contracté, il produit des effets divers entre les époux.

DEUXIÈME PARTIE

LES EFFETS DU MARIAGE

Le mariage régulier instaure, entre les époux, un ensemble de droits et de devoirs dont le régime est déterminé dans la loi n° 073/84 du 17 octobre 1984 portant code de la famille.

S'il est certain que la vie de l'homme et de la femme mariés fait nécessairement naître des relations entre les conjoints, la loi ordonne leur répartition en relations patrimoniales et en rapports extrapatrimoniaux, aussi le mariage produit-il, à l'égard des époux, des effets patrimoniaux (titre 1) et extrapatrimoniaux (titre 2).

TITRE I

LES EFFETS PATRIMONIAUX DU MARIAGE

Le mariage impose aux époux la contribution aux charges de la famille (chapitre 1). Il fait naître au profit des conjoints des pouvoirs sur leurs revenus (chapitre 2).

CHAPITRE I

LA CONTRIBUTION AUX CHARGES DE LA FAMILLE

La contribution des époux aux charges de la famille obéit à un principe (section 1) qui comporte des exceptions (section 2).

Section 1
Le principe de la contribution commune des époux

169 – Obligation de contribuer aux charges de la famille, source. Par le mariage, les époux contractent ensemble l'obligation de contribuer aux charges de la famille. Elle est prévue par l'article 169 alinéa 1er du code de la famille : « Les époux contribuent aux charges de la famille à proportion de leurs facultés respectives ».

Selon le préambule du code de la famille, la famille comprend :

- les père et mère ;
- les enfants et descendants jusqu'au 8e degré ;
- les ascendants ;
- les parents collatéraux jusqu'au 8e degré.

Cette composition concerne la famille au sens étroit car le préambule du code de la famille précise que la « famille comprend, au sens large, l'ensemble des personnes unies entre elles par le mariage ou par les liens de sang, voire par le lien de l'adoption ».

L'obligation de contribuer aux charges de la famille n'implique pas nécessairement la cohabitation des époux, autrement dit leur communauté de vie. Elle s'impose même si les conjoints vivent séparés de corps ou s'ils se trouvent en situation de séparation de fait, sauf si l'un d'eux abandonne, sans fondement, la maison conjugale (art. 169, al. 2. C. fam.).

170 – Obligation de contribuer aux charges de la famille, étendue. L'étendue de l'obligation de contribuer aux charges de la famille est sans limite. Elle ne se cantonne pas seulement à la stricte satisfaction quotidienne de l'obligation alimentaire mais concerne autant la nourriture que les vêtements, le logement, les besoins vitaux dans leur extrême diversité aussi bien des époux que des enfants. A l'égard de ces derniers, la loi est plus explicite. Selon le code de la famille, c'est par le seul effet du mariage que les époux contractent ensemble l'obligation de nourrir, élever et instruire leurs enfants (art. 178, C. fam). Les charges de la famille doivent correspondre au cadre de vie du couple et refléter son train de vie.

De manière générale, l'obligation de contribuer aux charges de la famille tend à assurer les charges relatives à l'entretien du ménage et à l'éducation des enfants. En somme elle englobe, dans son contenu, les dépenses quotidiennes qui assurent l'existence de la famille au sens, ci-dessus indiqué, du préambule du code de la famille, les dépenses d'agrément liées aux frais de voyage, les dépenses qui concernent l'installation décente de l'habitation de la famille..., sans que la diversité infinie des situations dans les ménages puisse permettre d'envisager leur désignation complète.

La loi précise que les charges qui pèsent sur les conjoints sont celles de la famille. Il faut donc comprendre que dans l'exécution de leurs obligations de contribuer aux charges de la famille, les époux sont contraints de satisfaire aux besoins vitaux des membres de famille, au sens étroit, énumérés par la loi (les père et mère, leurs enfants et descendants jusqu'au 8ème degré, leurs ascendants et parents collatéraux jusqu'au 8ème degré) ainsi que ceux des membres de famille entendue au sens large (époux, enfants et descendants jusqu'au 8ème degré, ascendants, parents collatéraux jusqu'au 8ème degré et enfants adoptés). Le contexte socioculturel congolais ne s'oppose d'ailleurs pas à ce qu'il en soit ainsi. C'est d'ailleurs l'illustration légale de l'expression de la solidarité familiale très active dans la société.

Les précisions de la loi sur la composition de la famille suggèrent de distinguer les charges de la famille dont fait état l'article 169 du code de la famille des charges du mariage prévues à l'article 174 de la même loi. Certes, dans l'esprit du législateur, il s'agit certainement de deux expressions équivalentes en ce sens que l'une englobe l'autre et vice versa.

Cependant, on peut aussi estimer que le mariage n'intéressant que le mari et son épouse, les charges du mariage peuvent avoir un domaine moins étendu que celui des charges de la famille. En d'autres termes, il y a dans un même foyer conjugal, coexistence des charges de la famille et des charges du mariage, mais les premières se prolongent parce qu'elles intègrent les besoins vitaux d'autres personnes qui ne sont pas prises en compte dans les charges du mariage, tels les ascendants et les parents collatéraux.

Outre les charges de famille et les charges du mariage, la loi prévoit les charges du ménage : « Chacun des époux perçoit ses gains et salaires et s'acquitte des charges du ménage » (art. 177, C. fam.). Le terme « ménage » désignant les époux qui vivent ensemble, les charges de ménage et les charges du mariage sont donc nécessairement confondues dans un foyer conjugal.

171 – Obligation de contribuer aux charges de la famille, facultés respectives des époux. La loi laisse prédominer dans ce domaine la liberté totale des époux dans la détermination de la participation de chacun aux charges de la famille. C'est de commun accord que les conjoints fixent le niveau des ressources respectives qui aideront au bon fonctionnement du foyer conjugal. Les époux pourront, à titre d'exemple, convenir qu'ils prélèveront sur leurs revenus mensuels une fraction fixée de manière équitable.

Le montant de la contribution convenue du mari ou de la femme est susceptible d'aménagement à tout moment en considération de l'évolution de leur situation personnelle.

L'expression « capacités respectives », non définie par la loi, vise simplement la capacité de chacun des époux à participer à l'entretien de la famille au sens le plus large qui englobe la satisfaction de tous les besoins vitaux des membres de la famille.

172 – Obligation de contribuer aux charges de la famille, devoir de secours. Comme l'obligation de contribuer aux charges de la famille, le devoir de secours s'exécute en toute occurrence. Il comporte pour chacun des conjoints, l'obligation de fournir à l'autre tout ce qui lui est nécessaire à son entretien.

Les auteurs du projet du code de la famille citent, comme éléments matérialisant l'exécution de cette obligation, à titre indicatif, la nourriture, le logement, les vêtements, les soins médicaux... Ils distinguent, dans l'exécution du devoir de secours, suivant que les époux vivent ensemble ou séparément.

Si les époux cohabitent, les auteurs du projet du code de la famille considèrent que le devoir de secours s'exécute au moyen de la contribution des époux aux charges du ménage, suivant leurs facultés respectives. Ils opèrent ainsi une confusion entre le devoir de contribution aux charges de la famille et le devoir de secours.

Selon le code de la famille, l'attribution de la pension alimentaire à l'époux divorcé intervient dans deux cas :

– dans une procédure de divorce, au profit du mari ou de la femme qui gagne le procès ;

– en cas de divorce aux torts partagés, au bénéfice des conjoints, aux fins de compensation des disparités dans les conditions de vie respectives susceptibles de naître suite au divorce.

Le montant de cette pension est fixé par le juge qui s'efforcera de rechercher un certain équilibre dans les conditions de vie des divorcés. Il y procédera en se référant aussi bien aux besoins de l'époux au profit duquel elle sera allouée qu'aux ressources réelles du conjoint condamné au versement de la pension alimentaire. C'est ainsi que celle-ci est susceptible de révision en fonction des termes de référence qui sont le changement imprévu dans les ressources de l'époux débiteur et les besoins du conjoint créancier (art.193 al. 3, 4, et 5 C. fam.).

Dans la pratique, les époux divorcés ne demandent pas souvent au juge l'application à leur profit des dispositions de l'article 193 du code de la famille pour bénéficier de la pension alimentaire à titre personnel. Quelquefois, même lorsque la demande en est faite, le juge ne fait pas droit à la requête, apparemment sans motivation convaincante, par exemple en déboutant la demanderesse parce qu'elle n'est pas incapable (T.G.I. Brazzaville, 15 décembre 2000, R. civ., n° 386, année 2000, Rép. n° 1077, inédit).

Cependant, en cas de séparation de corps ou de séparation de fait, et donc si le mariage n'est pas légalement dissous, c'est aussi au moyen de la pension alimentaire que s'exécute le devoir de secours, à défaut de communauté de vie comme dans le cas de divorce légalement prononcé.

173 – Obligation de contribuer aux charges de la famille, mode d'exécution. Aucune modalité d'exécution de l'obligation de contribuer aux charges de la famille, qui pèse sur les conjoints, n'est prévue par la loi. On peut alors imaginer que les modes d'exécution de cette obligation correspondent à la diversité de situations particulières de chaque ménage.

Selon la volonté des époux, leur contribution respective peut être déterminée dans le contrat de mariage au cas où ils auraient jugé nécessaire de le conclure. Cette attitude est envisageable dans le cas d'union matrimoniale conclue sous un régime communautaire où les époux disposent de la liberté de régler la gestion de leur patrimoine commun.

La contribution des époux aux charges de la famille peut aussi être le résultat d'un accord exprès ou tacite intervenu en dehors du contrat de mariage. Dans ce cas, elle peut revêtir plusieurs formes que révèle la pratique sociale :

– les apports en nature constitués de biens mobiliers ou immobiliers ;

– les apports en numéraire (somme d'argent mis à la disposition du ménage) ;

– les apports en industrie. Ici l'on emprunte l'expression usitée en matière de société, lorsqu'il est question de constituer son capital, plus généralement lors de sa constitution. Plus spécifiquement dans le domaine du mariage, l'apport en industrie concerne l'activité ou les capacités techniques que le mari ou la femme apporte au foyer.

Il est évident que chacun des époux peut, par son activité ou ses capacités techniques, contribuer efficacement aux charges de la famille. On peut à cet égard citer en exemple l'activité au foyer, quotidiennement profitable à tous les membres de famille, de la femme mariée. C'est, à n'en point douter sa part contributive aux charges de la famille.

L'on a observé, au cours de l'enquête effectuée au sein des centres d'état civil de Brazzaville, l'indication, dans les actes de mariage, des professions des mariés. Concernant les femmes, sur 3 912 mariages, celles qui n'exercent aucune activité salariée ou pouvant procurer des revenus à d'autres titres sont doublement qualifiées de « ménagères », au nombre de 863 et de « sans profession » dénombrés à 553, soit un total de femmes au foyer de 1 416, comme le montrent les tableaux numéros 1 à 5 qui suivent, lesquels représentent aussi les proportions des femmes dotées de qualifications professionnelles diverses (f. infra, p. 188 et s.).

Le classement des femmes mariées, qui ont une qualification professionnelle, se présente ainsi qu'il suit, au résultat de l'enquête effectuée dans les huit (8) centres d'état civil de Brazzaville, pour la période de1996 à 2006, sur un échantillon de trois mille neuf cent douze (3912) mariages :

- ménagères : 863 (22, 06 %) ;
- sans profession : 553, (14, 13 %) ;
- secrétaires : 478(12, 21 %) ;
- étudiantes : 379, (9, 68 %) ;
- enseignantes : 357 (9, 12 %) ;
- commerçantes : 341(8, 71 %) ;
- vendeuses : 149 (3, 80 %) ;
- comptables : 137 (3, 50 %) ;
- élèves : 131 (3, 34 %) ;
- infirmières : 120 (3, 06 %) ;
- couturières : 116 (2, 96 %) ;
- coiffeuses : 67 (1, 71 %) ;
- informaticiennes : 59 (1, 50 %). Suivent, ensuite, les sages femmes (0, 89 %), les hôtelières (0, 86 %), les douanières (0, 76 %)…

CLASSIFICATION DES FEMMES MARIÉES PAR QUALIFICATION PROFESSIONNELLE À BRAZZAVILLE DE 1996 À 2006

(TABLEAU N° 1)

Qualification professionnelle / Centre d'état civil	Ménagères	Sans profession	Secrétaires	Étudiantes
Bacongo	55	086	55	38
Makélékélé	208	12	63	52
Mairie centrale	75	88	112	100
Mfilou-Ngamaba	116	30	26	23
Moungali	127	11	35	33
Ouenzé	156	67	70	65
Poto-Poto	84	203	90	47
Talangaï	42	56	27	21
Total	**863**	**553**	**478**	**379**
Classement	**1er**	**2ème**	**3ème**	**4ème**

(TABLEAU N° 2)

Qualification professionnelle / Centre d'état civil	Enseignantes	Commer-çantes	Vendeuses	Comptables
Bacongo	60	31	27	11
Makélékélé	57	60	50	12
Mairie centrale	38	78	10	52
Mfilou-Ngamaba	38	23	24	6
Moungali	41	24	6	8
Ouenzé	59	51	15	22
Poto-Poto	45	61	12	18
Talangaï	19	13	5	8
Total	**357**	**341**	**149**	**137**
Classement	**5ème**	**6ème**	**7ème**	**8ème**

(TABLEAU N° 3)

Qualification professionnelle / Centre d'état civil	Elèves	Infirmières	Couturières	Coiffeuses
Bacongo	8	10	11	9
Makélékélé	12	25	22	14
Mairie centrale	13	14	16	9
Mfilou-Ngamaba	10	9	12	6
Moungali	12	12	8	4
Ouenzé	44	20	23	9
Poto-Poto	21	25	19	11
Talangaï	11	5	5	5
Total	**131**	**120**	**116**	**67**
Classement	**9ème**	**10ème**	**11ème**	**12ème**

(TABLEAU N° 4)

Qualification professionnelle / Centre d'état civil	Informaticiennes	Sages femmes	Hôtelières	Douanières
Bacongo	4	6	3	1
Makélékélé	7	4	7	/
Mairie centrale	19	7	4	13
Mfilou-Ngamaba	5	3	5	/
Moungali	4	/	3	1
Ouenzé	9	3	3	2
Poto-Poto	8	6	6	12
Talangaï	3	6	3	1
Total	**59**	**35**	**34**	**30**
Classement	**13ème**	**14ème**	**15ème**	**16ème**

(TABLEAU N° 5)

Qualification professionnelle / Centre d'état civil	Médecins	Puéricultrices	Journalistes	Musiciennes
Bacongo	2	1	/	/
Makélékélé	4	1	1	/
Mairie centrale	7	3	5	1
Mfilou-Ngamaba	/	2	1	/
Moungali	1	/	2	/
Ouenzé	2	4	4	/
Poto-Poto	5	7	4	/
Talangaï	1	2	2	1
Total	**22**	**20**	**19**	**2**
Classement	**17ème**	**18ème**	**19ème**	**20ème**

L'importance de la forme de contribution de la femme est tellement évidente que dans le contexte des mœurs congolaises où le mari est quasiment détaché des activités ménagères, la défaillance de la femme mariée à cet égard est de nature à causer des perturbations et des déséquilibres dans la vie des membres qui composent la famille (mari, enfants et le cas échéant, cousins ou cousines, neveux ou nièces, oncles ou tantes, beaux-parents…).

Le code de la famille n'a pas négligé cette contribution particulière du conjoint non salarié aux charges de la famille, exécutée en nature, puisqu'il prévoit que ce dernier a droit, en cas de dissolution du régime de la communauté réduite aux acquêts, à la moitié de l'actif commun, en contrepartie des prestations domestiques qu'il a effectuées pendant la durée du mariage (art. 220, al. 3, C. fam.).

Le domaine de cette disposition du code de la famille concerne la dissolution et la liquidation des biens de la communauté réduite aux acquêts. Ce régime prend fin par le décès, le divorce ou la séparation de corps (art. 220, al. 1er, C. fam.). C'est donc pour régler le partage des biens communs entre les conjoints que la loi envisage la situation du conjoint non salarié. Sans particulariser cette disposition à la femme, bien qu'elle soit le plus souvent visée dans ce cas, il y a lieu de comprendre qu'elle ne restreint pas son bénéfice uniquement à l'épouse, le mari étant aussi concerné puisqu'il peut aussi être conjoint non salarié dans le ménage. Il convient par conséquent d'avoir un regard extensible de l'expression « conjoint non salarié ».

D'ailleurs, il apparaît de l'enquête sur la classification des hommes mariés suivant leur qualification professionnelle que les hommes sans profession figurent bien au nombre de ceux qui contractent une union conjugale, certes dans une proportion moindre puisque le premier rang est occupé par les enseignants, que suivent les militaires, les ingénieurs, les commerçants, les comptables et d'autres hommes de qualifications diverses comme spécifié dans les tableaux ci-dessous.

CLASSIFICATION DES HOMMES MARIÉS PAR QUALIFICATION PROFESSIONNELLE À BRAZZAVILLE DE 1996 À 2006

(TABLEAU N° 1)

Qualification professionnelle / Centre d'état civil	Enseignants	Militaires	Ingénieurs	Commerçants
Bacongo	77	22	25	13
Makélékélé	118	36	33	37
Mairie centrale	62	107	76	69
Mfilou-Ngamaba	63	19	18	18
Moungali	52	18	22	19
Ouenzé	106	61	54	54
Poto-Poto	89	61	49	58
Talangaï	32	18	14	16
Total	**599**	**342**	**291**	**284**
Classement	**1er**	**2ème**	**3ème**	**4ème**

(TABLEAU N° 2)

Qualification professionnelle / Centre d'état civil	Comptables	Policiers	Chauffeurs	Pasteurs
Bacongo	24	6	14	6
Makélékélé	35	15	36	15
Mairie centrale	43	33	8	20
Mfilou-Ngamaba	20	6	13	4
Moungali	12	11	8	7
Ouenzé	44	32	27	27
Poto-Poto	36	23	12	33
Talangaï	13	20	12	14
Total	**227**	**146**	**130**	**126**
Classement	**5ème**	**6ème**	**7ème**	**8ème**

(TABLEAU N° 3)

Qualification professionnelle / Centre d'état civil	Étudiants	Informaticiens	Médecins	Administrateurs des SAF
Bacongo	14	4	7	6
Makélékélé	16	9	13	9
Mairie centrale	23	31	30	17
Mfilou-Ngamaba	6	3	6	5
Moungali	12	11	4	2
Ouenzé	21	17	23	13
Poto-Poto	18	26	18	13
Talangaï	14	11	10	4
Total	**124**	**112**	**111**	**69**
Classement	**9ème**	**10ème**	**11ème**	**12ème**

(TABLEAU N° 4)

Qualification professionnelle / Centre d'état civil	Diplomates	Sans profession	Électriciens	Journalistes
Bacongo	1	4	6	1
Makélékélé	1	5	10	4
Mairie centrale	12	4	6	6
Mfilou-Ngamaba	3	6	7	4
Moungali	17	4	3	9
Ouenzé	12	8	15	8
Poto-Poto	17	23	9	12
Talangaï	3	7	4	4
Total	**66**	**61**	**60**	**48**
Classement	**13ème**	**14ème**	**15ème**	**16ème**

(TABLEAU N° 5)

Qualification professionnelle / Centre d'état civil	Secrétaires	Hôteliers	Vendeurs	Couturiers
Bacongo	3	4	5	4
Makélékélé	11	4	3	3
Mairie centrale	4	1	1	1
Mfilou-Ngamaba	4	3	3	3
Moungali	3	/	/	2
Ouenzé	6	5	3	1
Poto-Poto	4	5	2	1
Talangaï	2	1	3	1
Total	**37**	**23**	**20**	**16**
Classement	**17ème**	**18ème**	**19ème**	**20ème**

Les capacités techniques de la femme mariée comme part contributive aux charges de la famille peuvent aussi être illustrées à travers sa participation à la mise en forme des œuvres intellectuelles de son mari qui n'a que les connaissances limitées à cet égard. Cette contribution est éminemment précieuse car c'est elle qui conditionne la publication des livres par la maison d'édition et conséquemment leur vente qui rapporte des ressources aux conjoints dans un régime communautaire. Il y a donc lieu d'en tenir compte dans la fixation de la fraction de la contribution de la femme mariée aux charges de la famille.

On peut aussi imaginer le cas d'un conjoint qui, en raison de son indisponibilité due à ses fonctions ou à sa position sociale, donne à l'autre un mandat général ou particulier pour accomplir certains actes dont l'accomplissement est de sa compétence, en vue d'assurer sa contribution aux charges de la famille. Les actes accomplis, par cet époux, dans le cadre de la représentation du conjoint prévue par la loi (art. 172, C. fam.) participent aussi de la contribution de ce dernier aux charges de la famille. Les services rendus à ce titre peuvent en effet recevoir, même approximativement, une évaluation en argent.

174 – Charges du mariage, solidarité des époux. En principe, il y a un pouvoir général que la loi reconnaît aux époux d'accomplir tous les actes que justifie la contribution aux charges de la famille. Ainsi, en contractant une dette ayant pour origine cet objet, un époux oblige l'autre à l'égard des tiers car la loi prévoit la solidarité des époux aux charges du mariage (art. 174, al. 1er, C. fam.).

Cependant, pour être tenu à payer la dette contractée par son conjoint, l'époux qui n'a pas été partie à la convention doit avoir donné son consentement à l'acte qui est la cause de la dette. En effet, il n'est pas tenu personnellement de cette dette dans deux hypothèses (art. 174, al. 2, C. fam.) :

– si l'objet de la dette n'est pas fondé sur les charges du mariage ;

– si le créancier qui a conclu la convention avec l'époux concerné savait ou était en mesure de connaître que la dette contractée n'avait aucun lien avec les charges du mariage. Il s'agit, dans ces conditions, de sanctionner la mauvaise foi dudit créancier.

175 – Passif de la communauté réduite aux acquêts, dette communautaire. Les dettes contractées dans l'intérêt du ménage constituent le passif de la communauté réduite aux acquêts. La loi précise la nature de la dette susceptible de revêtir ce caractère de dette communautaire (art. 218, C. fam.) :

– les dettes ayant pour objet d'assurer la subsistance des époux et leurs enfants ;

– les dettes dont la source est l'exécution d'une obligation d'aliments qui pèse sur l'un des conjoints ou les deux ;

– les dettes ayant pour origine l'entretien et l'éducation des enfants dès lors que les époux les contractent pour exécuter leur obligation de nourrir, élever et instruire leurs enfants telle qu'elle résulte de l'article 178 du code de la famille.

Section 2
L'exception de la contribution d'un seul époux

176 – Obligation de contribuer aux charges de la famille, conjoint possédant seul les ressources. Le code de la famille met les époux sur un pied d'égalité en utilisant le terme intégratif d'époux ou de conjoint sur lequel pèse l'obligation de contribuer aux charges de la famille.

Le législateur semble consacrer la forme monétaire de cette obligation lorsqu'il prévoit que : « L'obligation d'assumer ces charges pèse à titre principal sur le conjoint qui possède seul les ressources… » (art. 169, al. 2, C. fam.). Dans ces conditions, la loi lui fait obligation de satisfaire les besoins vitaux de l'autre époux nécessiteux dans la mesure du possible. S'il s'y refuse, le juge peut être saisi.

177 – Obligation de contribuer aux charges de la famille, suspension. En principe la loi impose la contribution aux charges de la famille de manière continue si l'obligation de cohabitation des époux est elle-même respectée. Ainsi, la contribution n'est plus une obligation qui incombe aux conjoints dans le cas où l'un d'eux abandonne, sans motifs justes et avérés, le foyer conjugal et refuse de le réintégrer.

La loi considère que, dans ces conditions, l'obligation de contribuer aux charges de la famille est suspendue. Cela sous-entend que si l'époux concerné retourne dans la maison conjugale, l'on ne se trouvera plus en présence d'un cas de suspension de cette obligation. Chacun des conjoints contribuera alors aux charges de la famille à proportion de ses facultés au sens où cette obligation est prévue à l'article 169 alinéa 1er du code de la famille.

CHAPITRE II

LES POUVOIRS DES ÉPOUX SUR LES REVENUS

Les conjoints sont astreints au respect de l'obligation de contribuer aux charges du mariage. Au cas où l'un d'eux ne remplirait pas cette obligation, il pourrait être contraint à son exécution par voie de justice (section 1). Cependant il y a la liberté, pour les époux, d'utiliser leurs fonds, sous réserve de participer aux charges de la famille. C'est ainsi que la femme peut ouvrir son compte en banque (section 2).

Section 1
L'exécution judiciaire des obligations

178 – Obligation de contribuer aux charges de la famille, saisine du juge. L'exécution de l'obligation de contribuer aux charges de la famille est en principe laissée à la diligence des conjoints en tant qu'il s'agit aussi d'une obligation morale. Cependant par mauvaise foi, l'un des époux peut s'y soustraire. L'autre conjoint dispose alors de la faculté de saisir le juge pour le contraindre à exécuter son obligation (art. 169, al.2, C. fam.), en sollicitant la décision de saisie-arrêt, dans les limites de ses besoins (art. 170, al. 1er, C. fam.), de :

- tout ou partie des revenus de l'époux récalcitrant ;
- tout ou partie des revenus de l'époux récalcitrant provenant du régime matrimonial ;
- tout ou partie des revenus de l'époux récalcitrant qu'il perçoit des produits de son travail ;
- toutes autres sommes à lui dues par les tiers à quelque titre que ce soit.

Le juge statue par ordonnance. Il détermine dans sa décision les éléments suivants :

– les conditions de l'autorisation de saisir arrêter ;

– le montant à concurrence duquel l'autorisation de saisir arrêter est accordée.

L'ordonnance autorisant la saisie-arrêt des ressources du conjoint qui ne remplit pas son obligation de contribuer aux charges de la famille est notifiée aux soins du greffier de la juridiction ayant rendu la décision. Comme l'ordonnance de référé, elle est exécutoire par provision nonobstant appel et susceptible de révision par le président du tribunal qui l'a rendue (art. 170, al. 2, C. fam.).

Section 2
Le compte en banque de l'épouse

179 – Compte bancaire de la femme mariée, égalité des droits entre l'homme et la femme. De l'interdiction constitutionnelle de toute discrimination fondée sur le sexe ainsi que de la garantie des mêmes droits entre l'homme et la femme (art. 8 const. 20 janvier 2002), résulte le droit de la femme de se faire ouvrir un compte bancaire, en l'absence de toute incapacité juridique (art. 176 C. fam.).

Dès lors qu'il est reconnu à la femme l'exercice de la profession de son choix (art. 175, C. fam.), il est donc normal que les ressources qui peuvent en provenir et grâce auxquelles elle s'acquitte des charges de ménage (art. 177, C. fam.), soient versées dans son compte personnel en banque comme le prévoit le code de la famille : « Chacun des époux perçoit ses gains et salaires et peut avoir un compte en banque pour les y verser ainsi que les revenus qu'il a perçus conformément aux dispositions des articles 175 et 176 » (art. 215, C. fam.).

La code de la famille n'écarte pas la possibilité, pour un époux, de donner à l'autre le mandat de percevoir ses salaires et revenus de toutes sortes qui lui sont dus à quelque titre que ce soit (art. 216, C. fam.). Dans la pratique, c'est souvent à la femme que revient ce rôle de représentation de son mari dans les institutions bancaires, surtout pour percevoir le salaire. Le mari n'est mandataire de son épouse dans les mêmes conditions que dans de rares circonstances exceptionnelles et notamment lorsque son épouse est en voyage ou est indisponible pour cause de maladie.

La loi autorise la femme à ouvrir son compte dans un établissement bancaire comme dans un établissement financier.

180 – Compte bancaire de la femme mariée, régime matrimonial. Le code de la famille ne fait pas allusion à la nature du régime matrimonial auquel ont souscrit les époux, de sorte que la faculté est laissée à la femme de faire procéder à l'ouverture de son compte bancaire quel que soit le régime : la communauté réduite aux acquêts, la séparation des biens ou la communauté conventionnelle (art. 207, C. fam.).

La loi prescrit cependant que dans le régime de la séparation des biens où chacun des conjoints conserve l'administration, la jouissance et la libre disposition de ses biens personnels, les époux contribuent aux charges de la famille, encore qualifiées charges du mariage, à proportion de leurs facultés respectives (art. 225, al. 1er, C. fam.), l'obligation d'assumer ces charges pesant principalement sur l'époux qui possède seul des ressources (art. 169, C. fam).

Dans ces conditions, les dettes d'un époux n'engagent pas l'autre, avant comme pendant le mariage, sauf dans le cas prévu à l'article 174 où les conjoints sont tenus, vis-à-vis des tiers, à l'obligation solidaire de payer les dettes contractées par l'un d'eux dans l'intérêt de la famille.

La séparation des biens peut même être poursuivie en justice au cas où les conjoints seraient mariés sous le régime légal de la communauté réduite aux acquêts ou celui de la communauté conventionnelle pour craindre la compromission des intérêts d'un époux en raison de la mauvaise administration de ses biens (art. 224, C. fam.).

La présomption de communauté des biens des conjoints, instituée à l'article 214 du code de la famille, inclut dans l'actif de la communauté, les fonds en dépôt dans le compte de la femme mariée si toutefois les revenus qui les constituent lui sont advenus pendant le mariage, dans le cadre de la communauté réduite aux acquêts.

Il est prévu qu'afin de subvenir aux besoins courants des enfants et aux siens propres en cas de dissolution du mariage par décès, le conjoint survivant peut obtenir du juge l'autorisation de prélever, sur le compte bancaire du défunt ou sur le compte des deux époux, des sommes qu'exige l'exécution normale de son obligation de nourrir, élever et instruire les enfants (art. 223, al. 2, C. fam.).

181 – Compte bancaire de la femme mariée, présomption de disposition des fonds en dépôt. Chacun des époux a la liberté totale de se faire ouvrir, sans au préalable avoir sollicité et obtenu l'assentiment de l'autre, tout compte bancaire en son nom personnel. D'ailleurs, cette liberté, en ce qui concerne la femme, est encore affirmée par le législateur qui prévoit qu'en sa qualité de déposant, la femme est réputée avoir la libre disposition des fonds en dépôt. C'est la remise de ces fonds par la femme au dépositaire qui en constitue la preuve. On peut donc, à cet égard, imaginer que la loi a ainsi institué une présomption de disposition des fonds au profit de la femme dès l'ouverture de son compte.

Autrement dit, cette présomption dispense le banquier, en tant qu'il est dépositaire des fonds, d'en rechercher les justifications tenant à leur origine ou du régime matrimonial du déposant. L'unique élément qui mérite d'être vérifié se rapporte à l'identité de la femme.

La loi dégage d'ailleurs la responsabilité du dépositaire à cet égard. C'est ce qui permet de croire au caractère irréfragable de cette présomption.

TITRE II

LES EFFETS EXTRAPATRIMONIAUX

Le mariage produit entre les époux des effets qui ne sont pas liés directement aux ressources financières. Il en est ainsi du devoir de cohabitation (chapitre 1) et d'autres devoirs dont le caractère réciproque est très prononcé entre les époux : il s'agit du devoir de fidélité (chapitre 2), du devoir d'aide, de secours et d'assistance (chapitre 3), du devoir de respect et d'affection (chapitre 4).

CHAPITRE I

LA COHABITATION ET LA DIRECTION DE LA FAMILLE

Les époux sont astreints à la cohabitation (section 1). C'est ainsi que la loi règle les questions liées à la direction morale et matérielle de la famille (section 2).

Section 1
Le devoir de cohabitation

Selon l'article 166 du code de la famille : « Les époux s'obligent à une communauté de vie… ». Il peut se poser le problème du choix du lieu où les conjoints doivent vivre ensemble (§. 1). Dans certains cas, la loi a prévu l'intervention du juge pour fixer la résidence pour la femme et ses enfants (§. 2).

§ 1 – Le choix de la résidence des époux

182 – Résidence de la famille, définition. Il n'existe pas de définition légale de la résidence. Il apparaît dans le code de la famille une assimilation nette de la résidence principale au domicile. C'est au lieu où une personne a sa résidence principale que le législateur situe fictivement son domicile : « Le domicile de toute personne physique est au lieu où elle a, en fait, sa résidence principale » (art. 102, al. 3, C. fam.).

En l'absence d'élément légal permettant de reconnaître la résidence, la doctrine, qui perçoit la confusion voulue par le législateur entre les notions de « domicile » et de « résidence », considère que celle-ci est « le lieu où se trouve, en fait, une personne, l'endroit où elle fixe pour un temps indéterminé son habitation » (Auguste Iloki, « Le droit des successions au Congo », tome 1, Paris, L'Harmattan, 2006, p. 41).

D'ailleurs, cette confusion est confortée par la loi dans la détermination du lieu où la femme mariée est domiciliée. En effet, alors que la femme est, selon l'article 171 du code de la famille, obligée de vivre avec son mari dans la résidence que ce dernier a choisi, à défaut d'accord entre les époux à cet égard, la disposition de l'article 106 du même code indique que la femme mariée est domiciliée au domicile du mari ou dans celui qui a été choisi d'un commun accord, sauf autorisation judiciaire de domicile séparé.

L'assimilation légale de ces deux concepts est encore consacrée par la législateur au travers des effets juridiques qui leur sont attachés relativement au lieu d'ouverture de la succession. Selon l'article 452 alinéa 2 du code de la famille : « La succession de la personne appelée le de cujus est ouverte au lieu où elle avait, lors de son décès, sa résidence principale telle que définie à l'article 102... ». Or aux termes de l'alinéa 1er de cette dernière disposition : « Le domicile de toute personne physique est au lieu où elle a, en fait, sa résidence principale ».

Dans ces conditions, le juge aussi assimile à la résidence la notion de domicile, en utilisant indifféremment ces deux expressions en leur reconnaissant la même signification (T. I Louvakou, 24 juin 2004, R. civ. n° 5, Rép. n° 5, inédit ; T. I. Talangaï-Ouenzé, 29 janvier 2002. R. civ. n° 122, année 2001, Rép. n° 01 du 20 janvier 2002, inédit).

La résidence (ou le domicile) de la famille est donc le lieu où, non seulement le mari et la femme exécutent leurs obligations matrimoniales, mais aussi l'endroit où ils vivent avec leurs enfants et les autres parents par le sang, par alliance ou par adoption qui se sont établis chez eux pour des raisons diverses.

Malgré ces précisions légales et jurisprudentielles permettant de reconnaître la résidence de la famille, c'est-à-dire le domicile conjugal, on rencontre dans la doctrine l'opinion selon laquelle « ... le domicile ne concerne pas la seule résidence principale des époux. Ce peut être toute habitation qu'occupe le mari... » (J Biyoudi, note sous déc. n° 01/DDC/SVE/03 du 30 juin 2003, R. C. D. N, n° 19, année 2006, p. 22).

183 – Résidence de la famille, principe du choix. L'article 171 alinéa 1er du code de la famille dispose : « La résidence de la famille est le lieu que les époux choisissent d'un commun accord... ». Etant entendu qu'il s'agit de choisir le lieu où ils vivront ensemble et y rempliront leur obligation de vie commune, éventuellement avec leurs enfants, les époux doivent donc individuellement exprimer leur consentement à cet égard. La loi place les conjoints sur le pied d'égalité dans la recherche de l'accord sur le choix du lieu de leur vie commune.

184 – Résidence de la famille, désaccord entre les époux. La loi a envisagé l'hypothèse vraisemblable du défaut d'accord entre les conjoints s'agissant du choix de la résidence de la famille. Dans ce cas, le législateur a attribué au mari le privilège de choisir la résidence commune (art. 171 al. 1er, C. fam.). Deux obligations naissent alors de l'exercice de cette prérogative maritale :

- la femme est obligée d'habiter avec le mari ;
- le mari se trouve dans l'obligation de recevoir sa femme.

Cependant la femme ne peut accepter la résidence choisie d'autorité par le mari que si celle-ci ne présente aucun danger pour la famille. Dans le cas contraire, l'intervention du juge s'imposera.

§ 2 – L'intervention du juge

185 – Résidence de la famille, intervention du juge. Le choix de la résidence de la famille par le mari n'est en réalité qu'un principe puisque la loi permet exceptionnellement à la femme de le mettre en cause si la résidence voulue par l'homme seul présente des dangers d'ordre physique ou moral pour la famille (art. 171, al. 1er, C. fam.).

La résistance de la femme étant de nature à obstruer l'accomplissement de l'obligation de communauté de vie , prévue à l'article 166 du code de la famille, dont le mari pourrait solliciter l'exécution en justice avec les conséquences qui pourraient en découler, le législateur a prévu que la femme est en droit de s'adresser, au juge aux fins d'obtention, pour elle et ses enfants, d'une « résidence judiciaire », c'est-à-dire celle fixée par le président du tribunal d'instance compétent statuant sur requête. Évidemment le juge est guidé, dans la prise de sa décision, par l'intérêt de la famille qu'il convient de sauvegarder.

186 – Résidence de la famille, protection des droits par lesquels est assuré le logement. Aux termes de l'article 171 alinéa 2 du code de la famille « les époux ne peuvent, l'un sans l'autre disposer des droits par lesquels est assuré le logement de la famille ni des meubles meublants dont il est garni ». L'affectation familiale du logement des époux interdit à l'un des conjoints de procéder, sans le concours de l'autre, aux actes de disposition le concernant ou ceux visant les meubles meublants dont il ont quotidiennement l'usage.

Dans ces conditions, un époux, qui occupe un logement en location avec son conjoint, n'a aucun droit de le sous-louer, ni de rompre le contrat de bail sans l'accord de l'autre. Il en est de même du mari qui loge sa femme dans sa maison servant de résidence au ménage. Même en sa qualité de propriétaire, il ne peut vendre son immeuble, le mettre en location ou le grever d'une hypothèque sans le consentement, préalablement obtenu, de sa femme.

Si l'époux propriétaire passe outre l'accord de l'autre, en prétextant qu'il a le droit de disposition sur sa maison, le conjoint qui n'a pas consenti à l'acte passé en fraude des droits par lesquels est assuré le logement peut demander au juge compétent la nullité de la convention.

L'action en nullité qui lui est ouverte n'est pas imprescriptible. Si elle peut être intentée dans l'année à partir du jour où l'époux a eu connaissance de l'acte, elle n'est plus recevable plus d'un an après la dissolution du régime matrimonial (art. 171, al. 3, C. fam.).

On peut imaginer la situation d'un époux qui refuserait abusivement de consentir à l'acte au cas où il serait sollicité par l'autre. Celui-ci pourrait alors saisir le juge pour solliciter l'autorisation de passer seul la convention au cas où l'intérêt de la famille justifierait sa conclusion.

L'obligation à une communauté de vie entre les époux n'est pas perpétuelle. Elle prend fin dans certains cas.

187 – Résidence de la famille, disparition du devoir de cohabitation. Si le mariage implique l'obligation des époux à une communauté de vie qui elle-même a pour corollaire la cohabitation, celle-ci ne résiste par conséquent pas à la dissolution du lien matrimonial par le décès ou à cause du divorce. Le devoir de cohabitation disparaît aussi suite à la séparation de corps. L'absence de cohabitation est par ailleurs un des effets de la séparation de fait.

188 – Devoir de cohabitation, disparition en cas de divorce. En matière de divorce, la procédure judiciaire exige que le juge entende le mari et la femme en vue de les concilier. Il lui est loisible d'ajourner les parties pour une durée de six mois. Dans la recherche de la réconciliation, s'il y perçoit des chances à ce sujet, il peut imposer aux parties un nouveau délai de réflexion de six mois et ordonner, conséquemment, toutes mesures provisoires concernant la résidence de la femme (art. 184, C. fam.). Celle-ci pourra donc avoir un logement hors de la résidence des époux si le juge estime qu'il y a lieu, dans l'intérêt des enfants, de décider que les époux vivent séparément.

C'est également le cas lorsque malgré les tentatives de réconciliation entreprises par le juge, le mari et la femme ne parviennent pas à aplanir leurs divergences. Dans son ordonnance constatant la non-conciliation le juge a la faculté d'autoriser les époux à avoir des résidences séparées (art. 185, C. fam.).

La loi exige du juge qui prononce le divorce d'énoncer dans son jugement la date de cette ordonnance (art. 187, C. fam.).

189 – Devoir de cohabitation, disparition par le décès d'un des époux. Le devoir de cohabitation disparaît aussi naturellement du fait du décès. L'un des conjoints n'étant plus en vie, le survivant ne peut plus logiquement cohabiter avec lui. Il bénéficie cependant du droit au maintien dans l'habitation principale des époux.

Le code de la famille n'a pas, en effet, consacré la pratique sociale qui consiste à évincer le conjoint survivant de la résidence des époux au décès de l'autre conjoint. En accordant à l'époux survivant le maintien dans l'habitation principale, le législateur a limité ce droit dans le temps. Il ne peut continuer à y résider que dans le délai suivant :

- un an à compter du décès de l'autre époux ;
- jusqu'au règlement amiable ou judiciaire de la succession.

Ces deux cas n'étant pas cumulatifs, le dernier paraît plus avantageux car le règlement de la succession peut durer au-delà d'un an.

Toutefois, le conjoint survivant peut perdre le droit au maintien dans l'habitation principale dans trois cas :

- s'il y a remariage ;
- en cas de violation de l'obligation de surveillance, d'entretien et d'éducation des enfants mineurs ;
- s'il y a inconduite notoire.

190 – Devoir de cohabitation, disparition due à la séparation de corps. L'obligation de cohabitation disparaît aussi par suite de la séparation de corps. Si les causes qui justifient la séparation de corps sont les mêmes que celles qui fondent le divorce, il demeure qu'à la différence de ce dernier, le mariage subsiste en cas de séparation de corps.

Il s'agit en effet d'un simple relâchement des liens du mariage qui ne justifie pas la dissolution de l'union. Celle-ci est cependant envisageable dans l'hypothèse où il ne se produit pas de réconciliation entre les époux dans le délai de trois ans qui court du jour où le jugement de séparation de corps aura été transcrit. Dans ces conditions, l'époux intéressé peut saisir le juge qui a la faculté de convertir cette séparation de corps en divorce.

Au cours des trois ans de la durée légale de la séparation de corps, les époux résident séparément comme d'ailleurs l'indique si clairement l'expression « séparation de corps ». On ne conçoit d'ailleurs pas la vie commune, impliquant la cohabitation des conjoints, alors que la séparation de corps est régulièrement prononcée par jugement.

Du reste, l'article 196 du code de la famille dispose clairement que « La séparation de corps met fin à l'obligation de cohabitation… La femme a droit à un domicile propre… ».

191 – Devoir de cohabitation, disparition issue de la séparation de fait. Selon la loi, la séparation de fait prolongée depuis deux ans constitue une cause de divorce (art. 180, C. fam.). Il s'agit d'une pratique courante dans la société qui peut résulter de deux attitudes :

– le départ volontaire d'un époux qui refuse, pertinemment ou non, de continuer de vivre dans la résidence de la famille et s'établit ailleurs. Cette situation s'apparente à l'abandon de domicile conjugal qui s'accompagne de l'abandon moral ou matériel du foyer constitutif de divorce lorsqu'il compromet gravement la vie d'un conjoint et la sécurité des enfants ;

– la répudiation de la femme par le mari. C'est l'acte unilatéral suivant lequel le mari renvoie son épouse dans sa famille d'origine. Elle matérialise la rupture du mariage contracté en dehors des règles énoncées dans le code de la famille.

Fréquente dans la société traditionnelle, la répudiation est encore enracinée dans la société moderne, elle se confond avec le divorce dans la législation contemporaine. Non régie par le code de la famille, elle « est couramment utilisée par les hommes, légitimement mariés, comme instrument de règlement des conflits conjugaux » (Auguste Iloki « Le droit du divorce au Congo », Paris, L'Harmattan, 2004, p. 70).

Il résulte de la jurisprudence que la séparation de fait peut découler du fait de la femme qui, partie en stage dans un pays étranger, s'obstine à y demeurer en vivant en concubinage avec un autre homme (T. I, Poto-Poto, 17 juin 1999, R. C. n° 100, année 1999, Rép. n° 313, inédit). De même, est constitutif de séparation de fait, le refus de la femme de nationalité étrangère, mariée à un Congolais dans un pays étranger, de rejoindre son mari rentré au Congo (T. G. I, Brazzaville, 1er décembre 2000, R. C. n° 270, année 2000, Rép. n° 1038, inédit).

Lorsque les causes de la séparation de fait ne sont pas indiquées par le mari et la femme dans l'instance en divorce, le tribunal saisi constate l'absence de cohabitation des époux depuis deux ans pour tirer la conséquence de leur divorce aux torts réciproques (T. I, Poto-Poto, 25 mars 1999, R. C. n° 105, année 1999, Rép. n° 144, inédit). Dans cette espèce, la séparation de fait est intervenue deux mois seulement après le mariage et elle a duré dix ans avant le prononcé du divorce. Selon la doctrine, cette durée du mariage est la plus courte observée dans les données de la jurisprudence (Auguste Iloki, « Le droit du divorce au Congo », Paris, L'Harmattan, 2004, p. 70).

Il ressort du tableau des causes légales du divorce établi sur la base de 90 cas recensés pendant la période de 1985 à 2003 que la séparation de fait est la cause principale du divorce et donc de la disparition du devoir de cohabitation des époux dans la proportion de trente trois cas, soit 38, 82% (Auguste Iloki, « Le droit du divorce au

Congo », Paris, L'Harmattan, 2004, p. 157). On peut à cet égard considérer que les époux en séparation de fait sont quasiment dans l'antichambre du divorce. Dans ces conditions, chacun doit donc y prendre garde si tant est qu'il souhaite préserver le lien matrimonial.

Dans ces différentes situations où il y a disparition du devoir de cohabitation, des problèmes sont susceptibles de se poser, notamment en ce qui concerne la direction morale et matérielle de la famille.

Section 2
La direction de la famille

192 – Direction de la famille, prépondérance du mari. Le code de la famille consacre la prépondérance du mari dans la direction morale et matérielle de la famille alors même qu'il prône l'égalité des époux dans bien d'autres domaines : « Le mari est le chef de la famille... » (art. 168, al. 1er, C. fam.).

De cette qualité de chef de famille, il faut déduire que le mari assure, sur le plan moral, la direction de la famille. Il a la prééminence et le pouvoir de décision qu'il exerce dans l'intérêt de la famille : « ... Il exerce cette fonction dans l'intérêt commun du mariage et des enfants... » (art. 168, al. 1er, C. fam.).

Cette formule illustre l'absence de pouvoir discrétionnaire du mari puisqu'elle laisse penser au contrôle de ce dernier pour vérifier si les actes qu'il accomplit sont compatibles avec l'intérêt de la famille. C'est d'ailleurs le sens qu'il faut donner au concours reconnu à la femme dans ce domaine.

193 – Direction de la famille, concours de la femme. Le pouvoir de direction morale et matérielle de la famille conféré au mari semble amenuisé par la reconnaissance à la femme du droit de concourir à l'exercice des mêmes fonctions : « ... La femme concourt avec le mari à assurer la direction morale et matérielle de la famille, à élever les enfants et à préparer leur établissement » (art. 168, al. 1er, C. fam.).

Cette disposition permet de penser que sauf dans les situations où l'urgence est signalée, le mari, en tant que titulaire de la fonction de chef de famille, ne doit pas s'abstenir de consulter au besoin sa femme préalablement à l'accomplissement des actes nécessités par la direction morale et matérielle de la famille.

194 – Direction de la famille, substitution du mari à la femme. Pour des raisons qu'il énumère, le code de la famille prévoit le remplacement du mari par la femme dans l'accomplissement de sa fonction de chef de famille :

– au cas où il serait hors d'état de manifester sa volonté par suite de son incapacité, de son absence ou de son éloignement ;

– s'il abandonne volontairement la vie commune ;

– si, pour toute autre cause, il apparaît que le mari ne peut plus exercer la fonction de chef de famille dans l'intérêt du mariage et des enfants (art. 168, al. 2, C. fam.).

Il ne s'agit donc pas d'une codirection de la famille mais d'une direction alternée entre le mari et la femme, celle-ci ne pouvant exercer cette fonction que si celui-là se trouve dans un des cas cités ci-dessus ou dans toute autre situation l'empêchant d'accomplir les actes qu'exige la direction de la famille. La loi n'étant pas limitative, vise aussi « toute autre cause ». Cette expression englobe, sans les désigner précisément, tous les autres cas d'ouverture du remplacement du mari par la femme dans l'exercice de la fonction de chef de famille. Il revient au juge saisi, en cas de contestation, d'apprécier souverainement leur qualification.

Cependant, la direction de la famille perd tout intérêt en cas de dissolution du mariage dont la séparation de fait en constitue une des causes. Or, il venait d'être indiqué que la plupart des cas de séparation de fait ont leurs causes dans la commission, par les époux, de l'infidélité. Celle-ci a d'ailleurs été relevée comme constitutif de la deuxième cause de divorce. En effet, sur 90 cas de causes légales du divorce au sens de l'article 180 du code de la famille, l'infidélité occupe le deuxième rang après la séparation de fait, avec 23 cas, soit 25, 88% (Auguste Iloki, « Le droit du divorce au Congo », Paris, L'Harmattan, 2004, p. 157).

CHAPITRE II

LE DEVOIR DE FIDÉLITÉ

Selon les dispositions du code de la famille, les époux qui contractent le mariage souscrivent, l'un à l'égard de l'autre, l'engagement de fidélité : « Les époux se doivent mutuellement fidélité » (art. 167, C. fam.). Le mariage étant la source de cette obligation, le devoir de fidélité doit donc être respecté autant par le mari que par la femme.

195 – Fidélité, définition. Le législateur n'a pas pris soin de définir ce qu'il entend par le mot « fidélité ». Il renvoie ainsi l'interprète à comprendre cette notion en se référant aux mœurs. La fidélité est en effet d'acception morale. Sa perception peut varier aussi bien selon les époques que suivant les milieux, voire les individus. Si la fidélité traduit en général l'inconstance manifestée par quelqu'un dans ses affections, ses sentiments, ses relations, elle signifie, dans le domaine précis du mariage, l'obligation réciproque qui incombe à chacun des époux de ne pas entretenir de relations sexuelles en dehors de son conjoint. Il s'agit donc d'un engagement de leur volonté, basée sur la raison et résistible à toute pression indécente tendant à sa violation.

Chacun des époux doit, en effet, éviter de se laisser obnubiler par le sexe, du moins en dehors du mariage. La fidélité peut être observée par la pratique de la technique de la fiction de la permanence de la présence d'un époux dans l'esprit de l'autre conjoint en tout temps et en quelque endroit où il se trouve. C'est certainement cette attitude d'un époux, ayant le sens moral très élevé, qui le rendra apte à résister aux provocations ou aux sollicitations impudiques. Il en découlera l'épanouissement du mariage et donc le bonheur des époux, tout au moins sous cette sphère de leur vie conjugale.

L'infidélité est caractérisée dans la jurisprudence sans aucune définition générale mais suivant des formes diverses et selon la méthode déductive. Ainsi, sont constitutifs de l'infidélité d'un époux, par exemple :

– le fait pour un époux d'avoir des amants (T. P. Q Makélékélé, 22 juillet 1998, R. C n° 165, Rép. n° 282, inédit) ;

– le fait que la femme avoue avoir contracté une grossesse en dehors du domicile conjugal, le père de son enfant étant une personne autre que son mari (T. I Poto-Poto, 29 septembre 2000, R. C n° 1196, Rép. n° 1045, inédit) ;

– la naissance d'un enfant issu des relations adultérines d'une femme avec un homme condamné pour complicité d'adultère (T. P. C. B, ar. civ. n° 047, 11 juin 1991, inédit) ;

– le fait pour une femme d'entretenir des relations intimes avec un autre homme que son époux (T. G. I Brazzaville, 21 avril 2000, R. C, n° 280, Rép. n° 354, inédit) ;

– l'entretien, par le mari, d'une concubine au domicile conjugal s'il est déclaré coupable de ce délit par le juge (T. P. Q Makélékélé, 13 octobre 1989, R. C n° 168, Rép. n° 390, inédit) ;

– la réception, par le mari, d'une lettre d'amour de sa concubine (T. I Makélékélé et Bacongo-Brazzaville, 25 juin 2002, R. C n° 359, année 2001, Rép. n° 215, inédit) ;

– les relations intimes d'un homme avec une femme qui a donné naissance à un enfant adultérin (C. A Brazzaville, ar. civ. n° 065, 25 mars 1992, inédit) ;

– l'acquiescement par le mari des faits d'infidélité allégués par sa femme au cours d'une instance en divorce (T. I Makélékélé et Bacongo-Brazzaville, 30 avril 2002, R. C n° 75, année 2000, Rép. n° 155, inédit) ; T. P. Q Makélékélé, 23 février 1990, R. C n° 051, année 1990, Rép. n° 076, inédit).

196 – Fidélité, devoir ou obligation. Le code de la famille n'a usé ni du terme « devoir », ni de celui d'« obligation » pour caractériser la fidélité des conjoints. Il s'est contenté de prescrire que les époux « se doivent mutuellement fidélité (art. 167, C. fam.).

Or, « se devoir fidélité », c'est se placer dans l'obligation de se consacrer à observer la fidélité. Il y a donc deux aspects indissociables qu'il faut reconnaître à l'expression « devoir de fidélité ». On doit y percevoir à la fois un devoir et une obligation.

Le « devoir de fidélité » est un devoir car en l'utilisant, le législateur a voulu teinter les prescriptions légales d'une certaine coloration morale, dans l'intérêt de la vie conjugale.

Le « devoir de fidélité » est une obligation parce qu'il crée un lien juridique entre les époux, en vertu duquel chacun s'abstient d'avoir des relations charnelles ou physiques en dehors du foyer conjugal, autrement dit avec d'autres personnes que le conjoint.

On peut remarquer que la réciprocité de l'obligation de fidélité ou du devoir de fidélité met à la disposition de chaque époux l'obligation de le respecter et le droit d'en exiger de l'autre son observation. C'est bien là le principe que l'on constate dans l'exécution des obligations synallagmatiques. L'obligation constituant un rapport entre les deux époux, les place l'un à l'égard de l'autre dans la position de débiteur et de créancier.

Ainsi, si le mari est débiteur de l'obligation ou du devoir de fidélité vis-à-vis de sa femme, qui en est créancière, celle-ci est également, par l'effet du caractère mutuel de l'engagement, débitrice de l'obligation ou du devoir de fidélité à l'égard de son mari qui en devient, à son tour, créancier.

Cependant, dans la pratique, ce devoir ou cette obligation de fidélité n'est pas souvent sanctionnée lorsqu'il n'y a pas encore eu détérioration de l'harmonie dans le mariage. Un des époux ne peut, en effet, dénoncer en justice la violation du devoir ou de l'obligation de fidélité de son conjoint, découlant, par exemple, de l'adultère de la femme ou de l'entretien d'une concubine au domicile conjugal par le mari, que s'il a l'intention de mettre un terme au lien matrimonial par le divorce lors que ce dernier apparaît comme seule issue au règlement du conflit conjugal démonstratif de la ruine du mariage.

L'infidélité constitue en effet la cause génératrice du manque de confiance, de quiétude et de paix dans le mariage car en la pratiquant, les époux se déshonorent l'un et l'autre, s'humilient et s'amoindrissent. Les enseignements religieux paraissent à cet égard d'un apport indéniable car ils moralisent la vie matrimoniale par l'éthique qu'ils établissent.

La loi prévoit que la violation du devoir de fidélité par le mari (section 1), par la femme (section 2) ou par les deux à la fois (section 3), si elle rend intolérable la vie commune des époux, peut être sanctionnée par la rupture du lien matrimonial (art. 180-1, C. fam.).

Section 1
Le défaut de fidélité du mari

197 – Infidélité du mari, violation du devoir de fdélité. Le code de la famille impose aux époux indistinctement, donc au mari et à la femme, et non pas à l'un ou à l'autre uniquement, le respect du devoir de fidélité en vue de sauvegarder le lien matrimonial. En effet, la violation de l'obligation de fidélité est sanctionnée légalement par le divorce. Aux termes de l'article 180-1 du code de la famille, le divorce peut être prononcé à la demande de l'un des époux lorsque la vie commune est devenue intolérable par suite de l'infidélité.

198 – Infidélité du mari, inexistence de l'adultère. La forme légale par laquelle l'infidélité se manifeste est l'adultère dont il n'est fait aucunement état dans le code de la famille.

Pourtant, le rapport de présentation dudit code révèle bien que l'adultère est la manifestation de la violation du devoir de fidélité. Ainsi, sa commission justifiait la rupture du lien matrimonial (R. p .c .fam., Brazzaville, avril 1983, p. 25, inédit) au même titre que les excès et les injures imputables à l'un ou l'autre des époux, l'inconduite notoire, l'abandon moral ou matériel du foyer, l'absence déclarée de l'un des époux, la séparation de fait prolongée depuis trois ans, l'impuissance ou la stérilité définitive médicalement constatée de l'un des époux, la condamnation à une peine correctionnelle ferme pour des faits contraires à l'honneur, à la probité ou aux bonnes mœurs (art. 82, P. c. fam.).

Cette approche n'a pas été partagée par les députés lors de la discussion du projet de loi portant code de la famille à l'Assemblée nationale. L'adultère n'a pas été admis comme cause du divorce malgré les éléments fournis par la coutume à cet égard. Le législateur avait préféré le terme « infidélité » pour éviter de créer la discrimination dans le respect du devoir de fidélité entre le mari et son épouse.

On voit bien que c'est pour ne pas laisser échapper les actes d'infidélité de l'homme que les députés avaient choisi le terme « infidélité » comme cause du divorce, plutôt que l'adultère, qui ne vise que l'homme. Ainsi, l'homme et la femme sont astreints, au même degré, au respect du devoir ou de l'obligation de fidélité. L'on observe, toutefois, la rupture de cette égalité en cas d'infidélité car la règle semble être la tolérance, plus élevée, de ces faits par les femmes, les hommes traitant avec plus de sévérité les conséquences de l'infidélité de leur conjointes.

En effet, l'adultère est, en l'état actuel du droit congolais, la forme de la violation de l'obligation de fidélité, essentiellement, par la femme. La volonté du législateur étant d'établir l'égalité du couple devant le devoir de fidélité dans le mariage, il est donc normal de considérer, dans le code de la famille, non pas l'adultère, mais l'infidélité comme constitutive de la cause du divorce car elle peut être reprochée aussi bien au mari qu'à son épouse.

Le mari ne pouvant, selon l'incrimination actuelle de l'adultère, être coupable que des faits de complicité d'adultère, les relations physiques qu'il entretiendrait, en dehors du mariage, non pas avec une femme mariée, mais avec une femme célibataire, n'affecteraient par conséquent pas son ménage. Pour être complice d'adultère, il faut qu'au préalable existe l'auteur principal d'une infraction. En l'occurrence, c'est la femme mariée qui aurait des relations intimes avec un autre homme que son mari qui pourrait être auteur principal de l'infraction d'adultère. L'homme avec lequel l'infraction serait consommée, en raison de ce qu'il en aurait fourni le moyen (son sexe), en serait incontestablement le complice en cas de constitution des faits.

Aux termes de l'article 338 du code pénal : « Le complice de la femme adultère sera puni de l'emprisonnement pendant le même espace de temps et, en outre, d'une amende de 24 000 francs à 480 000 francs... ». C'est l'article 337 du code pénal relatif à l'incrimination des faits d'adultère de la femme qui précise ce délai d'emprisonnement qui est de trois mois au moins et deux ans au plus.

L'infidélité de l'homme marié peut donc être déduite de la commission, par lui, de l'infraction d'entretien d'une concubine au domicile conjugal. Selon les dispositions de l'article 339 alinéa 1er du code pénal en effet : « le mari qui aura entretenu une concubine dans la maison conjugale et qui aura été convaincu sur la plainte de la femme sera puni d'une amende de 24 000 à 480 000 francs ».

Des faits illustrent cette infidélité de l'homme dans la jurisprudence. Le juge s'inspire, en la matière, de la méthode déductive pour caractériser l'infidélité du mari déclaré coupable, par un jugement correctionnel produit par son épouse lors d'un procès en divorce, du délit d'entretien d'une concubine au domicile conjugal, lequel l'a condamné à deux mois d'emprisonnement avec sursis et à 100 000 francs d'amende (T. P. Q Makélékélé, 13 octobre 1989, R. C n° 168, Rép. n° 390, inédit).

La Cour suprême approuve cette jurisprudence en affirmant que dans le cadre de l'application de l'article 339 du code pénal, le mari prétendument fautif ne peut être convaincu des faits d'entretien d'une concubine au domicile conjugal que s'il a été définitivement déclaré coupable de ces faits et condamné aux peines prévues par la loi.

199 – Adultère du mari, controverse en doctrine sur son existence. Selon certaines affirmations doctrinales, les articles 336, 337 et 338 du code pénal établissent que « l'adultère du mari et par delà celui de l'homme, non seulement existe bien dans la loi, mais encore, est bel et bien puni ». Cette doctrine soutient que « ... l'adultère du mari n'est punissable que dans le cas d'entretien d'une concubine au domicile conjugal » (J Biyoudi, note sous déc. n° 01/DDC/SVE/03 du 30 juin 2003, R. C. D. N, n° 19, année 2006, p. 22).

Certes, dans son sens courant, l'adultère se caractérise par le fait, pour un mari ou une épouse, d'entretenir des relations charnelles avec une autre personne que son conjoint.

Cependant, au plan juridique, l'adultère constitue, comme l'entretien d'une concubine au domicile conjugal, une infraction correctionnelle. Ainsi, leur étude, dans le cadre du droit pénal spécial, exclut de les confondre, en raison même du principe de l'interprétation stricte de la règle pénale qui est d'ailleurs le corollaire de celui de la légalité des délits et des peines. Chacune de ces deux infractions pénales possédant ses éléments constitutifs spécifiques, l'une ne saurait être punie, comme on le prétend la doctrine, dans le cas où l'autre l'est également.

Autrement dit, l'« adultère de l'homme », s'il existait, serait puni indépendamment des peines prévues pour réprimer l'entretien d'une concubine au domicile conjugal. Cette idée n'exclut pas la prévision, par le législateur, des mêmes peines à ces deux infractions mais en les prévoyant séparément, même par référence aux dispositions détaillées de l'autre délit.

Etant donné que rien de tel n'existe dans le dispositif législatif pénal congolais, l'on ne peut affirmer, sans se tromper, qu'il y a une incrimination précise de l'« adultère de l'homme » sans pour autant indiquer la disposition spéciale de la loi en la matière.

Si l'on peut entrevoir, dans les faits qui constituent l'entretien d'une concubine au domicile conjugal, l'infidélité du mari, celle-ci ne saurait nullement être regardée comme étant l'adultère de l'homme, faute encore une fois d'incrimination de celui-ci. Toute confusion à cet égard doit être écartée pour la sérénité de l'interprétation restrictive de la règle de droit pénal.

On ne saurait donc affirmer, comme cela apparaît dans la doctrine qui s'appuie sur les dispositions de l'article 339 du code pénal incriminant, non pas l'adultère, mais une autre infraction ayant la qualification d'entretien d'une concubine au domicile conjugal, que « l'adultère du mari est aussi puni par la loi » (Gaétan Alexandre Puati, « L'adultère de la femme en droit congolais », Rev. de Dr. Afric., n° 36/05, p. 366).

Et l'on ne peut, dans ces conditions, prendre prétexte de ce qu'il a été écrit que « l'adultère constitue, en l'état actuel de la législation congolaise, la violation du devoir de fidélité essentiellement par la femme » (cf. Auguste Iloki « Le droit du divorce au Congo », Paris, L'Harmattan, 2004, p. 22), pour tenter d'y déceler une reconnaissance, par l'auteur, de l'existence de l'adultère de l'homme et de conclure que cette affirmation résulte de ce « qu'à immoralité égale, l'adultère de la femme paraît plus grave que celui de l'homme » (Gaétan Alexandre Puati, op. cit., p. 366).

La conception de l'adultère par le législateur congolais est néanmoins, à tous égards, regrettable en considération des dispositions constitutionnelles qui proclament l'égalité des citoyens et l'interdiction de toute discrimination fondée sur le sexe (art. 8, Const., 20 janvier 2002).

L'on comprend, dans ces conditions, les récriminations qui s'élèvent contre les articles 336 et 337 du code pénal relatifs à l'incrimination, estimée discriminatoire, de l'adultère et de l'abandon du domicile conjugal.

Dans la mesure où ils ne visent uniquement que la femme, l'inconstitutionnalité de ces articles a déjà été soulevée, par voie d'exception, devant la Cour suprême. Les parties au procès devant cette juridiction dénonçaient l'inégalité entre l'homme et la femme créée par ces dispositions.

L'appréciation de la constitutionnalité des lois relevant de la compétence exclusive de la Cour constitutionnelle, la Cour suprême avait sursis à statuer et imparti aux prévenus d'adultère et complicité un délai pour lui apporter la preuve de la saisine du juge constitutionnel (Ch. pén., 21 février 2003, arrêt n° 007/G. c. s, (cf., Auguste Iloki, « Le droit du divorce au Congo », Paris, L'Harmattan, 2004, p. 32).

Vidant sa saisine, la Cour constitutionnelle a décidé que les articles 336 et 337 du code pénal sont conformes à la Constitution (C. const., décision n° 1/DCC/SVE/03, 30 juin 2003, cf. Auguste Iloki, « Le droit du divorce au Congo », Paris, L'Harmattan, 2004, pp. 33-34).

200 – Infidélité du mari, preuves. Selon les prescriptions de l'article 338 du code pénal : « ... Les seules preuves qui pourront être admises contre le prévenu de complicité seront, outre le flagrant délit, celles résultant de lettres ou autres pièces écrites par le prévenu ».
Se basant sur ce texte, le juge considère, comme preuves suffisantes de l'infidélité du mari :

- la lettre d'amour adressée au mari par sa concubine ;
- le procès-verbal d'huissier de justice constatant l'entretien par le mari d'une concubine au domicile conjugal, laquelle a déjà donné naissance à un enfant ;
- l'aveu des faits d'infidélité par le mari lors d'une instance en divorce ;
- le défaut de contestation des faits d'infidélité par le mari qui entretient, selon son épouse, des relations intimes avec deux femmes, vit maritalement avec elles, a trois enfants avec l'une d'elles alors qu'il est marié sous le régime de la monogamie.

Le juge considère aussi comme preuve de l'infidélité caractérisée du mari le fait qu'il a fait des enfants en dehors du toit conjugal et entretient des concubines (T. G. I Ouesso, 31 mars 2000, R. C. n° 42, Rép. n° 12, inédit).

201 – Infidélité du mari, polygamie. Les futurs époux, qui choisissent le régime polygamique pour leur union projetée, doivent le faire savoir à l'officier de l'état civil en souscrivant la déclaration d'option de polygamie deux mois avant la célébration du mariage et plus précisément à l'occasion de la remise des pièces exigées à cet effet (art. 136, C. fam.).

Cette option intéresse les deux futurs époux à qui l'officier de l'état civil pose des questions séparées et recueille les réponses explicites de chacun d'eux.

Cependant, le législateur s'est abstenu de définir le terme « polygamie ». Il s'est fié certainement à l'évidence, ce mot évoquant en général, dans le langage courant, la situation d'une personne polygame, c'est-à-dire celle qui se trouve liée, par l'effet des mariages multiples, à au moins deux épouses à la fois.

La société congolaise ne connaissant pas la polyandrie, c'est-à-dire le fait pour une femme d'avoir plusieurs maris, la déclaration d'option de polygamie signifie donc que l'homme accepte de se remarier avec autant de femmes qu'il le désire sans que la première union ou les unions précédentes ne soient dissoutes. Du côté de la femme, cette option est naturellement comprise comme l'acceptation du partage de la vie conjugale avec le même mari qu'une ou plusieurs autres co-épouses.

Et c'est justement cette « cohabitation à plusieurs », que l'on peut qualifier volontiers de « cohabitation multiple », qui pose le problème de l'exécution rationnelle de l'obligation ou du devoir de fidélité. On peut se demander légitimement si l'obligation de fidélité à laquelle le polygame est soumis par l'effet du mariage ne serait pas une fiction.

Les rédacteurs du projet de loi portant code de la famille avait examiné cette question. Ils avaient conclu que l'homme polygame ne peut justifier la consommation de tout acte sexuel avant la célébration d'un nouveau mariage. C'est ainsi qu'ayant prévu en ce moment les fiançailles, ils proposaient que les fiancés, qui pouvaient se rendre réciproquement visite, devaient se respecter mutuellement, de même qu'ils étaient dans l'obligation de se conduire de manière réservée à l'égard des tiers. La doctrine pense que cette dernière expression vise à interdire aux fiancés la consommation de l'acte sexuel avant le mariage et cette prohibition n'épargne pas le polygame (Auguste Iloki, « Le droit du divorce au Congo », Paris, L'Harmattan, p. 40).

Il importe de rappeler que les fiançailles n'ont finalement pas été retenues dans le code de la famille, le législateur ayant préféré substituer cette institution à celle de pré-mariage pour tenir compte, selon la volonté des députés lors des travaux en commission, du mariage coutumier.

Or justement, la coutume « lari » appliquée par la Cour suprême, en matière de droit privé traditionnel, dans une espèce spécifique, légitime les relations sexuelles extraconjugales. Les rédacteurs du projet du code de la famille, qui reconnaissaient la célébrité de l'arrêt y relatif jugeant excessive la jalousie d'une femme dans le mariage polygamique, avaient cependant stigmatisé sa motivation basée sur l'assimilation des relations sexuelles extraconjugales du mari dans une telle union à « des recherches tendant à contracter des mariages » (Ch. jud., ar. n° 28, 16 avril 1971, B.a.c.s., n° 1, p. 153).

Cet arrêt inique de la Cour suprême n'a été qu'une décision isolée rendue en application de la règle coutumière dont l'écho s'est volatilisé avec la réforme de l'organisation judiciaire ayant supprimé les tribunaux traditionnels et l'adoption du code de la famille qui a, de manière générale, ôté tout effet juridique à la coutume. Il apparaît, en effet, du rapport de présentation du projet de loi portant code de la famille, que ses auteurs n'ont pas été particulièrement préoccupés par le respect des coutumes, pas plus qu'ils n'ont recherché la ligne médiane à travers leur diversité car ils étaient fondamentalement orientés vers la rédaction d'un code de la famille dominé par la modernité (P. l. p .c .f., rapport de présentation, Brazzaville, avril 1983, p. 1).

D'ailleurs, la solution retenue par la Cour suprême n'a pas été reproduite dans le contexte moderne du pré-mariage et encore moins du mariage.

On peut cependant manifester une certaine sensibilité aux inquiétudes, dont la pertinence n'est pas douteuse, exprimées par la doctrine relativement à l'inefficacité de la fidélité du mari polygame. Selon elle, ce dernier « voulant exercer le droit que la loi lui reconnaît, épouser plusieurs femmes, passe nécessairement par une période plus ou moins longue d'infidélité » (O. F. J. Matokot, « La fidélité dans l'engagement polygamique : quelle fidélité ? », R. D. N., n° 003, mai/juin 2001, p. 5).

202 – Infidélité du mari, monogamie. Le juge déduit la violation grave du devoir de fidélité du mari qui, ayant contracté mariage sous le régime de la monogamie, vit en concubinage avec une femme de laquelle il a eu trois enfants (T. G. I Brazzaville, 21 février 2003, R. C, n° 657, année 2002, Rép. n° 40, inédit).

Le fait pour le juge de retenir le régime de la monogamie comme celui dans lequel doit être respecté le devoir de fidélité par le mari pose le problème de l'observation par ce dernier de l'obligation de fidélité en cas de polygamie. Rien ne devrait permettre au mari polygame la violation dudit devoir dans la mesure où il est tenu à son respect à l'égard de chacune de ses épouses. Comme dans le mariage monogamique, il doit s'abstenir d'entretenir une concubine dans la maison conjugale au risque de se voir reprocher la violation du devoir de fidélité.

203 – Infidélité du mari, changement d'option du mariage monogamique en mariage polygamique. La jurisprudence laisse apparaître la subtilité de certains époux désireux de contourner la loi pour s'affranchir du devoir de fidélité. Estimant qu'ils ne sont pas astreints avec la même force au respect de la fidélité en cas de polygamie, certains hommes se plaisent à solliciter du juge la modification de l'option de monogamie en option de polygamie. Ainsi, celle-ci leur servirait de paravent pour justifier, sinon atténuer la portée de leurs actes d'infidélité qui découlent le plus fréquemment de l'entretien de concubine dans la maison conjugale.

Dans la recherche de la légitimation de cette situation, ces maris infidèles triomphent quelquefois dans leur action, obtenant ainsi du juge la modification de leur acte de mariage pour y insérer ce changement (T. G. I Pointe-Noire, 26 août 2003, R. C n° 705, année 2003, Rép. n° 861, inédit).

Section 2
Le défaut de fidélité de la femme

204 – Infidélité de la femme, adultère. La loi pénale punit précisément l'infidélité de la femme à travers l'incrimination des faits d'adultère. Aux termes de l'article 337 du code pénal : « La femme convaincue d'adultère, et en cas de mariage célébré selon la coutume locale, celle qui, sans motif grave ou hors les cas prévus par ladite coutume, aura abandonné le domicile conjugal, subira la peine de l'emprisonnement pendant trois mois au moins et deux ans au plus ».

Il est vrai que cette disposition ne fournit pas les éléments constitutifs de l'infraction d'adultère. De manière générale, il s'agit du fait pour la femme d'avoir un partenaire sexuel autre que le mari. C'est le fait pour elle d'entretenir des relations sexuelles en dehors du mariage, c'est-à-dire avec un homme qui n'est pas son époux mais qui est son complice. Celui-ci est puni des mêmes peines d'emprisonnement que la femme auteur du délit d'adultère. Cependant plus que l'auteur principal exempté de la peine d'amende, le complice d'adultère, c'est-à-dire l'homme, célibataire ou marié, qui a aidé, par le moyen de son sexe, la femme à commettre ce délit, est en outre passible d'une amende d'un montant de 24 000 francs à 480 000 francs (art. 338, C. pén.).

La doctrine ne semble pas unanime sur cette qualification juridique des faits d'infidélité de l'homme. Au lieu de considérer l'homme comme le complice de la femme qui a commis l'adultère, certains auteurs y voient plutôt l'adultère du mari sans viser le texte du code pénal qui prévoit cette infraction à l'égard de l'homme. Cette approche les conduit à distinguer l'adultère de l'homme de l'adultère de la femme : « A la différence de l'adultère du mari qui est un délit d'habitude, celui de la femme est un délit instantané » (Gaétan Alexandre Puati, op. cit. p. 354).

On peut observer que la peine prévue par la loi, pour punir le complice d'adultère, est la même que celle que subit le mari qui aura entretenu une concubine dans la maison conjugale et qui aura été convaincu sur la plainte de sa femme aux termes de l'article 339 du code pénal. C'est peut-être cette identité de peines des infractions de complicité d'adultère et d'entretien d'une concubine dans la maison conjugale qui a fait penser dans la doctrine à l'incrimination de l'adultère de l'homme « ... dans le cas d'entretien d'une concubine au domicile conjugal » (J. Biyoudi, note sous déc. n° 01/DCC/SVE/03 du 30 juin 2003, R. C. D. N, n° 19, année 2006, p.22).

Une approche nouvelle de l'adultère détachée de l'esprit et de la lettre du code pénal est perceptible dans l'avant projet du code pénal élaboré en 1987. Etablissant le principe égalitaire entre l'homme et la femme, ses rédacteurs ont défini l'adultère comme « le fait par une personne engagée dans les liens du mariage ou du pré-mariage d'avoir des relations sexuelles, en quelque lieu que ce soit, avec un autre que son conjoint ou son pré-marié » (art. 280, P. l. p. c. p, II, texte, novembre 1987).

La démarcation de ce projet de loi sur le délit d'adultère est nette car ce n'est plus uniquement « la femme » qui est l'auteur principal et unique de cette infraction mais également « la personne mariée ou pré-mariée ».

On relève aussi l'harmonisation de la peine puisqu'il est prévu à l'encontre de l'homme comme de la femme coupable du délit d'adultère l'emprisonnement de deux à cinq mois et / ou une amende de 100 000 francs à 1 000 000 de francs.

Cette nouvelle conception de l'adultère a conduit, les auteurs du projet de loi, à punir le ou la complice d'adultère de sanctions portées au double de celles qui sont normalement prévues à l'encontre des prévenus dudit délit dans le cas où l'adultère de l'un ou l'autre époux aura été commis au domicile conjugal (art. 281, P. l. p. c. p, II, texte, novembre 1987).

Du point de vue de ses effets, l'adultère n'est pas considéré par la législation actuellement en vigueur comme une cause de divorce. Dans la mesure où l'article 180 du code de la famille, qui fournit l'énumération des causes du divorce, ne le mentionne pas parmi les causes du divorce, on ne peut donc affirmer, comme cela apparaît dans la doctrine, que « Hormis la dissolution du lien matrimonial, l'adultère de la femme peut aussi avoir des conséquences sur la filiation » (Gaétan Alexandre Puati, Op. cit. p. 354).

Le code pénal ne précise pas les différents modes de preuves qui sont admises contre la femme prévenue d'adultère. Pourtant elle indique clairement, s'agissant du prévenu de complicité d'adultère, que les seules preuves qui pourront être admises contre lui seront « outre le flagrant délit, celles résultant de lettres ou autres pièces écrites part le prévenu » (art. 338, C. p.).

205 – Infidélité de la femme, preuves. C'est uniquement à travers les éléments fournis par les espèces jurisprudentielles que l'on peut savoir quel mode de preuve est susceptible de satisfaire le juge dans l'exercice de son pouvoir souverain d'appréciation des faits d'infidélité qui lui sont soumis. Les preuves les plus déterminantes résultent des écrits, constitués essentiellement des lettres adressées à la femme par ses amants. Il y a également des photographies de la femme avec ses amants qui sont prises en compte, de même que son aveu d'infidélité, la présomption d'infidélité, le procès-verbal de constat d'infidélité.

L'aveu d'infidélité a été retenu par le juge dans une espèce où la femme avait promis à son mari, au cours d'un moment d'anxiété, de devenir infidèle (C. A Brazzaville, ar. civ. n° 082, 8 avril 1992, inédit).

La preuve de l'infidélité de la femme peut aussi découler du procès-verbal dressé par un huissier de justice, à la demande de son mari qui souhaite établir les faits d'infidélité de son épouse. Il en est le cas lorsque l'huissier de justice constate dans son acte que la femme a donné naissance à un enfant issu des relations adultérines avec un autre homme condamné, pour complicité d'adultère, au paiement des dommages et intérêts au mari (T. P. C. Brazzaville, ar. civ. n° 047, 11 juin 1991, inédit).

Même en l'absence de procès-verbal d'huissier, le juge déduit les actes d'infidélité de la femme de la naissance de filles jumelles alors que le mari se trouve à l'étranger et la femme au Congo (C. A Brazzaville, ar. civ. n° 0462, 7 juillet 1999, rôle n° 032/99, inédit). Dans cette espèce, le juge n'avait pas accepté les arguments de la femme justifiant son infidélité du fait de l'absence de son mari et de la longue période de privation des rapports sexuels avec lui. Pour le juge, elle devait observer l'abstinence pour conserver tout son sens au devoir ou à l'obligation de fidélité.

206 – Infidélité de la femme, présomption. Si la simple suspicion de l'infidélité de sa femme par son mari ne saurait constituer un mode de preuve, il n'en est pas de même des présomptions. Le juge considère comme présomption suffisante d'infidélité, le fait pour une femme de reconnaître avoir contracté une grossesse hors du domicile conjugal, et donc des œuvres d'un homme autre que son mari (T. I, Poto-Poto, 29 septembre 2000, R. C. n° 1196, , Rép. n° 1045, inédit).

Section 3
Le défaut de fidélité des époux

207 – Infidélités conjuguées des époux, cas. Des cas de constatation de l'infidélité concomitante du mari et de sa femme abondent dans la jurisprudence. C'est uniquement au cours des procès en divorce que des révélations réciproques des actes d'infidélité sont faites au juge pour qu'il en tire la conséquence juridique du divorce conformément à l'article 180 du code de la famille : « Le divorce peut être prononcé à la demande de l'un des époux :

« 1 - Lorsque la vie commune est devenue intolérable par suite de l'infidélité... ».

C'est ainsi que le juge caractérise concomitamment l'infidélité du mari et de son épouse en relevant respectivement l'entretien d'une concubine au domicile conjugal et la présomption suffisante d'infidélité (T. I Poto-Poto, 2 avril 1999, R. C n° 208, Rép. n° 183, inédit).

Le juge se base aussi sur l'acquiescement des époux qui découle de l'absence de contestation de multiples actes d'infidélité reprochés à l'un par l'autre et réciproquement, pour constater la violation du devoir de fidélité par le mari et la femme (T. G. I Ouesso, 23 août 2000, Rép. n° 42, inédit).

208 – Infidélités conjuguées du mari et de sa femme, aveux des époux. Les juges du tribunal de grande instance peuvent déduire l'infidélité réciproque, du mari et de la femme, des aveux de ces derniers relatifs à leurs rapports d'intimité avec d'autres partenaires (T. G. I Brazzaville, 24 novembre 2000, R. C n° 448, année 2000, Rép. n° 997, inédit).

CHAPITRE III

LES DEVOIRS DE SECOURS, D'AIDE ET D'ASSISTANCE

Le code de la famille n'a pas dissocié l'examen du devoir de secours, qui comporte une obligation pécuniaire entre époux, du devoir d'aide et d'assistance qui relève des obligations extrapatrimoniales du mariage.

La loi ne fournit aucune indication sur les contours du devoir d'aide et d'assistance. C'est donc la doctrine qui doit en proposer la compréhension, de même que la jurisprudence chargée d'appliquer le texte y relatif.

Les précisions sur le devoir de secours ayant été fournies plus haut lors de l'étude des effets patrimoniaux du mariage (cf. supra, p. 185), il reste à examiner le contenu du devoir d'aide et d'assistance (section 1) ainsi que les sanctions qui découlent de son inexécution (section 2).

Section 1
Le contenu du devoir d'aide et d'assistance

C'est après avoir prescrit aux époux le devoir de fidélité que la loi prévoit, dans la même disposition, à leur égard, le respect du devoir d'aide et d'assistance : « Les époux se doivent mutuellement fidélité. Ils se doivent secours, aide et assistance réciproque pour la sauvegarde des intérêts moraux et matériels du ménage et des enfants » (art. 167, C. fam.).

209 – Aide et assistance, contenu. L'aide réciproque des époux ne se conçoit que comme étant le concours que l'un fournit à l'autre, l'appui que le mari ou la femme prête à l'autre conjoint, le soutien que l'un des mariés apporte à l'autre. Or, le concours, l'appui et le soutien reflètent l'assistance que l'homme offre à sa femme et réciproquement.

On doit donc considérer que les termes « secours », « aide » et « assistance » étant des synonymes, le fait qu'ils soient simultanément et successivement utilisés par le législateur dans la même disposition de l'article 167 du code de la famille, en un seul bloc, permet de croire que le groupe de mots « secours, aide et assistance » constitue une expression générique qui évoque simplement et uniquement l'appui d'un conjoint à l'autre dans les difficultés qu'ils rencontrent au cours de la communauté de vie que leur impose le mariage.

Ainsi, le devoir d'aide et d'assistance renvoie en principe aux soins de nature personnelle c'est-à-dire ceux dont la nécessité résulte de l'état que présente chacun des époux relativement à sa santé, à son âge ou, de manière générale, à la situation particulière dans laquelle il se trouve momentanément ou durablement placé. C'est le cas d'un époux qui a par exemple besoin du réconfort face à une difficulté précise de son existence.

210 – Aide et assistance, domaines. L'exercice du devoir d'aide et d'assistance ne paraît pas pouvoir connaître de limites précises en raison de l'infini variété de situations susceptibles de justifier l'intervention de l'époux créancier de l'obligation d'assistance, surtout lorsqu'il y a communauté de vie entre les conjoints.

On peut, à titre indicatif, citer l'assistance en cas de maladie d'un des époux quel que soit le régime matrimonial, l'aide à l'effort physique d'un époux en cas d'épuisement des forces de l'autre par la vieillesse, l'assistance morale qui se résume au partage de la douleur à l'occasion du décès d'un parent de l'autre conjoint, l'encouragement à l'occasion des périodes d'échec dans la conduite des affaires de la vie courante ou la manifestation de l'affection et de la sympathie lors de la résolution des difficultés rencontrées dans la vie professionnelle par l'un des mariés…

Le devoir d'aide et d'assistance est ainsi, par sa nature et ses manifestations souhaitées, un devoir de solidarité entre époux pour le maintien d'un cadre de vie décent, un devoir de respect mutuel, de courtoisie réciproque, de collaboration, de sincérité dans les relations entre conjoints, de tolérance réciproque, de pondération dans les propos, de dépassement de soi, d'humiliation et d'oubli de soi, d'honneur, de consolation de l'autre conjoint en difficulté, de cohésion, bref, un devoir d'affection et de dévouement dans les épreuves de la vie conjugale en vue d'assurer la pérennité du mariage. Dans la pratique de la vie conjugale quotidienne, ce devoir est correctement accompli lorsque les époux sont en bons termes.

211 – Aide et assistance, limites. Le devoir d'aide et d'assistance ne saurait connaître d'exécution en dehors du cadre tracé par la communauté de vie des époux. C'est normalement la cohabitation qui le justifie même si le mariage en constitue le fondement. Il disparaît donc à la dissolution du mariage par le divorce ou par le décès.

Le devoir d'aide et d'assistance est absorbé par le devoir de secours et revêt alors un caractère pécuniaire en cas de séparation de fait ou de séparation de corps des époux.

On considère, par une sorte de fiction, que le divorce n'étant pas prononcé, les conjoints sont censés vivre en communauté même si en réalité ils occupent des logements différents pour quelque cause que ce soit. La communauté de vie peut donc exceptionnellement exister même dans les cas où il y a manifestement défaut de cohabitation.

On peut illustrer ces circonstances en pensant par exemple à la prise en charge des frais hospitaliers et pharmaceutiques d'un conjoint malade, en voyage, avec lequel il n'y a donc pas momentanément cohabitation mais qui n'est pas couvert par une assurance-vie, ou d'un époux qui se trouve en stage à l'étranger ou y occupe un emploi, ou même lorsque, se trouvant dans le territoire national, il est temporairement hors de la résidence familiale pour une raison quelconque.

A ces cas de défaut de cohabitation, on peut ajouter celui de l'époux absent, au sens de l'article 108 alinéa 1er du code de la famille, c'est-à-dire le conjoint dont le manque de nouvelles rend son existence incertaine ou encore le cas de l'époux disparu, tel que l'entend l'article 108 alinéa 2 de cette loi, autrement dit, le conjoint dont l'absence s'est produite dans des circonstances mettant sa vie en danger, sans que son corps ait pu être retrouvé.

Cependant, la communauté de vie entre un époux visible et son conjoint absent n'est concevable que dans l'hypothèse où le jugement déclaratif du décès de l'absent n'est pas encore rendu par le tribunal ayant déclaré son absence.

En effet, le législateur ayant fait coïncider, par une espèce de fiction, la date du décès de l'absent à la date du jugement déclaratif dudit décès (art. 115, al. 3, C. fam.) qui peut intervenir à la demande de tout intéressé, notamment la femme, dix ans après les dernières nouvelles de l'absent (art. 115, al.1er, C. fam.), et ledit jugement ayant la même force probante que l'acte de décès (art. 118, C. fam.), il s'ensuit que le divorce est dans ces conditions acquis.

S'agissant des effets extrapatrimoniaux du retour de l'absent liés au jugement déclaratif de décès, la loi opère la distinction entre les effets relatifs au remariage du conjoint présent et ceux liés au divorce obtenu par ce dernier.

C'est ainsi que l'époux présent, qui se remarie après le jugement déclaratif de l'absence de son conjoint absent mais avant le jugement déclaratif de son décès, s'il a obtenu son divorce en se conformant à la disposition de l'article 114 alinéa 2 du code de la famille qui lui permet de demander le divorce pour cause d'absence, ne peut voir son nouveau mariage contesté suite à la réapparition de l'autre époux déjà déclaré absent par jugement y afférent. Aux termes de l'article 120, alinéa 2 du code de la famille, ce divorce et ce second mariage sont opposables à l'époux qui reparaît (sur la procédure de déclaration du décès de l'absent et les effets du retour de l'absent, cf. Auguste Iloki, « Le droit des successions au Congo, tome 1 », Paris, L'Harmattan 2006, pp. 30-34).

Il en est de même s'agissant de l'époux disparu dont le jugement déclaratif de décès revêt la même valeur probante que l'acte de décès (art. 118, C. fam.).

La docrtine regrette que le code de la famille ait omis de régler, comme il l'a fait pour l'absent, les effets extrapatrimoniaux du retour du disparu. Elle estime que le législateur aurait dû « prévoir une disposition semblable à celle qui concerne le retour de l'absent, en décidant que le nouveau mariage de son conjoint lui est opposable, dans le seul intérêt de maintenir en l'état les situations juridiques acquises en matière matrimoniale » (cf. Auguste Iloki, « Le droit des successions au Congo, tome 1 », Paris, L'Harmattan 2006, p. 40).

Section 2
Les manquements au devoir d'aide et d'assistance

212 – Aide et assistance, manquements. Le devoir d'aide et d'assistance peut être incorrectement exercé par l'un des époux ou les deux à la fois. Les manquements y relatifs ont été retenus par le législateur comme cause du divorce.

En effet, selon l'article 180-2 du code de la famille, le divorce peut être prononcé à la demande de l'un des époux « lorsque la vie d'un conjoint et la sécurité des enfants sont gravement compromises par l'inconduite ou par l'abandon moral ou matériel du foyer ». Plus précisément, c'est ici l'abandon moral ou matériel du foyer qui caractérise le manquement au devoir d'aide et d'assistance.

La jurisprudence des juridictions civiles, statuant en matière de divorce, fournit, en l'absence de précision légale, quelques exemples de faits qui illustrent l'abandon moral ou matériel du foyer :

– le fait pour la femme de quitter le domicile conjugal sans l'accord de son mari et de refuser de le réintégrer (T. G. I Brazzaville, 21 avril 2000, R. C. n° 280, année 2000, Rép. n° 354, inédit).

– le fait pour le mari de quitter le domicile conjugal pour aller habiter définitivement chez l'une de ses maîtresses (T. I Makélékélé et Bacongo-Brazzaville, 30 avril 2002, R. C. n° 75, année 2000, Rép. n° 155, inédit) ;

– le fait pour le mari de contracter un mariage traditionnel avec une autre femme, lorsque le premier mariage à l'état civil a été célébré par procuration. Le juge a dans cette espèce considéré qu'il y a là de la part de l'époux, un abandon moral de sa femme; (T. I Talangaï-Ouenzé, 8 juin 2001, R. civ. n° 016, année 2001, Rép. n° 085, inédit) ;

– le fait, pour le mari, d'avoir passé des nuits chez l'une de ses concubines et en son absence, un des enfants issus du mariage décédait (T. G. I Brazzaville, février 2003, R. Civ. n° 657, Rép. n° 40, inédit).

On remarque ici l'assimilation, par le juge civil, de l'abandon du domicile conjugal à l'abandon moral et matériel du foyer. Il est évident, comme cela a déjà été indiqué, que l'absence de vie commune entre les époux est un obstacle majeur à l'exercice du devoir d'aide et d'assistance considéré sous l'angle d'obligation extrapatrimoniale du mariage.

Cependant, l'abandon du domicile conjugal étant une infraction pénale, ne saurait être caractérisée par le juge civil. Celui-ci ne devrait la constater qu'à travers la condamnation de la femme par le juge pénal, en respect du principe selon lequel le criminel tient le civil en l'état. Pourtant le juge civil peut constater l'absence du foyer conjugal d'un époux et déduire de ce fait l'abandon moral et matériel du foyer caractérisant le manquement au devoir d'aide et d'assistance, sans le confondre avec l'infraction d'abandon de domicile conjugal dont le mari ne peut être coupable car il n'est pas visé par cette incrimination.

CHAPITRE IV

LES DEVOIRS DE RESPECT ET D'AFFECTION

La lecture de la disposition de l'article 166 alinéa 1er du code de la famille consacrée à la cohabitation des époux laisse apparaître que les devoirs de respect et d'affection sont issus de la communauté de vie des conjoints réalisée grâce au mariage conclu par eux : « Les époux s'obligent à une communauté de vie. Ils se doivent respect et affection ».

Le lien matrimonial se greffe de deux devoirs qui fondent même l'existence de l'union : le devoir de respect (section 1) et le devoir d'affection (section 2).

Section 1
Le devoir de respect

Chacun des conjoints doit, par le seul effet du mariage, avoir une considération admirative à l'égard de l'autre, de sorte qu'il se conduise envers lui de manière réservée et avec retenue, en l'honorant en toute circonstance, avec déférence, pudeur, estime et vénération. Les mariés doivent réunir en eux toutes les attitudes qui inspirent l'obéissance, l'humilité, la tendresse pour éviter l'apparition au foyer conjugal du chagrin et du remord.

Comme les autres devoirs conjugaux, le devoir de respect ne peut faire l'objet d'une exécution forcée. C'est seulement à l'occasion de la rupture du lien matrimonial que les aspects de sa violation sont exposés au juge chargé d'apprécier les fautes alléguées par celui des époux qui sollicite le divorce.

Le code de la famille ne fournit pas l'énumération des actes qui pourraient être considérés comme constitutifs de la violation du devoir de respect. Ils sont pourtant d'une grande variété. Le problème réside simplement dans leur qualification qui doit correspondre aux faits visés par le code. On peut à cet égard citer les excès, les sévices et les injures comme exemples de faits qui violent le devoir de respect et sont sources de la détérioration du lien matrimonial.

213 – Devoir de respect, manquement par des injures. En l'absence de précision du législateur permettant d'appréhender le sens du terme « injure », la doctrine a tenté de le définir comme étant « tout mot ou expression outrageante adressée à un conjoint par l'autre » (cf. Auguste Iloki, « Le droit du divorce au Congo », Paris, L'Harmattan, 2004, p. 53).

Déjà, lors des travaux préparatoires du projet de code de la famille, il avait été retenu que le refus des époux de consommer le mariage constitue une injure grave constitutive du divorce. Selon les rédacteurs de ce projet de loi, le refus de consommer le mariage par le mari dans le mariage polygamique est de nature à conférer à la femme qui s'estime délaissée de ce fait, la possibilité de saisir le juge pour demander le divorce (cf. P. l. p. c. f., I, Rapport de présentation, Brazzaville, avril 1983, p. 31).

Dans la vie conjugale, les discussions qui dégénèrent en pugilat constituent le cadre où sont généralement proférées des injures susceptibles d'affaiblir la cohésion du couple.

Des cas jurisprudentiels illustrent des manquements au devoir de respect au moyen de l'injure. Ainsi, sont constitutifs, selon le juge, de la violation du devoir de respect dans le mariage :

– le fait que les époux se traitent réciproquement de sorciers (T. P. Q Makélékélé, 1er juillet 1988, R. C n° 181, année 1988, Rép. n° 245, inédit);

– les paroles offensantes prononcées par une femme à l'égard de son mari, du genre : « tu ne représentes plus rien, pauvre retraité, « yo otouli », tu n'es pas le véritable père de mes enfants » (T. G. I Brazzaville, 14 avril 2000, R. C n° 332, année 2000, Rép. n° 331, inédit);

– le fait, pour la femme, de soumettre, non pas aux autorités compétentes ni aux amis du couple, mais à d'autres personnes non habilitées pour régler les litiges matrimoniaux, des problèmes intimes du foyer conjugal (C. A Brazzaville, ar. civ. n° 065, 25 mars 1992, inédit) ;

– l'abstinence sexuelle observée par le mari pendant deux ans alors qu'il est uni par les liens du mariage monogamique avec sa femme et a eu, dans cette période, deux enfants hors mariage (C. A Pointe-Noire, ar. civ. 1er décembre 1990, rôle n° 55, Rép. n° 127, inédit).

214 – Devoir de respect, preuve des injures. Le juge ne retient l'injure, comme cause de divorce au sens de l'article 180 du code de la famille, que si le mari ou la femme qui l'allègue au soutien de sa demande en rupture du mariage prouve les faits qui la caractérisent.

Ainsi, est débouté de sa demande en révocation de la donation fondée sur les dispositions des articles 792 et 679 du code de la famille, présentée à l'occasion de l'instance en divorce, le mari qui n'apporte pas la preuve tangible et irréfutable des injures à lui proférées par son épouse (C. A Brazzaville, ar. civ. n° 107, 22 avril 1992, inédit).

De manière générale, la tendance observée dans la jurisprudence est de ne pas faire droit aux demandes d'un époux qui allègue les injures sans en établir la preuve (C. A Pointe-Noire, ar. civ., 4 décembre 1993, R. n° 42, Rép. n° 121, inédit).

215 – Devoir de respect, manquement par des excès. Sans définir le mot « excès », le code de la famille use de ce terme dans l'énumération des causes du divorce qui peut être prononcé à la demande de l'un des époux « lorsque la vie commune est devenue intolérable par suite de l'infidélité, des excès, sévices, injures imputables à l'un ou l'autre des époux et visant les époux eux-mêmes ou leur belle-famille » (art. 180-1, C. fam.).

S'il y avait lieu d'esquisser une approche de définition des excès dans le contexte conjugal, on pourrait imaginer qu'il s'agit de toute attitude du mari ou de la femme qui outrepasse les limites ordinaires acceptées dans la vie de couple.

En effet, la complexité des relations matrimoniales impose de recommander aux conjoints la modération, élément déterminant du maintien de l'harmonie dans le mariage. Autrement dit, le mari et la femme doivent exécuter leurs devoirs issus du lien matrimonial sans dépasser les limites permises, la mesure moyenne considérée comme normale dans les rapports entre époux. L'objectif recherché par le législateur en la matière est, en effet, l'établissement des rapports apaisés plutôt qu'explosifs entre les époux pour la sauvegarde du mariage.

Ainsi, le juge apprécie souverainement les cas où l'un des époux allègue les excès commis par l'autre pour tirer les conséquences qui affectent la vie du ménage dans le sens de la rupture du mariage. Le domaine des excès est varié :

- la prodigalité du mari, caractérisée par la dilapidation de toutes les économies de la famille lorsque les époux sont mariés sous le régime de la communauté de biens (T. G. I Brazzaville, 15 décembre 2000, R. C n° 657, année 2002, Rép. n° 40, inédit) ;

– les séparations de fait fréquentes et les discordes quasi permanentes (T. G. I Brazzaville, 21 février 2003, R. C n° 657, année 2002, Rép. n° 40, inédit).

Dans d'autres espèces relevées dans la jurisprudence, les excès ne sont pas appréciés par les juges comme des faits isolés. Ils sont dépendants dans ces conditions d'autres faits, tels les sévices ou les injures avec lesquels ils s'associent pour rendre intolérable la vie commune des conjoints (T. G. I Brazzaville, 21 février 2003, R. C n° 657, année 2002, Rép. n° 40, inédit).

216 – Devoir de respect, manquement par des sévices. Comme s'agissant des « injures » et des « excès », la loi n'a pas circonscrit le terme « sévices ».

Ce mot désigne, selon la doctrine « l'ensemble des mauvais traitements corporels que l'un des époux peut exercer sur l'autre pendant la vie commune. Les sévices sont caractérisés par des blessures et des coups volontaires ou toute autre violence ou voie de fait émanant de l'un des époux et visant l'autre conjoint » (Auguste Iloki, « Le droit du divorce au Congo », Paris, L'Harmattan, 2004, p. 47).

Ce point de vue figure déjà dans la jurisprudence qui considère qu'il y a sévices dans le fait pour le mari de :

– tirer violemment son épouse par les cheveux lors d'une dispute (C. A Brazzaville, ar. civ. n° 32, 28 mars 2001, inédit) ;

– battre souvent son épouse, de lui appliquer du piment aux yeux et dans son organe génital (T. P. D. Louvakou, 7 janvier 1989, R. C n° 71, année 1988, Rép. n° 04, année 1989, inédit).

Toutefois, les violences caractéristiques des sévices ne revêtent pas seulement l'aspect physique. Elles peuvent, dans le cadre des violences conjugales qui relèvent majoritairement de la domination masculine, concernées des violences psychologiques manifestées par les actes de l'un des conjoints visant l'humiliation ou la dévalorisation de l'autre époux.

217 – Devoir de respect, preuve des sévices. L'époux qui allègue, dans une instance en divorce, les sévices qu'il a subis de l'autre conjoint doit pouvoir présenter au juge les preuves y relatives. Dans le cas contraire, l'allégation est rejetée (C. A Brazzaville, ar. civ. n° 065, 25 mars 1992, inédit).

La preuve des sévices peut être rapportée par la production d'un certificat médical. Cependant, il a déjà été jugé qu'en présence de deux certificats médicaux présentés par le mari et la femme pour établir l'existence des sévices exercés réciproquement par l'un sur l'autre, est exempté celui, des époux, qui n'a agi que pour riposter aux violences dont il est victime, en l'occurrence le mari, et le divorce est dans ces conditions prononcé aux torts de l'épouse qui est à l'origine des sévices (T. I Makélékélé et Bacongo, Brazzaville, 21 mai 2002, , R. C n° 35, année 2001, Rép. n° 164, inédit);

L'aveu constitue aussi un mode de preuve des sévices. C'est le cas lorsqu'en l'absence de certificat médical, l'époux contre lequel les sévices sont allégués ne les nie pas. L'absence de démenti est, alors, selon le juge, la preuve de la commission des sévices (C. A Brazzaville, ar. civ. n° 082, 8 avril 1992, inédit).

Si dans le mariage le devoir de respect est observé sans anicroche par le mari et la femme, le devoir d'affection en découlera.

Section 2
Le devoir d'affection

La communauté de vie à laquelle s'obligent le mari et la femme implique l'affection qu'ils se doivent l'un à l'égard de l'autre. Comme pour le devoir de respect, le code de la famille n'a pas circonscrit le devoir d'affection, de sorte que sa compréhension renvoie aux éléments issus de la doctrine et de la jurisprudence.

218 – Devoir d'affection, définition. Le code de la famille prévoit que les époux se doivent affection, (art. 166, C. fam.), sans autre précision. On peut tenter de définir l'affection, dans le contexte conjugal, comme étant le sentiment de tendresse qui attache un mari à sa femme et vice-versa, ou l'attachement réciproque que chacun des époux éprouve pour l'autre. L'affection conjugale est donc toujours un sentiment positif caractérisé par sa constance dans le déroulement harmonieux de la vie de couple. L'observation du devoir d'affection dans le foyer est fondamentale car elle permet aux époux d'éviter de sombrer dans l'abomination susceptible de compromettre leur bonne entente.

219 – Devoir d'affection, manifestation par le geste. L'immensité des situations qu'offre la vie de couple interdit de déterminer précisément celles qui sont susceptibles de donner lieu à la manifestation du devoir de fidélité par l'un des conjoints vis-à-vis de l'autre. Ainsi, suivant le hasard des circonstances de la vie conjugale, le sentiment d'affection du mari ou de la femme à l'égard de l'autre peut être manifesté sous les formes diversifiées d'un baiser, d'un sourire, d'une caresse, d'une expression corporelle évoquant le plaisir... La constance dans l'expression de l'affection entre époux est exigée pour le maintien de l'harmonie de la vie entre époux.

220 – Devoir d'affection, manifestation par la parole. Suivant que l'affection est témoignée par le mari à sa femme ou par celle-ci à celui-là, les termes d'affection utilisés varient avec l'inspiration de chaque époux. Suivant le cas, ces termes, très nombreux, sont précédés par les pronoms possessifs « ma » ou « mon » suivant leur genre, féminin ou masculin, déterminé par leur utilisation par le mari qui affectionne son épouse ou par la femme qui fait autant à son mari : trésor, biche, bichette, agneau, puce, poupée, lapin, bijou, ange, aimé, amour, chat, chatte, chérie, chéri, mignon, poule, prince, princesse, chou, cocotte, cœur, jolie, mimi, reine…

La jurisprudence est intervenue en la matière pour circonscrire le manque d'affection caractéristique du divorce.

221 – Devoir d'affection, définition par le juge. Aucune précision n'est apportée par la jurisprudence pour permettre de cerner le devoir d'affection. Le juge caractérise plutôt les manquements au devoir d'affection au travers des éléments qui résultent du mauvais comportement des époux. L'ensemble des faits dénoncés par eux, qui s'inscrivent dans la violation du devoir d'affection, sont constitués par :

– l'incompatibilité d'humeur, la disharmonie caractérielle, l'abandon du domicile conjugal (T. I Poto-Poto, 23 février 2001, R. C. n° 190, année 2001, Rép. n° 203, inédit) ;

– l'abstinence sexuelle prolongée et injustifiée du mari dénoncée par son épouse se plaignant de ce que pendant quatre ans et demi de vie conjugale, neuf contacts sexuels seulement ont pu avoir lieu avec son mari (T. I Poto-Poto, 22 juin 2001, R. C, n° 008, année 2001, Rép. n° 759, inédit) ;

– l'incompréhension et la mésentente entre le mari et sa belle-famille rendant intolérable la vie conjugale (T. G. I Pointe-Noire, 13 septembre 1999, R C. n° 383, année 1998, Rép. n° 544, inédit) ;

– les disputes incessantes entre les conjoints, le mauvais comportement de l'épouse qui manifeste son hostilité aux parents du mari, les traitant de sorciers et injuriant son mari d'assassin, jetant à la poubelle les cadeaux offerts par le mari, à l'occasion de la fête de nouvel an, à ses deux enfants nés avant le mariage d'un autre lit (T. G. I Brazzaville, 29 septembre 2 000, R. C. n° 106, année 2 000, Rép. n° 838, inédit) ;

– l'incompréhension entre les époux ayant entraîné la répudiation de la femme qui a auparavant passé sept nuits, dans la maison conjugale, en dormant dans la chambre des enfants (T. I Poto-Poto, 9 mars 2 001, R. C. n° 0113, année 2001, Rép n° 0275, inédit).

Le devoir d'affection, au sens de l'article 166 du code de la famille, apparaît au travers de ces éléments de jurisprudence comme un

« devoir central », « l'épine dorsale » du mariage, dont l'inobservation est susceptible de féconder plusieurs causes de divorce prévues à l'article 180 du même code tels l'abandon moral et matériel du foyer ou l'inconduite compromettant gravement la vie d'un conjoint et la sécurité des enfants, l'infidélité, les excès, sévices et injures rendant intolérable la vie commune des époux, la séparation de fait prolongée depuis deux ans.

CONCLUSION

Si l'on devait imager la structure de la société congolaise, on pourrait la comparer à un filet dont les mailles seraient les différentes familles qui la constituent. Ainsi, sa solidité serait donc fonction de la manière dont les mailles sont formées. Plus elles sont consistantes, aussi résistant est le filet. Il en est ainsi de la société et des familles qui en sont le fondement. Or, c'est par le mariage que se crée la famille. Il apparaît paradoxalement que le législateur, commis à la mission de fabriquer le filet, se situe aux confins de deux approches difficilement conciliables dans la conception du mariage : la conception libérale de celui-ci et l'approche dirigiste.

L'approche libérale du mariage est perçue au travers des règles qui régissent le pré-mariage, une institution dominée par les usages et la tradition dans sa célébration et son fonctionnement. Le législateur a voulu situer le pré-mariage à la phase préliminaire obligatoire du mariage mais l'anéantissement exprès de la coutume qui cesse d'avoir force de loi ou de coutume, par le code de la famille, (art. 808) rend inopérantes les dispositions de cette loi sur le pré-mariage. Il n'est pas en effet rationnel de supprimer les coutumes et de faire régir le pré-mariage par ces dernières dans leurs formes d'usages et de tradition.

En effet, lorsque le législateur prévoit que le pré-mariage est réglé par les usages et la tradition pour tout ce qui n'est pas contraire aux dispositions du code de la famille, il décide en réalité et clairement que les coutumes étant supprimées, le pré-mariage est régi par la loi. Or, celle-ci a renvoyé aux usages et à la tradition pour tout ce qui concerne le pré-mariage. On peut donc penser que celui-ci n'est pas, en définitive, fondé sur la coutume. Il paraît, dans ces conditions, hasardeux de déterminer sa nature juridique en raison du régime légal nébuleux que lui consacre le législateur.

L'évidence du paradoxe législatif prend sa source dans la volonté effrénée du législateur de vouloir concilier, sans y parvenir, les exigences coutumières fortement ancrées dans les mentalités et la modernité qui résulte du droit étranger. La réforme du code de la famille s'impose en la matière en vue d'opérer le redressement nécessité par l'adaptation du texte à la fois au contexte local et à la modernité.

L'encouragement, au mariage à l'état civil, mérite d'être entrepris dans l'intérêt de la famille dont les membres ne peuvent exécuter des devoirs et bénéficier des droits que dans le cadre légal.

Le maintien de la durabilité du mariage est fonction du respect des devoirs que la loi impose aux époux, sans qu'il y ait un choix sur l'échelle des valeurs qu'ils pourraient leur attribuer. L'on sait, par exemple, que dans les révélations de la jurisprudence, les conjoints perçoivent souvent l'intérêt du devoir de cohabitation, à travers sa dimension charnelle que légitime le devoir d'affection. Bien de ménages se désagrègent, en effet, du seul fait de la mauvaise exécution de l'obligation de cohabitation sous son aspect physique orientée vers la consommation du mariage.

Parfois, la pudeur oblige le mari et la femme à masquer l'abstinence sexuelle jugée inacceptable, imposée par l'un des conjoints à l'autre, en la diluant dans des causes du divorce prévues par la loi. Cela peut permettre de penser à la primauté du devoir d'affection dont un des éléments de sa manifestation est l'entretien des relations charnelles. Tout couple, qui souhaite s'inscrire dans la durée, devra donc y veiller sans scrupule, dans l'intérêt de l'harmonie conjugale que la bonne humeur qui en résulte est susceptible de préserver. Bien évidemment l'affection obtenue induit la bonne exécution des autres devoirs dans le mariage, presque instinctivement : respect, fidélité, secours, assistance, contribution aux charges de la famille...

Les enquêtes effectuées, dans les centres d'état civil de Brazzaville, sur un échantillon de cinq mille trois cent soixante cinq (5 365) mariages, pour la période comprise entre 1996 et 2006, ont révélé d'innombrables résultats dont, entres autres :

- jeune, l'homme peut se marier, le plus tôt, à dix-huit (18) ans alors que l'âge minimum légal est de vingt et un (21) ans, tandis que la femme a la faculté de contracter sa première union à quinze (15) au lieu de dix-huit (18) ans comme prévu par la loi ;
- vieux, l'homme peut se marier même à quatre vingt six (86) ans et la femme à soixante douze ans (72) ans ;
- les âges moyens auxquels les hommes et les femmes se marient fréquemment sont respectivement de quarante et un (41) ans et trente et un (31) ans ;
- l'écart d'âges le plus élevé entre les mariés est de quarante-trois ans (43) ans en faveur de l'homme mais la femme peut dépasser de vingt-trois ans son mari en âge ;
- la vie commune du couple, avant le mariage, peut durer jusqu'à quarante huit (48) ans, indication révélatrice de l'inefficacité du pré-mariage dont la prolongation, au-delà de cinq (5) ans, peut être considérée comme abusive ;
- douze (12) enfants peuvent naître d'un même couple avant son mariage à l'état civil.

ANNEXES

CODE DE LA FAMILLE
(extrait)

CHAPITRE PREMIER
DU PRÉ-MARIAGE ET DU MARIAGE

Section 1
Du pré-mariage

Article 122 – Définition

Le pré-mariage est une convention solennelle, par laquelle un homme et une femme, avec l'accord de leur famille, et, au besoin en présence du président du comité de village ou du chef de bloc, ou de leur représentant, se promettent mutuellement mariage.

Le pré-mariage prend fin par la célébration du mariage devant l'officier de l'état civil principal.

Article 123 – Caractère obligatoire

On ne peut contracter mariage sans avoir auparavant fait célébrer le pré-mariage ou obtenu des parents une déclaration écrite selon laquelle le pré-mariage sera célébré ultérieurement.

Article 124 – Conditions de forme et de fond

Le pré-mariage ne peut être contracté que si les parties remplissent les conditions de fond exigées pour le mariage, excepté celle concernant l'âge. En particulier chacun des pré-mariés doit donner librement son consentement indépendamment de l'autorisation des parents.

Le mariage est réglé par les usages et la tradition, pour tout ce qui n'est pas contraire aux dispositions du présent code.

Article 125 – Effets

Le pré-mariage est sans effet juridique à l'égard des tiers et dans le cas où les pré-mariés n'auraient pas donné leur consentement.

Au cours du pré-mariage, les pré-mariés peuvent se rendre réciproquement visite ou cohabiter conformément aux usages. S'ils ne cohabitent pas, ils doivent se respecter mutuellement et se conduire l'un et l'autre, d'une manière réservée à l'égard des tiers.

Tout manquement à l'une de ces dispositions constitue un motif légitime de rupture souverainement apprécié par le juge.

L'enfant né pendant le pré-mariage a pour père, le pré-mari de sa mère sauf en cas de contestation de filiation.

Les pré-mariés qui cohabitent sont placés sous le régime de la séparation des biens. Ils ne peuvent pas succéder l'un à l'autre. Les rapports entre pré-mariés sont réglés par les usages. La pré-mariée est tenue d'habiter au domicile choisi par le pré-mari.

Le pré-marié peut se prévaloir d'un préjudice en cas d'homicide commis sur la personne de l'autre pré-marié.

Article 126 – Rupture

Chacun des pré-mariés, après concertation des deux familles, a le droit de décider de la rupture du pré-mariage.

La rupture sans motif légitime imputable à l'un des pré-mariés peut donner droit à la resitution du cadeau reçu et au remboursement des dépenses occasionnées pour le pré-mariage. S'ils cohabitent, en cas de rupture, chacun des pré-mariés reprend ses propres.

Tout autre préjudice né de la rupture du pré-mariage ou à son occasion, est réparé conformément aux dispositions générales de la responsabilité civile. Sont solidairement tenues du paiement des dommages et intérêts, les personnes qui, d'une manière quelconque, ont amené à la rupture fautive du pré-mariage.

La prolongation abusive du pré-mariage constitue un cas de rupture légitime de la part du pré-marié ou de la pré-mariée qui pourra demander la restitution du cadeau et éventuellement des dommages-intérêts.

La preuve de la rupture abusive incombe à celui qui demande réparation.

La prolongation du pré-mariage au-delà d'une durée de cinq ans pourra être considérée comme abusive.

Section 2
Du mariage

Article 127 – Définition

Le mariage est l'acte public par lequel un homme et une femme établissent entre eux une union légale et durable dont les conditions de formation, les effets et la dissolution sont déterminées par le présent code.

§ 1 – Conditions de fond du mariage

Article 128 – Âge

L'homme avant 21 ans révolus et la femme avant 18 ans révolus, ne peuvent contracter mariage.

Néanmoins le procureur de la République près le tribunal populaire de district ou d'arrondissement peut accorder des dispenses d'âge pour des motifs graves.

Article 129 – Consentement des époux

Chacun des futurs époux, même mineurs, doit consentir personnellement au mariage. Le consentement n'est point valable s'il a été extorqué par violence ou s'il n'a été donné que par suite d'une erreur sur l'identité physique, civile ou sur une qualité essentielle telle que l'autre époux n'aurait pas contracté s'il avait connu l'erreur.

Article 130 – Consentement des parents pour les mineurs

Le mineur ne peut contracter mariage sans le consentement de ses père et mère ou à leur défaut, de la personne qui, selon la loi, a autorité sur lui. En cas de dissentiment entre les père et mère, ce partage emporte autorisation.

Le dissentiment entre les père et mère peut être constaté, à la requête des futurs époux, par le président du tribunal populaire de village-centre ou de quartier.

Il peut également être constaté soit par une lettre dont la signature est légalisée et qui est adressée à l'officier de l'état civil qui doit célébrer le mariage, soit par un acte dressé par un notaire, le président du tribunal populaire de village-centre ou de quartier, l'officier de l'état civil du domicile ou de la résidence de l'ascendant, ou si ce dernier est à l'étranger, par un acte dressé par l'agent diplomatique ou consulaire congolais.

Article 131 – Consentement d'un seul parent

Si l'un des père et mère est décédé ou se trouve dans l'impossibilité de manifester sa volonté, l'autorisation de l'autre suffit.

Il ne sera pas nécessaire de produire l'acte de décès du père ou de la mère lorsque le conjoint ou les père et mère du défunt attestent le décès sous serment.

Si la résidence actuelle du père ou de la mère est inconnue, il pourra être procédé à la célébration du mariage si le mineur et celui des père et mère qui donne son autorisation en font la déclaration sous serment.

Article 132 – Modalité du consentement

L'autorisation pourra être donnée de vive voix au moment de la célébration du mariage ou par écrit si la personne qui autorise n'assiste pas au mariage. Dans les deux cas elle devra être mentionnée par l'officier de l'état civil dans l'acte de mariage.

L'autorisation par écrit résulte d'une déclaration faite devant un officier d'état civil, un notaire, le président du tribunal populaire de village-centre ou de quartier antérieurement à la célébration du mariage.

Article 133 – Refus de consentement des parents

En cas de refus des père et mère ou de la personne qui a autorité sur le mineur, tout autre parent peut saisir le président du tribunal populaire de village-centre ou de quartier du lieu de la célébration du mariage s'il estime que le refus d'autorisation est basé sur des motifs non conformes à l'intérêt du mineur. Le président du tribunal populaire statuera en chambre du conseil par ordonnance motivée susceptible d'appel.

Article 134 – Avis des parents pour les mineurs

Le mineur doit obtenir l'avis de ses parents. Le refus verbal ou écrit ne fera toutefois pas obstacle à la célébration du mariage, à moins que les parents n'aient formé opposition au mariage. Dans ce cas, lorsque le refus ne reposera pas sur des justes motifs, le président du tribunal populaire de village-centre ou de quartier, saisi sur opposition au mariage, pourra, à la demande des futurs époux, autoriser l'officier de l'état civil à procéder à la célébration du mariage.

Article 135 – Monogamie. Union précédente non Dissoute. Nouvelle union

En cas de monogamie, on ne peut contracter un second mariage avant la dissolution du premier.

Toutefois, en cas d'accord entre les deux époux, le mari peut contracter une nouvelle union.

Article 136 – Déclaration d'option de polygamie

La déclaration d'option de polygamie est souscrite par les futurs époux devant l'officier de l'état civil au moment de la déclaration du mariage, et en cas de mariage à l'étranger, devant l'agent diplomatique ou consulaire territorialement compétent.

Article 137 – Délai de viduité

La femme ne peut se remarier qu'à l'expiration du délai de viduité de trois cents jours à compter de la dissolution du précédent mariage. Toutefois, le président du tribunal populaire de quartier ou de village-centre dans le ressort duquel le mariage a été célébré peut, par ordonnance sur simple requête, le ministère public entendu, lorsqu'il est représenté auprès de la juridiction intéressée et à charge d'appel, abréger le délai de viduité lorsqu'il résulte avec évidence des circonstances que depuis trois cents jours, le précédent mari n'a pas cohabité avec sa femme ou lorsqu'il est établi, par un médecin spécialiste, que la femme n'est pas en état de grossesse.

Article 138 – Prohibitions

Le mariage est prohibé entre parents :

1°)- En ligne directe, à tous les degrés ;

2°)- En ligne collatérale, entre frère et sœur, oncle et nièce, tante et neveu.

Il est prohibé entre alliés en ligne collatérale, entre un époux et les ascendants de son conjoint.

Le mariage est prohibé entre cousins jusqu'au quatrième degré.

§ 2 –

Article 139 – Conditions de forme du mariage

Deux mois avant la date fixée pour la célébration du mariage, les futurs époux doivent remettre à l'officier d'état civil de leur domicile :

– un extrait de leur acte de naissance ou tout acte en tenant lieu, délivré depuis moins de six mois ;

– la copie des actes accordant les dispenses prévues par la loi ;

– un acte attestant du versement de la dot, émanant des personnes mentionnées à l'article 141 ou une déclaration conjointe de ces mêmes personnes renonçant à la dot ;

– un certificat du notaire dans le cas où il a été fait un contrat de mariage ;

– un certificat médical prénuptial.

Article 140 – Caractère de la dot

La dot a un caractère de symbole. Elle est facultative. Elle peut être payée en nature ou en espèce ou sous les deux formes. En aucun cas son montant ne pourra dépasser la somme de 50 000 francs. Elle n'est pas remboursable.

La demande d'une dot supérieure à ce montant ou son versement est réprimé conformément aux dispositions du code pénal.

Article 141 – Versement de la dot

La dot est versée aux parents paternels et maternels de la future épouse conformément à la coutume des parties. En cas de dissentiment des père et mère sur le montant ou le principe de la dot, ce partage emporte acceptation.

En cas de refus des père et mère de percevoir la dot, le conseil de famille doit statuer sur le principe et, éventuellement sur le montant de la dot.

Article 142 – Questions posées par l'officier d'état civil

A l'occasion de la remise des pièces indiquées à l'article 139, l'officier de l'état civil, même en l'absence de toute mention marginale, doit demander aux futurs époux s'ils ont déjà été mariés et leur faire préciser dans l'affirmative, la date et la forme de l'union précédemment contractée et, éventuellement, en cas de régime monogamique, la date et la cause de sa dissolution. Dans ce dernier cas, il doit exiger la production, soit de l'acte de décès du précédent conjoint, soit du jugement de divorce.

Lorsque les futurs époux sont déjà unis selon la coutume, l'officier de l'état civil interpelle les parents ayant présidé à la célébration de cette union.

Lorsqu'un des futurs époux ou les deux sont mineurs, l'officier de l'état civil interpelle les personnes dont l'autorisation est requise. Si elles sont absentes, il donne lecture de l'acte par lequel cette autorisation a été donnée.

L'officier de l'état civil recueille, le cas échéant, l'option de polygamie. Dans ce cas, il indique aux futurs époux que ce régime entraîne pour eux l'application du régime de la séparation des biens. S'ils choisissent la monogamie, il les interpelle sur le régime matrimonial qu'ils entendent choisir. Il leur explique qu'en l'absence de toute option contraire, ils seront placés sous le régime de droit commun de la communauté réduite aux acquêts, mais qu'ils peuvent adopter l'autre régime prévu par le présent code.

Les questions à poser par l'officier de l'état civil et les réponses des futurs époux sont consignées sur un formulaire type d'un modèle fixé par décret du premier ministre.

Article 143 – Publication par affichage

Pendant quinze jours, l'officier de l'état civil fera une publication par affichage à la porte du centre d'état civil.

Cette publication doit énoncer l'identité, la filiation , le domicile ou la résidence des futurs époux ainsi que le lieu et la date de la célébration du mariage projeté. Elle est faite au centre d'état civil du lieu du mariage et à celui où chacun des époux a son domicile ou sa résidence.

Article 144 – Dispenses de publication

Le procureur de la République du lieu de célébration du mariage peut dispenser, pour des causes graves, de la publication et de tout délai.

§ 3 – Des oppositions au mariage

Article 145 – Personnes pouvant former opposition

Le ministère public, les père et mère ou à défaut, les personnes ayant autorité sur l'un ou l'autre des futurs époux ainsi que la personne engagée par un précédent mariage avec l'un de ceux-ci peuvent former opposition à la célébration du mariage, si les conditions et formalités prescrites sont enfreintes ou éludées.

Le même droit appartient à la femme mariée sous le régime polygamique si elle rapporte la preuve qu'elle-même et ses enfants sont abandonnés moralement ou matériellement par le mari.

Article 146 – Forme et délai de l'opposition

L'opposition se fait par simple déclaration à l'officier de l'état civil compétent pour procéder à la célébration du mariage.

L'opposition est valablement faite pendant la durée de publication. Dans le cas où le mariage est célébré avec dispense de publication tel que prévu à l'article 144, l'opposition est recevable jusqu'au jour de la célébration.

Article 147 – Contentieux de l'opposition

L'acte d'opposition énoncera, à peine d'irrecevabilité, la qualité qui donne à l'opposant le droit de la former ainsi que les motifs précis de l'opposition.

L'officier de l'état civil doit surseoir à la célébration du mariage et aviser dans les quarante-huit heures le procureur de la République ou le président du tribunal populaire de village-centre ou de quartier.

Le tribunal saisi dans les quarante-huit heures par le ministère public doit statuer dans les quinze jours. En cas d'appel formé dans le délai de trois jours francs à compter du jour du prononcé du jugement, par simple déclaration au greffe de la juridiction qui a statué, le tribunal populaire de commune ou de région doit statuer dans un délai d'un mois. Les pièces de la procédure sont transmises dans les quarante-huit heures à la diligence du procureur de la République ou du président du tribunal populaire de village-centre ou de quartier au greffe du tribunal populaire de commune ou de région. La cause est inscrite à la première audience utile et l'arrêt rendu contradictoirement, que les futurs époux comparaissent ou non.

La décision du tribunal populaire de commune ou de région prononçant la main-levée n'est pas susceptible de pourvoi en cassation. Elle doit être notifiée par le ministère public dans les quarante-huit heures, par voie administrative, à l'officier de l'état civil et aux futurs époux.

Article 148 – Rejet de l'opposition

Quand une opposition aura été rejetée, elle ne pourra être renouvelée pour les mêmes causes par une autre personne ni pour une autre cause par la même personne.

Si l'opposition est rejetée, les opposants autres que les ascendants pourront être condamnés à des dommages et intérêts.

Article 149 – Les effets de l'opposition

Tant que la décision prononçant la main-levée de l'opposition n'a pas été notifiée, l'officier de l'état civil ne peut procéder à la célébration du mariage, à peine d'une amende civile de 10 000 francs au plus, prononcée par le tribunal populaire de village-centre ou de quartier sur réquisition du ministère public.

§ 4 – De la célébration du mariage

Article 150 – Officier de l'état civil. Lieu de célébration

Seul le mariage célébré par l'officier de l'état civil a des effets légaux. Le mariage est célébré publiquement au centre d'état civil du domicile ou de la résidence de l'un ou de l'autre époux par l'officier du centre d'état civil principal qui, le cas échéant, se déplacera au centre d'état civil secondaire. La résidence est établie par trois mois au moins d'habitation continue à la date de la célébration. L'officier de l'état civil transcrit ce mariage dans le registre de l'état civil si les conditions de fond ont été observées. Il délivre alors l'acte de mariage.

Article 151 – Transport au domicile

En cas d'empêchement grave, le procureur de la République ou le président du tribunal populaire de village-centre ou de quartier peut requérir l'officier de l'état civil de se transporter au domicile ou à la résidence de l'un des futurs époux.

En cas de péril imminent de mort de l'un des futurs époux, l'officier de l'état civil peut se transporter, avant toute réquisition ou autorisation du procureur de la République ou du président du tribunal populaire de village-centre ou de quartier au domicile ou à la résidence de l'un d'eux pour célébrer le mariage. Mention en est faite sur l'acte de mariage.

Article 152 – Comparution personnelle. Procuration

Les futurs époux se présentent personnellement devant l'officier de l'état civil au jour et à l'heure fixés par lui ; ils sont assistés chacun de deux témoins majeurs.

Toutefois, le mariage pourra se faire par procuration lorsque l'un des deux contractants est empêché ou réside dans un autre lieu que celui où a lieu la célébration du mariage. Dans ce cas, il sera nécessaire de présenter une procuration spéciale, légalisée par l'officier d'état civil du lieu où se trouve la personne qui délivre la procuration. Celle-ci doit indiquer le nom de la personne avec qui doit être contracté le mariage, à moins que la révocation de la procuration ait été notifiée à son détenteur et à l'autre conjoint.

Le porteur de la procuration se présente aux lieu et place du futur époux empêché.

Toutefois, le mariage pourra être célébré lorsque, pendant la période de publication des bans, l'un des futurs époux venait à mourir. Le de cujus est supposé avoir donné son consentement au mariage. Le futur conjoint se présente devant l'officier de l'état civil et, sur présentation de l'acte de décès, il lui est délivré, par l'officier de l'état civil du centre qui a publié des bans, un acte de mariage à titre posthume.

Article 153 – Échange des consentements

L'officier de l'état civil, après avoir donné lecture des articles 166 alinéa 1, 167, 168, 169, 171 et 178 reçoit de chaque partie, l'une après l'autre, les déclarations qu'elles veulent se prendre pour mari et femme ou qu'elles persistent dans leur volonté de se prendre pour mari et femme. Il prononce au nom de la loi qu'elles sont unies par le mariage légal et il en dresse acte sur-le-champ, qu'il signe avec les comparants.

Si l'un quelconque des comparants ne sait pas ou ne peut signer, mention en est faite sur l'acte de mariage.

Il est délivré aux futurs époux un livret de famille établi suivant un modèle fixé par décret du premier ministre et une copie de leur acte de mariage.

Article 154 – Mentions marginales

A la diligence de l'officier de l'état civil ayant célébré le mariage, et sous sa responsabilité, il est notifié à l'officier de l'état civil du lieu de naissance de chacun des époux, par lettre recommandée avec accusé de réception, que les parties ont contracté mariage, et qu'elles ont éventuellement souscrit une option de polygamie, aux fins de mention en marge de chaque acte de naissance. Mention de l'accomplissement de la formalité est faite en marge de l'acte de mariage.

Lorsque l'avis de mention faite n'est pas revenu dans les trois mois de l'envoi de la notification, l'officier de l'état civil en rend compte sans délai, au procureur de la République ou au président du tribunal populaire de village-centre ou de quartier du ressort dans lequel il se trouve.

Article 155 – Mariage en pays étranger

Le mariage contracté en pays étranger entre congolais ou entre un congolais et un étranger est valable s'il a été célébré dans les formes usitées dans le pays considéré, à condition que le congolais n'ait point contrevenu aux dispositions de fond exigées par la loi congolaise.

Il en est de même du mariage contracté en pays étranger entre congolais ou entre un congolais et un étranger s'il a été célébré par les agents diplomatiques ou consulaires congolais conformément à la loi congolaise.

§ 5 – Des nullités du mariage. Des nullités absolues

Article 156 – Cas de nullités absolues

La nullité du mariage doit être prononcée :

1°) – lorsqu'il a été contracté sans le consentement de l'un des époux ;

2°) – lorsque les conjoints ne sont pas de sexe différent ;

3°) – lorsque l'un des époux n'avait pas l'âge requis, en l'absence de dispense ;

4°) – lorsqu'il existe entre les conjoints un lien de parenté ou d'alliance prohibant le mariage tel que prévu à l'article 138 ;

5°) – lorsque la femme était dans les liens d'une union antérieure non dissoute ;

6°) – lorsque le mari ne pouvait plus contracter une nouvelle union ;

7°) – lorsque le mariage n'a pas été célébré par un officier de l'état civil ou lorsqu'il l'a été par un officier de l'état civil incompétent.

Toutefois, l'incompétence de l'officier de l'état civil n'entraînera nullité que si cette irrégularité a eu un caractère frauduleux.

Article 157 – Ouverture de l'action

L'action en nullité fondée sur les dispositions de l'article précédent peut être exercée :

- par le ministère public ;
- par les époux eux-mêmes ;
- par toute personne qui y a intérêt. Toutefois les parents qui ont autorisé expressément ou tacitement le mariage ne sont pas fondés à en réclamer la nullité pour défaut d'âge requis.

Elle est imprescriptible.

Si dans une action en nullité basée sur l'existence d'un mariage antérieur l'un des époux ou ses ayants-cause invoquent la nullité de cette précédente union, il sera préalablement statué sur la validité ou la nullité de ce précédent mariage après mise en cause de l'autre conjoint de cette union, ou de ses ayants-cause.

Lorsque l'un des époux n'avait pas l'âge requis, la nullité ne peut être invoquée après qu'il ait atteint cet âge ou lorsque la femme a conçu. En tout autre cas, la nullité ne peut être couverte.

Des nullités relatives

Article 158 – Cas de nullités relatives-Exercice de l'action

La nullité du mariage peut être prononcée :

1. pour vice de consentement de l'un des époux, si son accord a été obtenu par la violence ou donné à la suite d'une erreur ;
2. pour défaut d'autorisation familiale.

L'action en nullité appartient :

1. à celui des époux dont le consentement a été vicié ;
2. en cas de défaut d'autorisation familiale, à celui dont l'autorisation est requise.

Article 159 – Irrecevabilité de l'action

Toutefois l'action en nullité cesse d'être recevable :

1. pour vice de consentement lorsqu'il y a eu cohabitation pendant six mois, depuis que l'époux a acquis sa pleine liberté ou que par lui l'erreur a été reconnue ;
2. pour défaut d'autorisation familiale, lorsque le mariage a été approuvé expressément ou tacitement par celui dont l'autorisation était nécessaire, ou lorsque celui-ci, avant la majorité de l'époux, a

laissé s'écouler une année sans exercer l'action, alors qu'il avait pris connaissance du mariage ou enfin, si l'époux a atteint 19 ans révolus pour la femme et 22 ans pour le mari sans avoir fait de réclamations. Les dispositions de l'alinéa précédent s'appliquent aux parents qui, n'ayant pas fait opposition au mariage de leurs enfants majeurs, auront laissé s'écouler le délai d'un an. Toutefois dans le cas où le mariage a été célébré à l'étranger sans qu'ils aient été avisés, ce délai ne commencera à courir que du jour du retour des époux au Congo.

Article 160 – Prescription de l'action

En toute circonstance, l'action en nullité relative des parents ne pourra être exercée s'il s'est écoulé trois années après la célébration du mariage.

§ 6 – Effets des nullités

Article 161 – Autorité de la chose jugée et transcription

Lorsque les deux époux ont été mis en cause, le jugement prononçant la nullité du mariage possède l'autorité de la chose jugée à l'égard de tous.

Le dispositif de la décision prononçant la nullité est transcrit à la diligence du ministère public sur les registres de l'état civil du lieu où le mariage a été célébré et mention en est faite en marge de l'acte de mariage et de l'acte de naissance des époux.

Si le mariage a été célébré à l'étranger, le dispositif est transcrit sur les registres de l'état civil de la mairie principale de Brazzaville et mention en est faite en marge des actes de naissance de chacun des époux.

Article 162 – Date des effets

Le mariage nul produit ses effets comme s'il avait été valable jusqu'au jour où la décision prononçant la nullité est devenue définitive. Il est réputé dissout à compter de ce jour.

En ce qui concerne les biens, la dissolution remonte quant à ses effets entre les époux, au jour de la demande mais n'est opposable aux tiers que du jour de la transcription prévue à l'article précédent. Toutefois ces dispositions ne s'opposent pas à la validité d'un nouveau mariage contracté avant l'annulation du précédent.

Article 163 – Bonne ou mauvaise foi des époux

La décision prononçant la nullité doit également statuer sur la bonne foi de l'un et l'autre des époux. La bonne foi est présumée.

Si les deux époux ont été déclarés de mauvaise foi, le mariage est réputé n'avoir jamais existé tant dans les rapports des époux que dans leurs rapports avec les tiers ayant eu connaissance de la mauvaise foi des époux.

Les enfants dont les parents sont mariés conservent la qualité qui leur avait été conférée par le mariage sauf dans le cas d'inceste, mais les parents ne peuvent se prévaloir de cette qualité à leur encontre. Si l'un des époux est déclaré de mauvaise foi, le mariage nul est réputé n'avoir jamais existé à son égard, l'autre époux bénéficie des dispositions de l'article 162.

Les enfants dont les parents sont mariés conservent à l'égard de leur auteur la qualité qui leur avait été conférée par le mariage, mais l'époux de mauvaise foi ne peut se prévaloir de cette qualité à leur encontre.

La décision prononçant la nullité statue sur la garde des enfants mineurs comme en cas de divorce.

§ 7 – De la preuve du mariage

Article 164 – Acte de mariage

Nul ne peut réclamer les effets civils du mariage s'il ne présente pas un acte de mariage, sauf les exceptions prévues par la loi en cas de perte ou de destruction totale ou partielle des registres.

Article 165 – Possession d'état

La possession d'état d'époux s'établit par une réunion suffisante de faits qui supposent l'existence d'un lien matrimonial.

Les principaux de ces faits sont :

1. que l'homme et la femme portent le même nom ;
2. qu'ils se traitent comme mari et femme ;
3. qu'ils sont reconnus comme tels par la famille et dans la société.

Lorsqu'il y a possession d'état d'époux, et que l'acte de mariage est représenté, nul ne peut se prévaloir des irrégularités formelles de cet acte.

La possession d'état d'époux ne pourra dispenser les prétendus époux, qui l'invoquent respectivement, de représenter l'acte de mariage.

§ 8 – Des effets du mariage

Article 166 – Cohabitation

Les époux s'obligent à une communauté de vie. Ils se doivent respect et affection.

En cas de polygamie, chaque épouse est en droit de prétendre à l'égalité de traitement par rapport à l'autre.

Article 167 – Fidélité. Secours et assistance

Les époux se doivent mutuellement fidélité. Ils se doivent secours, aide et assistance réciproque pour la sauvegarde des intérêts moraux et matériels du ménage et des enfants.

Article 168 – Direction normale et matérielle de la famille

Le mari est le chef de la famille. Il exerce cette fonction dans l'intérêt commun du mariage et des enfants. La femme concourt avec le mari à assurer la direction morale et matérielle de la famille, à élever les enfants et à préparer leur établissement.

La femme remplace le mari dans sa fonction de chef de famille s'il est hors d'état de manifester sa volonté, en raison de son incapacité, de son absence, de son éloignement ou s'il abandonne volontairement la vie commune, ou pour toute autre cause.

Article 169 – Contribution aux charges de la famille

Les époux contribuent aux charges de la famille à proportion de leurs facultés respectives.

L'obligation d'assurer ces charges pèse à titre principal sur le conjoint qui possède seul des ressources. Il est obligé de fournir à l'autre tout ce qui est nécessaire pour les besoins de la vie selon ses facultés et son état. Si l'un des conjoints ne remplit pas ses obligations, il peut être contraint par voie de justice. Toutefois, cette obligation est suspendue lorsque l'un des conjoints abandonne, sans justes motifs, la maison conjugale et qu'il refuse d'y retourner.

Article 170 – Intervention du juge

Si l'un des époux ne remplit pas ses obligations, l'autre époux peut demander au juge, par requête, l'autorisation de saisir-arrêter et toucher dans la proportion de ses besoins tout ou partie des revenus de son conjoint, de ceux qu'il perçoit en vertu du régime matrimonial, des produits de son travail ou toutes autres sommes qui lui sont dues par les tiers.

L'ordonnance du juge fixe les conditions de l'autorisation de saisir-arrêter ainsi que le montant à concurrence duquel elle est accordée. Elle est opposable à tout tiers débiteur après notification du greffier. Elle est exécutoire par provision nonobstant appel mais elle est toujours susceptible de révision.

Article 171 – Résidence de la famille

La résidence de la famille est le lieu que les époux choisissent d'un commun accord. Faute d'accord, le lieu est choisi par le mari. Dans ce dernier cas, la femme est obligée d'habiter avec le mari et il est tenu de la recevoir. Toutefois si la résidence choisie par le mari présente pour la famille des dangers d'ordre physique ou d'ordre moral, la femme peut être autorisée à avoir pour elle et ses enfants une résidence fixée par le juge.

Les époux ne peuvent, l'un sans l'autre disposer des droits par lesquels est assuré le logement de la famille ni des meubles meublants dont il est garni.

Celui des époux qui n'a pas donné son consentement à l'acte peut en demander l'annulation. L'action en nullité lui est ouverte dans l'année à partir du jour où il a eu connaissance de l'acte, sans pouvoir jamais être intentée plus d'un an après que le régime matrimonial a été dissout.

Article 172 – Limitation des pouvoirs. Mandat au conjoint

Le mariage ne porte pas atteinte à la capacité juridique des époux mais leurs pouvoirs peuvent être limités par le régime matrimonial. Chacun des époux peut donner à son conjoint mandat général ou particulier de le représenter.

Article 173 – Autorisation et habilitation par la justice

L'époux qui veut faire un acte pour lequel le consentement de l'autre époux est nécessaire peut être autorisé par justice à agir sans le consentement ou le concours de celui-ci s'il est hors d'état de manifester sa volonté ou si son refus n'est pas justifié par l'intérêt de la famille.

L'acte passé dans les conditions prévues par l'autorisation de justice est opposable à l'époux dont le consentement ou le concours a fait défaut.

Chaque fois que l'exige l'intérêt de la famille, lorsque l'un des époux est incapable ou défaillant, l'autre époux peut se faire habiliter par justice à représenter son conjoint soit d'une manière générale, soit par des actes particuliers.

A défaut de pouvoir légal de mandat ou d'habilitation par justice, les actes faits par l'un des époux, en représentation de l'autre, ont cependant effet à son égard s'il a été bien administré.

Les conditions et l'étendue de cette représentation sont fixées par le juge.

Article 174 – Pouvoirs généraux des époux

Chacun des époux a le pouvoir de faire tous les actes justifiés par les charges du mariage. Toute dette contractée pour cet objet oblige solidairement les époux à l'égard des tiers.

Le conjoint qui n'a pas donné son consentement n'est pas tenu personnellement si la dette n'était pas justifiée par les charges du mariage et si le créancier avait su ou devait avoir connaissance de ce caractère.

Article 175 – Profession de la femme

Chacun des époux peut exercer la profession de son choix à moins que l'autre époux ne demande au tribunal populaire de village-centre ou de quartier de lui interdire dans l'intérêt de la famille l'exercice de cette profession.

Article 176 – Compte en banque de la femme mariée

La femme peut sous tous les régimes se faire ouvrir un compte personnel dans un établissement bancaire ou financier sur qui des chèques peuvent être tirés.

La remise de fonds par la femme au dépositaire fait preuve à l'égard de celui-ci que ces fonds sont à sa libre disposition et la responsabilité du dépositaire ne peut être engagée de ce fait.

Article 177 – Pouvoirs des époux sur les salaires. Charges du ménage

Chacun des époux perçoit ses gains et salaires et s'acquitte des charges de ménage.

Article 178 – Devoirs à l'égard des enfants

Les époux contractent ensemble, par le seul fait du mariage, l'obligation de nourrir, élever et instruire leurs enfants.

INDEX ALPHABÉTIQUE

N.B. les chiffres renvoient aux numéros des paragraphes

R

S

T

U

TABLE DES MATIÈRES

BIBLIOGRAPHIE

1. Ouvrages

Hygin Didace Amboulou, « Le notariat congolais de 1960 à nos jours », préface de Charles Émile Apesse, Les Éditions Hemar, 2005.

Charles Assemekang, « Le droit des personnes et de la famille, commentaire et guide pratique de la famille de la République populaire du Congo », édition du ministère de la Justice, imprimé en Roumanie par Artexim.

Annick Batteur, « Droit des personnes et de la famille », 2ème édition, L. G. D. J, 2003.

Alain Bénabent, « Droit civil, la famille », 11ème édition, Litec, 2003.

Rémy Cabrillac, « les régimes matrimoniaux », 5ème édition, Montchrestien, 2004.

Pierre Catala, « Famille et patrimoine », doctrine juridique, P.U.F, 2000.

Gérard Cornu, « Droit civil, la famille », 9ème édition, Montchrestien, 2006.

Patrick Courbe, « Droit de la famille », 4ème édition, Armand Colin, 2005.

Frédéric Debove, Renaud Salomon, Thomas Janville, « Droit de la famille », 2ème édition, Vuibert, 2006.

Alexis Gabou, « Le mariage congolais Ladi et Koukouya », Imprimerie Saint-Paul, 1979.

Frédérique Granet, Patrice Hilt, « Droit de la famille », 2ème édition, P.U.G, 2006.

Brigitte Hess-Fallon, Anne Marie Simon, avec la collaboration de Hélène Hess, « Droit de la famille », 6ème édition, Dalloz 2006.
Auguste Iloki, « Le droit du divorce au Congo », L'Harmattan, 2004.

Joachim Maloumbi-Samba, « Lôngo : le mariage Kôngo », ICES 2007.

Philippe Malaurie, Hugues Fulchiron, « Droit civil, la famille », 2ème édition, Défrénois, 2006.

Muriel Parquet, « Droit de la famille », Bréal 2003.

Corinne Renault-Brahinsky, « Droit de la famille », 2ème édition, Gualino éditeur, 2006.

Louis Roussel et Odile Bourguignon, « Générations nouvelles et mariage traditionnel », P.U.F, 1978.

François Terré, Dominique Fenouillet, « Droit civil, les personnes, la famille, les incapacités », 6ème édition, Dalloz 1996.

2. Ouvrage à paraître

Antoinette Kebi née Mounkala, « Droit congolais de la famille (filiation, lien matrimonial, régimes matrimoniaux et successions).

3. Mémoire

Albert Mbon, « Droit du mariage, situation actuelle et projet du code de la famille », ENAM, Brazzaville, 1983.

4. Cours

Placide Lenga, « Droit traditionnel congolais », Faculté de droit, UMNG, Brazzaville, enseignement par correspondance, cours, licence en droit, 1ère année, 1983/1984.

5. Articles

Jean Biyoudi, « Le patrimoine de la femme mariée dans la législation congolaise », Revue de Droit et du Notariat n° 002, mars/avril 2001, p. 3.

J. B. Bouboutou, « Réflexions sur certains aspects de la loi n° 073/84 du 17 octobre 1984 portant organisation du code congolais de la famille », Revue juridique et politique, indépendance et coopération, n°s 3-4.

Emmanuel Daho, « Eléments de réflexion sociologique sur le sens de la dot au Congo », publications du Laboratoire d'Analyses juridiques, Administratives et Politiques (LAJAP), décembre 1987, n ° 1, p. 107.

Fred O. J. Matokot, « La fidélité dans l'engagement polygamique. Quelle fidélité ? Revue de Droit et du Notariat n° 003, mai/juin 2001, p. 3.

Fred O. J. Matokot, « Le pré-mariage, une curiosité du code de la famille », Revue de Droit et du Notariat n° 15, année 2005, p. 3.

Fred O. J. Matokot, « Une nouvelle institution dans le droit congolais : le pré-mariage », Revue congolaise de droit n° 3, p. 77.

Dieudonné Nkounkou, « Le problème de double présomption de paternité en droit congolais de la famille », Revue de Droit et du Notariat n° 15, année 2005, p. 13).

6. Notes doctrinales

Jean Biyoudi, sous tribunal d'instance de Poto-Poto, 26 avril 2002, Revue de Droit et du Notariat n° 15, année 2005, p. 22.

Fred O. J. Matokot, sous tribunal d'instance de Poto-Poto, 10 janvier 1997, Revue de Droit et du Notariat n° 004, juillet/août 2001, p. 15.

Gaétan Alexandre Puati, « L'adultère de la femme en droit congolais », Rev. de Dr. Afric., n° 36/05, p. 349.

7. Compte rendu

Henriette Lucie Arlette Galiba, « Compte rendu sur la campagne de sensibilisation relative aux droits de la femme et de l'enfant découlant du code congolais de la famille organisée par l'association des femmes notaires du Congo », R.d.n n° 11 et 12, 2005, p. 35).

Etudes Africaines
Collection dirigée par Denis Pryen et François Manga Akoa

Dernières parutions

Vincent AUCANTE, *L'Afrique subsaharienne et la mondialisation*, 2007.
Noel K. TSHIANI, *Vision pour une monnaie forte au Congo*, 2008.
Bernardin MINKO MVE (sous la dir.), *Manifeste contre les crimes rituels au Gabon*, 2007.
Bernardin MINKO MVE, Stéphanie NKOGHE, *Mondialisation et sociétés orales secondaires gabonaises*, 2007.
Louis MILLOGO, *Introduction à la lecture sémiotique*, 2007.
Daniel KÜNZLER, *L'éducation pour quelques-uns ? Enseignement et mobilité sociale en Afrique au temps de la privatisation : le cas du Bénin*, 2007.
Fulbert Sassou ATTISSO, *De l'Unité africaine de Nkrumah à l'Union africaine de Kadhafi,* 2007.
Sylvain Sorel KUATE TAMEGHE, *Jalons d'une habilitation à diriger des recherches. Une expérience à partir du droit issu du traité OHADA*, 2007.
Adama Baytir DIOP, *Le Sénégal à l'heure de l'indépendance*, 2007.
Fédération des Congolais de l'étranger, *La renaissance de la République Démocratique du Congo*, 2007.
Fédération des Congolais de l'étranger, *L'avenir de la question noire en France*, 2007.
Dominique BANGOURA, Mohamed Tétémadi BANGOURA, Moustapha DIOP, *Enjeux et défis démocratiques en Guinée (février 2007 – décembre 2010)*, 2007.
Blondin CISSE, *Confréries et communauté politique au Sénégal*, 2007.
Elemine OULD MOHAMED BABA, *La Mauritanie, un pays atypique*, 2007.
Pierre-Michel DURAND, *L'Afrique et les relations franco-américaines des années soixante*, 2007.
Bernadette RWEGERA (sous la dir.), *Ikambere et la vie quotidienne des femmes touchées par le VIH/SIDA*, 2007.

L'HARMATTAN, ITALIA
Via Degli Artisti 15 ; 10124 Torino

L'HARMATTAN HONGRIE
Könyvesbolt ; Kossuth L. u. 14-16
1053 Budapest

L'HARMATTAN BURKINA FASO
Rue 15.167 Route du Pô Patte d'oie
12 BP 226
Ouagadougou 12
(00226) 50 37 54 36

ESPACE L'HARMATTAN KINSHASA
Faculté des Sciences Sociales,
Politiques et Administratives
BP243, KIN XI ; Université de Kinshasa

L'HARMATTAN GUINEE
Almamya Rue KA 028
En face du restaurant le cèdre
OKB agency BP 3470 Conakry
(00224) 60 20 85 08
harmattanguinee@yahoo.fr

L'HARMATTAN COTE D'IVOIRE
M. Etien N'dah Ahmon
Résidence Karl / cité des arts
Abidjan-Cocody 03 BP 1588 Abidjan 03
(00225) 05 77 87 31

L'HARMATTAN MAURITANIE
Espace El Kettab du livre francophone
N° 472 avenue Palais des Congrès
BP 316 Nouakchott
(00222) 63 25 980

L'HARMATTAN CAMEROUN
BP 11486
Yaoundé
(00237) 458 67 00
(00237) 976 61 66
harmattancam@yahoo.fr

Achevé d'imprimer par Corlet Numérique - 14110 Condé-sur-Noireau
N° d'Imprimeur : 794697 - Avril 2018 - Imprimé en France

www.ingramcontent.com/pod-product-compliance
Lightning Source LLC
LaVergne TN
LVHW011308061026
849535LV00005B/1456
* 9 7 8 2 2 9 6 0 4 9 6 9 7 *